山地城市碳酸盐岩隧道工程
环境地质问题及对策

The Envi-Geological Problems and Countermeasures on
The Carbonate Tunneling in Mountainous City

重庆市地质矿产勘查开发局南江水文地质工程地质队
重庆市地下水资源利用与环境保护实验室　　编　著

重庆大学出版社

内容简介

隧道建设是山地城市交通发展的必然选择，然而大量碳酸盐岩隧道的修建造成了一系列环境地质问题。本书以典型的山地城市——重庆"四山"地区为例，结合区内地质地貌构造条件，讨论了为改善人类居住出行条件建造隧道工程而引起的环境地质问题，提出了处理这些环境地质问题可行的修复技术、措施与保护方案。从环境地质科学的角度展示了喀斯特地貌形成演化的最新证据。为解决喀斯特地区地质环境问题，提出了"地下水补、径、排"再平衡的"截流、堵水、疏导与防塌"技术，并获得了有价值的应用与推广。本书可为地质工程生产单位与研究院提供参考资料，也可作为高等院校水文地质、工程地质学科硕士生、博士生课外实践教学参考书。

图书在版编目（CIP）数据

山地城市碳酸盐岩隧道工程环境地质问题及对策 /
重庆市地质矿产勘查开发局南江水文地质工程地质队，重
庆市地下水资源利用与环境保护实验室编著. -- 重庆：
重庆大学出版社, 2022. 7
（山地城市建造丛书）
ISBN 978-7-5689-3376-6

Ⅰ. ①山… Ⅱ. ①重… ②重… Ⅲ. ①山区城市—碳酸
盐岩—隧道工程—工程地质 Ⅳ. ①U452.1

中国版本图书馆CIP数据核字（2022）第113795号

山地城市碳酸盐岩隧道工程
环境地质问题及对策
SHANDI CHENGSHI TANSUAN YANYAN SUIDAO GONGCHENG
HUANJING DIZHI WENTI JI DUICE

重庆市地质矿产勘查开发局南江水文地质工程地质队
重庆市地下水资源利用与环境保护实验室　编　著
策划编辑：林青山
责任编辑：肖乾泉　　版式设计：夏　雪
责任校对：王　倩　　责任印制：赵　晟

*

重庆大学出版社出版发行
出版人：饶帮华
社址：重庆市沙坪坝区大学城西路21号
邮编：401331
电话：（023）88617190　88617185（中小学）
传真：（023）88617186　88617166
网址：http://www.cqup.com.cn
邮箱：fxk@cqup.com.cn（营销中心）
全国新华书店经销
重庆升光电力印务有限公司印刷

*

开本：787mm×1092mm　1/16　印张：15　字数：301千
2022年7月第1版　2022年7月第1次印刷
ISBN 978-7-5689-3376-6　定价：89.00元

编写组成员

总 主 编 　何安弟

副 主 编 　范泽英　曹　聪　刘　智

参编人员 　邓书金　龚思宇　姜　巽

　　　　　　王　欢　洪爱花　刘　江

前　言

　　山地城市的地质地貌条件，对城市的交通建设和经济发展造成了严重的制约，也给山城人民的生活出行带来诸多不便。隧道建设成为山地城市交通发展的必然选择，然而大量碳酸盐岩隧道的修建造成了一系列环境地质问题。

　　以典型的山地城市——重庆为例，作为中国的第四直辖市，重庆市是川东盆地的典型山城，也是历史上西进天府蜀国的天然屏障。"蜀道难，难于上青天"诗人李白在1 200多年前就道出了重庆之险要。出门爬坡是山城百姓数千年来的一种生活常态，随着现代化进程加速，30年前人们的日常爬坡过程改用轿车轮子，轿车轮子虽然可以轻松代替人的"爬坡"生活，但却要环山绕不少弯路，时间上、资源上浪费太大。于是交通建设在近30年改用了隧道，不走弯路、不爬巨坡，改变了重庆居民"出门爬坡"的生活方式。

　　世界上没有十全十美的事，也没有不付出代价就获得的便利。穿山隧道一方面极大地方便了重庆交通，另一方面却严重地破坏了重庆山区的地质环境：地下水疏干、地表水漏失、地面塌陷、植被枯萎，诱发了重庆地区诸多的环境地质问题。

　　依托重庆市地质矿产勘查开发局南江水文地质工程地质队建立的重庆市地下水资源利用与环境保护实验室，根据近30年来对重庆"四山"地区的水文地质、工程地质的生产、科研工作，积累了大量"四山"地区环境地质的生产科研成果与原始资料，组织编写《山地城市碳酸盐岩隧道工程环境地质问题及对策》一书，总结了多年地质科学研究成果与重庆隧道工程引起的环境地质问题，提出了相应的解决方案。本书是对中国西南喀斯特山区地质科学、水文地质与工程地质研究的拙识与浅见，可为地质工程生产单位与研究院提供资料参考，也可作为高等院校水文地质、工程地质学科硕士生、博士生课外实践教学参考书。

　　全书共5个部分，系统介绍了重庆"四山"地质环境特征，重庆城市建设与隧道工程布局，详细列举了"四山"隧道工程引起的各种环境地质问题，对环境地质问题的触发机理进行了科学系统的分析，最后提出了解决重庆"四山"环境地质问题的对策。本书"第

1 章—重庆'四山'地质环境的基本特征"由何安弟、刘智执笔，"第 2 章—重庆城市建设与隧道工程"由王欢、洪爱花执笔，"第 3 章—隧道工程诱发的环境地质问题"由曹聪、刘江执笔，"第 4 章—隧道工程环境地质问题触发机理分析"由范泽英、龚思宇、姜巽执笔，"第 5 章—解决隧道工程环境地质问题的对策"由邓书金、曹聪执笔。全书由范泽英、何安弟、邓书金、曹聪统稿与审定。

成都理工大学环境水文地质专业万新南教授作为本书的学术顾问，从学术构思和编著等方面给予了系统的指导与帮助。在此，对万新南教授及成都理工大学对实验室的大力支持，重庆市地质矿产勘查开发局南江水文地质工程地质队与本书全体作者表示衷心感谢！

由于编者水平与经验有限，本书难免有疏漏之处，恳请读者予以批评指正。

编　者

2022 年 1 月

目 录

第1章 重庆"四山"地质环境的基本特征

重庆位于四川盆地东侧。四川盆地是中国四大盆地之一，盆周山地海拔多在 1 000 ～ 3 000 m；盆底地势低矮，海拔 200 ～ 750 m，因为地表广泛出露侏罗纪至白垩纪的红色岩系，又称为红色盆地。

地质构造上所称的四川盆地，其行政分区位于四川省东部与重庆市西部之间（早期均属四川），是一个具有明显边框的构造盆地，四周高，盆中部低且平整宽阔，面积约 260 000 km²。构造上，四川盆地位于扬子地块的西北部，西以青藏高原东缘的松潘—甘孜褶皱带和龙门山冲断带为界，北以秦岭造山带南缘的米仓山穹隆和大巴山冲断带为界，东侧为华南造山带外缘的雪峰隆起和黔渝湘鄂褶皱带为界，整体呈现出长轴沿北东方向展布的菱形外貌。

四川盆地同时也是一个地貌盆地，四周有高山环绕，故有"蜀道难，难于上青天"之说。其西为龙门山、邛崃山；北为大巴山；东为巫山；南为大娄山。西部是大幅隆起、地域辽阔的高原和山地，海拔多在 4 000 m 以上。盆地东部是以海拔 1 800 m 的华蓥山为标志的帚状褶皱带，帚的核心部位则在重庆"四山"地区（见图 1.1）。

重庆"四山"是指市域缙云山、中梁山、铜锣山、明月山地区，海拔高程 300 m 以上，面积 2 376 km²。国务院和重庆市政府均针对"四山"保护颁布了相关文件及规定。其中，在《国务院关于重庆市城乡总体规划的批复》（国函〔2011〕123 号）文件中，明确要求"保护好缙云山、中梁山、铜锣山、明月山等山体和生态廊道，保障生态环境安全"。重庆市早在 2007 年 5 月 1 日便开始执行《重庆市"四山"地区开发建设管制规定》，其目的是切实保护好缙云山、中梁山、铜锣山、明月山地区的森林、绿地资源与城市生态环境地质。

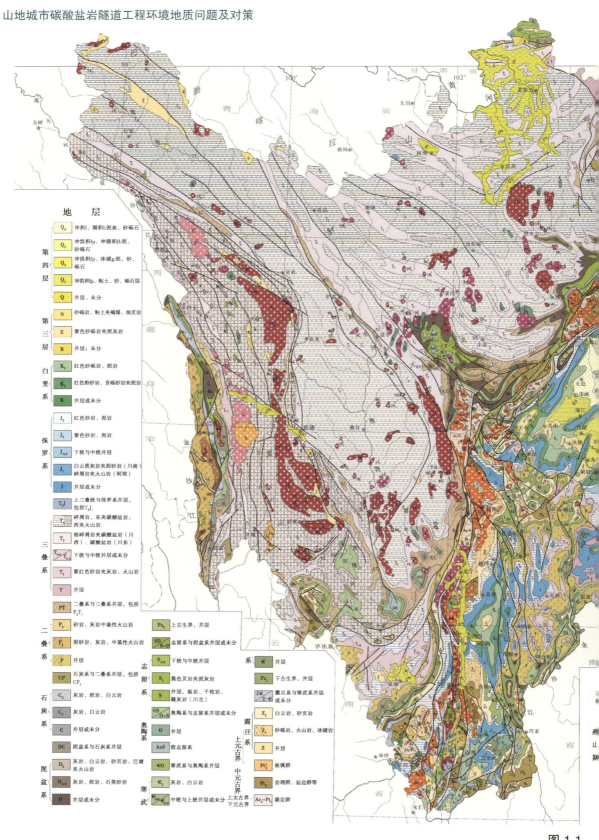

图 1.1

（引自：

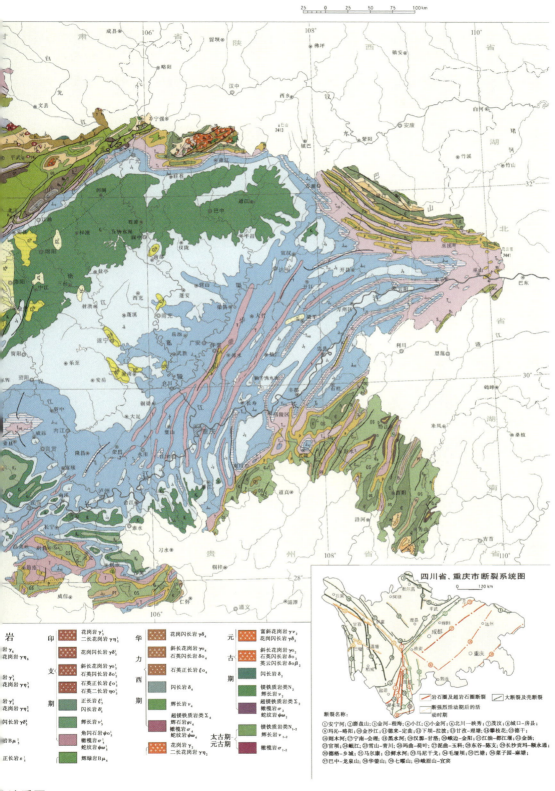

四川省、重庆市断裂系统图

地质图

图集）

　　重庆"四山"区域交通隧道规划涉及渝北区、江北区、沙坪坝区、九龙坡区、大渡口区、南岸区、巴南区、北碚区、璧山、合川、江津、垫江、梁平等共计 13 个行政区县 118 个街道或乡镇（见图 1.2），户籍人口近 79 万人，林地面积约 930 km²。"四山"区域为重庆主城区及其邻近区县森林覆盖率最高的区域，其生态环境地质在保持水土、涵养水源、净化空气等方面发挥着极其重要的作用。

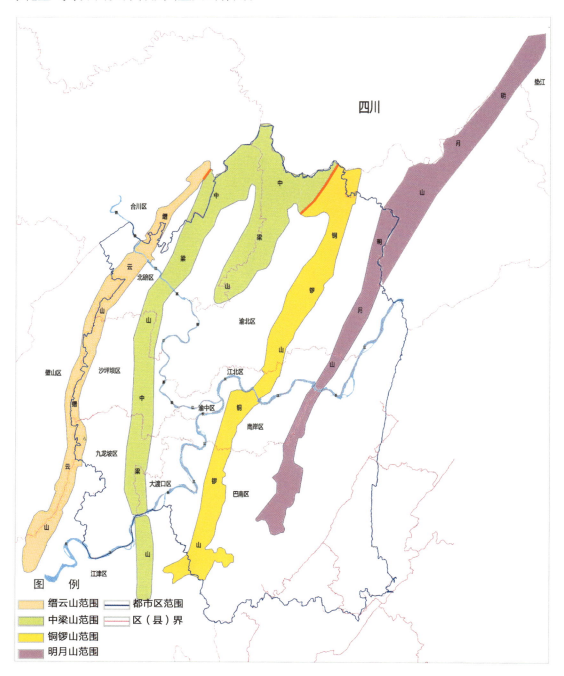

图 1.2　"四山"地理位置分布

1.1　基础地质构造与地貌特征

重庆"四山"处于华蓥山系帚状褶皱束的核心区中段,紧邻长江与嘉陵江交汇处。"四山"山脉走向与构造线方向一致,呈北东—南西向展布。背斜成山并以狭长条状延伸,向斜为谷,宽缓开阔,形成隔挡式构造地貌类型。标高一般为 700 ~ 1 000 m(见图 1.3、图 1.4)。

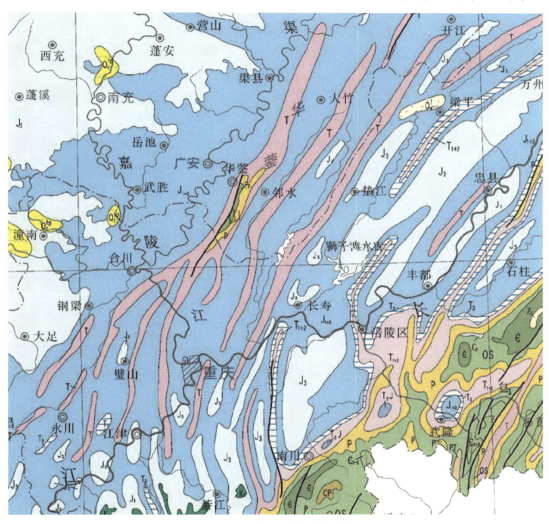

图 1.3　重庆地区隔挡式构造地貌

成山的背斜核部地层大多为三叠系嘉陵江灰岩,由于早期水流作用,大多在山脊位置形成低洼灰岩槽谷,标高在 300 ~ 900 m。背斜两翼为须家河砂泥岩,因岩石坚硬、抗水蚀作用较强形成高耸的山脊,展现特殊的"一山两岭夹一槽"的山体形态。"四山"中部地段由于存在三叠系嘉陵江组和飞仙关组,二叠系中灰岩与泥、页岩相间出现,形成了"一

"山三岭夹两槽"的山体形态。局部地区（如龙王洞附近）由于山体顶部须家河砂岩覆盖，形成了"单岭"的山体形态。

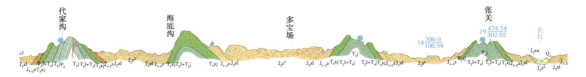

图 1.4　重庆地区隔挡式构造剖面图

1.1.1　地层岩性

重庆"四山"出露的地层由老至新依次有：二叠系（P）的"栖霞组、茅口组、龙潭组、长兴组"，三叠系（T）的"飞仙关组、嘉陵江组、雷口坡组、须家河组"，侏罗系（J）的"珍珠冲组、自流井组、新田沟组、沙溪庙组和遂宁组"及第四系冲积层（Q_4）。

各岩石地层由老至新综述如下：

1）二叠系地层

总厚 340 ~ 1 100 m，不同位置厚度变化较大，以海相灰岩为主，可分四组，它们是栖霞组（P_1q）、茅口组（P_1m）、龙潭组（P_2l）与长兴组（P_2c）。前两组构成二叠系下统，后两组构成二叠系上统，分布于区内各背斜核部地段。

（1）下统栖霞组（P_1q）

厚 42 ~ 255 m，在"四山"地区地表基本不见出露，根据相关煤矿平硐及钻孔资料，其岩性主要为灰、深灰色中厚层含有机质生物碎屑灰岩，下部夹灰黑色有机质页岩。岩石强度高，岩质坚硬，岩石内部洞缝较发育，与上覆茅口组整合接触。

（2）下统茅口组（P_1m）

厚度一般为 50 ~ 600 m，多因断层作用出露地表，零星出露于观音峡背斜及明月峡背斜轴部地段，该层下部为中厚层有机质灰岩；中部为灰色厚层状灰岩，顶部夹大量黑色燧石团块、透镜体，偶见有机质页岩；上部为浅灰色厚层状灰岩，岩体总体坚硬，缝洞系统发育。与上覆龙潭组假整合接触。

（3）上统龙潭组（P_2l）

厚度一般大于 180 m，是"四山"地区的主要产煤地层，下部以黏土岩、页岩为主，含黄铁矿晶粒及团块，夹煤线；上部为深灰色中厚层灰岩、含燧石团块及薄中厚层硅质岩。与上覆长兴组整合接触。

（4）上统长兴组（P_2c）

厚度大于 65 m，主要为灰、浅灰色厚层块状泥质灰岩、灰岩，富含燧石结核及条带，顶部夹有数层不等厚的硅质层。岩石强度高，岩质坚硬，洞缝较为发育。与上覆飞仙关组整合接触。

2）三叠系地层

总厚 1 250 ~ 2 400 m，也以海相地层为主，其中须家河组在学术上争论较大，早期学者认为它属陆相沉积，因为它是富含煤地层，近些年也有学者认为它也属海相沉积。三叠系可分四组、它们是飞仙关组（T_1f）、嘉陵江组（T_1j）、雷口坡组（T_2l）与须家河组（T_3xj）。前两组划归三叠系下统，后两组分别划为中统与上统。三叠系地层在"四山"地区普遍分布，组成"四山"各背斜的核部和两翼。

（1）下统飞仙关组（T_1f）

厚 433 ~ 584 m，呈带状分布于背斜轴部及靠近轴部的两翼地段，以紫红 - 紫灰砂泥岩页岩与泥质灰岩互层为主。自下而上分为四段：

一段（T_1f^1）：岩性以杂色薄中厚层状泥质灰岩，夹少量的浅紫红色、紫灰色中厚层块状钙质泥岩、砂岩。岩石强度高，岩质坚硬。与下覆地层呈整合接触。

二段（T_1f^2）：岩性主要为紫灰色、暗紫红色页岩、钙质页岩，夹浅灰色、灰白色薄中层状泥灰岩及泥质灰岩。岩石强度低，遇水易软化，岩质软。

三段（T_1f^3）：岩性主要为浅灰色、灰白色中厚层块状灰岩，夹泥质灰岩、泥岩。岩石强度高，岩质坚硬。

四段（T_1f^4）：岩性主要为紫灰色钙质页岩、灰绿色页岩及灰色泥质灰岩不等厚互层，岩石强度低，遇水易软化，岩质软。其顶界以紫灰色钙质泥岩或泥灰岩。与上覆大冶组整合接触。

（2）下统嘉陵江组（T_1j）

厚 540 ~ 730 m，呈带状分布于区内各背斜槽谷地区。本组在石油地质领域划分为五段或四段，而在"四山"地区水文地质领域划为四段：

一段（T_1j^1）：厚 195 ~ 282 m，主要为深灰色、灰色薄中层状灰岩，夹少量砂泥屑灰岩，岩石强度高，岩质坚硬。与上覆嘉陵江组整合接触。

二段（T_1j^2）：岩性主要为浅灰色、灰白色中厚层状盐溶角砾岩，夹灰色薄中厚层白云岩。角砾岩表面溶蚀洞隙发育，多贯通。岩石强度高，岩质坚硬。

三段（T_1j^3）：岩性主要为灰色、浅灰色中厚层状灰岩，上部夹有浅灰色泥质灰岩，岩石强度高，岩质坚硬。溶隙洞缝发育。

四段（T_1j^4）：底部以黄灰色、灰色中厚层状盐溶角砾岩为主，夹有少量白云质灰岩；中部以灰色中厚层状灰质白云岩为主；上部主要为盐溶角砾岩。岩石强度高，岩质坚硬。与上覆雷口坡组呈整合接触。

（3）中统雷口坡组（T_2l）

厚 16.5 ~ 110 m，呈带状分布于区内各背斜槽谷地区或两侧，岩性以深灰色、灰黑色页岩、浅灰色薄中厚层状白云岩、泥质白云岩为主，夹膏溶角砾岩及黄绿色泥页岩（或称"绿豆岩""含钾页岩"）。岩石强度高，岩质坚硬。与上覆须家河组平行不整合接触。

（4）上统须家河组（T_3xj）

厚262 ~ 684.8 m，为硬质砂岩与软弱页岩、煤线互层，分布在背斜两翼形成条带状岭脊，通常分为六段。一、三、五段以页岩、煤线为标志，二、四、六段以硬质长石石英砂岩为主体。具体各段特征如下：

一段（T_3xj^1）：岩性主要为灰黑色和深灰色页岩、炭质页岩，夹黄灰色、浅灰色薄层状长石粉砂岩及细砂岩，夹有深灰色、灰黑色煤线，煤线厚度在 1 ~ 3 cm。岩石强度低，遇水易软化，岩质软。与下覆地层呈平行不整合接触。

二段（T_3xj^2）：岩性主要为浅灰色、灰黄色中厚层块状细中粒岩屑长石砂岩，岩石强度高，岩质坚硬。

三段（T_3xj^3）：岩性主要为黄灰色、黄褐色页岩及黄灰色粉砂质泥岩，夹褐灰色薄中层状长石粉砂岩。页岩中多夹煤线，厚度在 1 ~ 3 cm。岩石强度低，遇水易软化，岩质软。

四段（T_3xj^4）：岩性主要为浅灰色、黄灰色中厚层块状细粗粒长石砂岩，岩石强度高，岩质坚硬。

五段（T_3xj^5）：岩性主要为黄灰色、黄褐色页岩及粉砂质页岩，夹薄中厚层细粒长石砂岩、粉砂岩，页岩中见有零星的深灰色炭质页岩或煤线。岩石强度低，遇水易软化，岩质软。

六段（T_3xj^6）：岩性主要为灰白色、黄褐色厚层块状中粗粒长石砂岩，上部夹粉砂岩，底部偶见砾岩透镜体。岩石强度高，岩质坚硬。与上覆珍珠冲组呈整合接触。

3）侏罗系地层

厚度较大，总厚为 1 930 ~ 3 700 m，为一套红色陆相砂泥岩，曾称为川东"红层"。它共分 5 组：珍珠冲组（J_1z）、自流井组（J_1z1）、新田沟组（J_2x）、沙溪庙组（J_2s）和遂宁组（J_3s）。头两组划为侏罗系下统，第三、四组划为中统，最后一组划为上统。侏罗系地层沿各向斜轴部及两翼呈带状分布。

（1）下统珍珠冲组（J_1z）

厚 100 ~ 270 m，沿区内各背斜两翼山体带状分布，岩性主要为紫红色泥岩，夹白色石英砂岩。泥岩强度低，岩质软，遇水易软化，为区内典型的软弱层。砂岩强度高，岩质坚硬。与下覆须家河组整合接触。

（2）下统自流井组（J_1zl）

厚 160 ~ 280 m，呈带状分布于区内各背斜两翼山体，自下而上分为 3 段：

东岳庙段（J_1zl^d）：岩性主要为黄灰色页岩与中厚薄层状介壳灰岩互层，底部为含介壳厚层石英砂岩。页岩强度低，岩质软，遇水易软化，介壳灰岩强度高，岩质坚硬。

马鞍山段（J_1zl^m）：紫红色泥岩为主夹同色或黄灰色薄中层状细粒石英砂岩、泥质粉砂岩，泥岩强度低，岩质软，遇水易软化。

大安寨段（J_1zl^{da}）：岩性为黄绿、灰绿、灰黑色页岩夹灰岩及陆相介壳灰岩。页岩强度低，岩质软，遇水易软化，介壳灰岩强度高，岩质坚硬。与上覆新田沟组整合接触。

（3）中统新田沟组（J_2x）

厚 170 ~ 490 m，分布于区内各向斜至背斜的斜坡地带，岩性上部为灰绿色、黄绿色泥岩夹粉砂岩，下部为紫红色泥岩夹黄绿色泥岩、深灰色页岩。岩石强度低，遇水软化，岩质软。与下覆自流井组整合接触，与上覆沙溪庙组整合接触。

（4）中统沙溪庙组（J_2s）

厚 1 100 ~ 2 100 m，分布于区内各向斜内。分为两段：

下段（J_2xs）：岩性主要为紫红色泥岩、砂质泥岩夹黄灰色砂岩，岩石强度低，遇水软化，岩质软。其中，底部为厚 10 ~ 30 m 的黄灰色、浅灰色中厚层块状中粗粒岩屑长石砂岩，即"关口砂岩"段，顶部 2 ~ 10 m 处夹有一层黄绿色、黄灰色页岩、粉砂质页岩段，含丰富的叶肢介化石，厚度为 2 ~ 5 m，即叶肢介页岩段。

上段（J_2s）：岩性主要为紫红色粉砂质泥岩与浅灰色砂岩互层。泥岩质软，强度低，遇水软化，砂岩岩质强度高。底部 10 ~ 20 m 见黄灰色、浅灰色中厚层块状、中粗粒岩屑长石砂岩，即嘉祥寨砂岩段。与上覆遂宁组呈整合接触。

（5）上统遂宁组（J_3s）

厚 400 ~ 600 m，岩性为鲜红色、砖红色粉砂质泥岩及粉砂岩，夹紫红色浅灰色砂岩。岩石强度低，岩质软，遇水易软化。与上覆蓬莱镇组呈整合接触。

4）第四系全新统

冲积层（Q4）厚 0～57 m 不等，主要分布于长江、嘉陵江两岸及山间河谷地区，堆积物为砾石、砂、黏土、亚黏土。系统地层关系见表 1.1。

表 1.1　重庆"四山"地区地层简表

地层系统				代号	厚度 /m	岩性简述
界	系	统	组（段、层）			
新生界	第四系	全新统	黄桷树 江北砾石层　资阳组	Q4	0～57	沿长江及其支流谷地两岸分布，河漫滩及河流的阶地，为砂卵石层，多具二元结构，上部为灰黄色砂质黏土层，下部为黄褐色砂砾石层
中生界	侏罗系	上统	遂宁组	J_3s	400～600	泥岩夹粉砂岩
		中统	上沙溪庙组	J_2s	700～2 100	泥岩与长石砂岩呈韵律互层
			下沙溪庙组	J_2xs	200～600	泥岩夹长石砂岩，长石砂岩
			新田沟组	J_2x	170～490	页岩夹砂岩，灰岩透镜体
		下统	自流井组　大安寨段	J_1zl^{da}	40～80	北：介壳灰岩与页岩不等厚互层 南：泥岩上部夹薄层灰岩
			自流井组　马鞍山段	J_1zl^m	100～150	泥页岩或粉砂岩
			自流井组　东岳庙段	J_1zl^d	≤20～50	下部灰岩夹页岩，上部泥页岩夹灰岩透镜体
			珍珠冲组	J_1z	100～270	泥、页岩夹石英粉细砂岩
	三叠系	上统	须家河组　四～六	T_3xj^{4-6}	150～300	长石石英砂岩夹炭质页岩及煤层或煤线
			须家河组　一～三	T_3xj^{1-3}	100～360	炭质页岩夹长石石英砂岩及煤层或煤线
		中统	雷口坡组	T_2l	25～660	灰岩、白云岩夹角砾岩，泥砂岩
		下统	嘉陵江组　四段	T_1j^4	80～152	底部以黄灰色、灰色中厚层状盐溶角砾岩为主，夹有少量白云质灰岩；中部以灰色中厚层状灰质白云岩为主；上部主要为盐溶角砾岩
			嘉陵江组　三段	T_1j^3	122～193	灰色、浅灰色中厚层状灰岩，上部夹有浅灰色泥质灰岩
			嘉陵江组　二段	T_1j^2	71～136	浅灰色、灰白色中厚层状盐溶角砾岩夹灰色薄中厚层白云岩
			嘉陵江组　一段	T_1j^1	195～282	深灰色、灰色薄中层状灰岩夹少量砂泥屑灰岩
			飞仙关组　四段	T_1f^4	24～44	紫、黄绿色钙质页岩与泥灰岩互层
			飞仙关组　三段	T_1f^3	128～163	灰岩、泥岩、泥质灰岩夹鲕状灰岩
			飞仙关组　二段	T_1f^2	172～241	紫色钙质页岩夹泥灰岩
			飞仙关组　一段	T_1f^1	109～136	杂色中至薄层泥质灰岩夹粉砂岩、泥岩

地层系统				代号	厚度 /m	岩性简述
界	系	统	组（段、层）			
古生界	二叠系	上统	长兴组	P_2c	15 ~ 60	多色页岩夹灰岩、硅质岩
					45 ~ 146	灰岩夹少量页岩
			龙潭组	P_2l	22 ~ 242	灰岩夹硅质岩
					88 ~ 142	黏土岩、页岩夹黄铁矿、煤线
		下统	茅口组	P_1m	50 ~ 600	灰岩含燧石团块、有机质页岩
			栖霞组	P_1q	42 ~ 255	深灰色中厚层有机质生物碎屑灰岩

1.1.2　古沉积环境与地层空间展布

"四山"地区古环境地质受四川盆地沉积环境控制，它经历了二叠与三叠纪广海与局域海的碳酸盐岩沉积，其中也有多次海侵与海退过程，特别是煤系地层的存在说明了中间曾有陆相沉积。以三叠纪嘉陵江灰岩为例，它展示了一个复杂的盆地海相沉积过程。

根据石油地质研究，盆地嘉陵江组分成 5 段，其中 3 段的岩相古地理的演化特征反映了整个四川盆地的北东端特别是重庆"四山"地区海相沉积相对较厚，有灰岩、云岩、膏岩甚至盐岩沉积层。通过各期的沉积间断，地表水甚至地质历史上的地下水都可以对当时沉积的膏岩盐岩进行迅速的"溶蚀改造"，为形成"膏溶角砾岩"创造先期基础地质条件。

三叠纪末海退前，在须家河时期及整个侏罗纪，四川盆地处于湖盆阶段，沉积了 2 000 ~ 3 500 m 厚的红层地层，因而处于盆地东缘的"四山"从二叠系至侏罗系地层齐全。

位于四川盆地东侧的重庆"四山"地区不但沉积了厚层灰岩与砂泥岩地层，还在强烈的构造挤压作用下，整个三叠系地层被挤压成山并出露地表，构成了"四山"的核心地层，而在盆地内部则深埋于数千米的地下。

重庆"四山"地区出露地层主要为二叠系、三叠系和侏罗系地层，沉积环境类型主要分为海相和河湖相沉积两大类（见图 1.5）。其中二叠系和三叠系中下统为浅海相沉积，三叠系上统须家河组和侏罗系地层为河湖相沉积，其中又细分为浅海相、海陆交互、礁相浅海、潟湖相、河流沼泽相等（见表 1.2）。由表 1.2 可以看出，区内地层由新到老，沉积环境逐渐由浅海相向湖泊、河流沉积环境过渡，岩性由碳酸盐岩逐渐过渡为碎屑岩类，不同的沉积环境造就了不同的地层岩性，这是形成"四山"地区独特水文地质特征的先决条件。

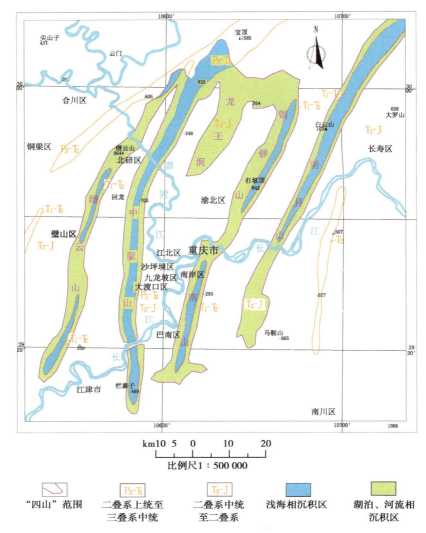

图1.5 "四山"地区地层与沉积环境分布示意图

表1.2 "四山"地区沉积环境表

系	统、组	出露位置	沉积环境
二叠系	二叠系下统（P_1）	观音峡背斜北段轴部，面积很小	浅海碳酸盐岩沉积
	二叠系上统龙潭组（P_2l）	观音峡背斜北段轴部	海陆交互相含煤沉积
	二叠系上统茅口组（P_2c）	观音峡背斜北段、中段，明月峡背斜北段轴部	台地边缘生物礁相浅海碳酸盐建造
三叠系	三叠系下统飞仙关组（T_1f）、嘉陵江组（T_1j）	区内背斜轴部，地貌上主要为槽谷和中部岭脊	浅海相碳酸盐岩、碎屑岩建造
	三叠系中统雷口坡组（T_2l）	区内背斜近轴部两侧的槽谷边缘位置	浅海台地潟湖相含镁碳酸盐岩建造
	三叠系上统须家河组（T_3xj）	背斜两翼岭脊地带	内陆湖泊沼泽河流沼泽相碎屑岩含煤建造

系	统、组	出露位置	沉积环境
侏罗系	侏罗系下统珍珠冲组（J_1z）	背斜两翼	浅水湖相碎屑岩建造
	侏罗系下中统自流井组（$J_{1-2}z$）	背斜两翼	浅湖相泥岩及半深水湖相碳酸盐岩建造
	侏罗系中统新田沟组（J_2x）	背斜两翼	还原—次氧化环境下的淡水湖相杂色碎屑岩建造
	侏罗系中统沙溪庙组（J_2s）	背斜两翼	强氧化环境下的河湖相红色碎屑岩沉积

1.1.3　区域地质构造演化

四川盆地在大规模沉积后，构造演化至燕山早中期，即华南褶皱带的造山时期，产生了强烈的构造岩浆作用，产生逆冲推覆和强烈的褶皱。同时，冈瓦纳大陆全面裂解漂移，夹于其间的上扬子区块向北运动，南秦岭向南逆冲、推覆，形成了川北坳陷。早白垩世后的燕山晚期，川北、川东结束了陆相沉积，开始进入风化剥蚀时期，并形成了走向北东的构造和四川盆地东南部的边缘雏形。

随着印度板块与欧亚板块的碰撞拼合，上扬子区西部产生了大范围的盖层褶皱，形成了走向南北的构造，结束了大范围的陆相沉积，四川盆地基本形成。构造演化进入陆内盆地强烈挤压褶皱构造变形和风化剥蚀时期改造阶段。

四川盆地构造演化史决定了四川盆地沉积盖层纵向演化经历台地（Z_2dn—T_2 海相）、盆地（T_3—晚白垩世陆相）和褶皱隆升改造（晚白垩世—现今）3 大阶段。

（1）海相台地发育阶段（Z_2dn—T_2 海相）

四川盆地海相沉积总体上是在拉张环境下形成的地台层序。沉积期内，扬子地台为宽阔的浅水大陆架，而四川盆地是陆架上的一个相对隆起的台地。因此，沉积组合以浅海碳酸盐岩及潮坪碳酸盐岩沉积为主，时间长、时代老、层系全、厚度大。

（2）陆相盆地发育阶段（T_3—晚白垩世陆相）

四川盆地陆相沉积是在挤压环境下形成的前陆及陆内层序，分布于盆地西北及东北缘的龙门山、大巴山山系。自印支期以来，在长期阶段性的挤压作用下，上地壳内发生多层次滑脱、褶皱、冲断和推覆，向陆相沉积盆地内递进侵位，最后形成了冲断推覆构造山系。分布于盆地东南及西南缘的齐跃山、大相岭盆缘山系，是由雪峰陆内构造活动形成的。燕山晚期，齐跃山以东形成褶曲与冲断；至喜马拉雅早中期，四川盆地东部川东（今重庆"四山"地区也在此范围内）隔挡式褶皱带基本定型。盆地边缘在长期的挤压应力作用下，先后崛起成山，并渐次向盆内迁移，此时沉积建造逐渐停滞而代之以构造变形和隆升作用为主的盆地改造。

（3）褶皱隆升改造阶段（晚白垩世—现今）

从整体上讲，晚白垩世以来，四川盆地进入隆升改造阶段。四川盆地及周缘地区在喜马拉雅期发生了强烈的隆升运动。四川盆地内部除川西坳陷外自晚白垩世后一直处于隆升阶段，但各地区有差异，主要的隆升阶段是新近纪，隆升速率超过 100 m/Ma，隆升幅度超过 4 200 m。其隆升的阶段性明显，可分成 3 个阶段。第一阶段：晚白垩世—古近纪，差异隆升阶段，大部分地区处于隆升状态，但隆升的速率有差异；第二阶段：整体隆升阶段，全盆地都处于隆升状态，整体隆升幅度大，速率一般大于 40 m/Ma，隆升幅度超过 1 000 m；第三阶段：快速隆升阶段，全盆地的隆升速率除川西坳陷外均大于 100 m/Ma，隆升幅度超过 1 500 m。在地质历史的振荡变化中，地下水的化学性质则随之变化，最终在高压高温条件下达到平衡并稳定下来，它受地层化学成分的控制，也受碳酸盐岩层、石膏层或石盐层、钾盐层的强烈影响，在地层深埋，在高压、高温作用下形成了特定的化学成分，为重庆三叠系灰岩喀斯特地貌的形成奠定了构造裂隙网络与后期地下水运动的地球化学基础。

整个四川盆地构造演化剖面见图 1.6。嘉陵江—雷口坡沉积期后，地壳挤压褶皱运动就已开始，在晚三叠—晚白垩沉积期，褶皱断裂初形已完成，而晚白垩世的喜山运动基本形成了隔挡式构造的全部骨架。川东地区的重庆"四山"地质构造形态也已定格为现在的模式（见图 1.6）。

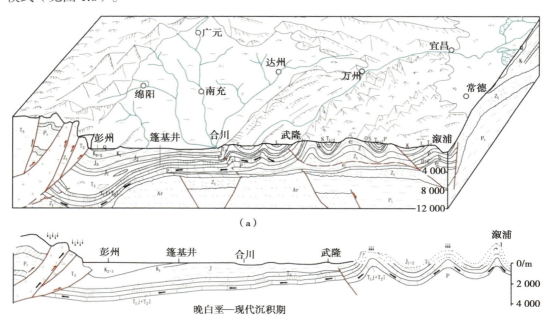

（a）

晚白垩—现代沉积期

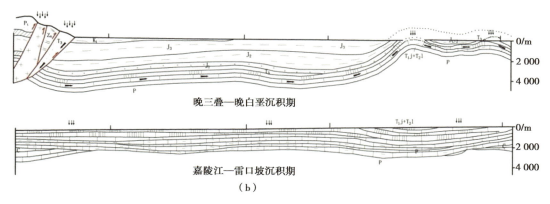

晚三叠—晚白垩沉积期

嘉陵江—雷口坡沉积期

（b）

图 1.6　四川盆地褶皱断裂演化阶段剖面示意图

1.1.4　"四山"地质构造特征

重庆"四山"地质构造是四川盆地构造演化的参与者、成就者与控制者。从图 1.7 中可看到，重庆"四山"构成盆地的东部隆起山地边界，它以新华夏系华蓥山帚状褶皱束为特色，形成有一定规模的隔挡式褶皱构造，即背斜与向斜间隔平行出现。其主要背斜由西向东依次有：温塘峡背斜、观音峡背斜、龙王洞背斜、铜锣峡背斜和明月峡背斜（见图 1.8、图 1.9）。

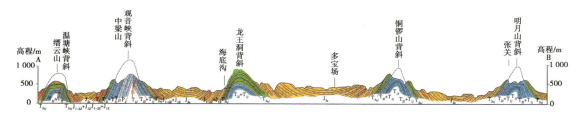

图 1.7　"四山"构造剖面图

1）温塘峡背斜及断裂构造

温塘峡背斜为一狭长不对称扭转背斜，平面展布见图 1.8 中标为 42 的背斜位置，总长约 68 km。因背斜的南北形态有较大差异，又将该背斜分南北两段：背斜南段主轴近南北向延伸，故归属于南北向构造；北段北起合川老岩头，南经北泉、梨树坪，止于多子山。两翼倾角变化大。背斜枢纽起伏，北北东—南北向展布，两翼不对称，主要呈西陡东缓，西翼岩层产状 280°～310°∠60°～70°，东翼倾角岩层产状 100°～130°∠20°～50°，其剖面结构见图 1.9，甚至在王家湾一带须家河组地层出现部分直立倒转现象。背斜西部为璧山向斜，东部为北碚向斜。

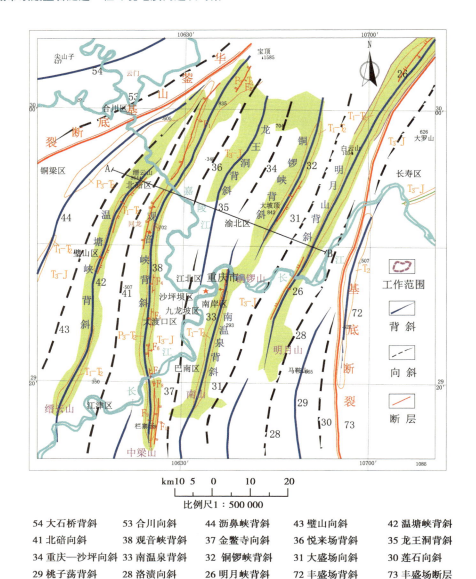

比例尺 1∶500 000

54 大石桥背斜	53 合川向斜	44 沥鼻峡背斜	43 璧山向斜	42 温塘峡背斜
41 北碚向斜	38 观音峡背斜	37 金鳌寺向斜	36 悦来场背斜	35 龙王洞背斜
34 重庆—沙坪向斜	33 南温泉背斜	32 铜锣峡背斜	31 大盛场向斜	30 莲石向斜
29 桃子荡背斜	28 洛渍向斜	26 明月峡背斜	72 丰盛场背斜	73 丰盛场断层

图 1.8 "四山"构造纲要图

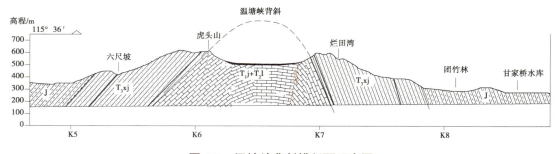

图 1.9 温塘峡背斜横剖面示意图

温塘峡主要发育有两条逆断层，即凉亭关（见图 1.8 中 F10）与高石坎断层（见

图 1.8 中 F11）。

（1）凉亭关逆断层

位于背斜轴部，走向北 25° 东，倾向北西，倾角 60°。上盘为嘉陵江组顶部灰岩，下盘为须家河组底部砂岩，断距不大。堰塘湾一带由于岩层倾角加大和断层破坏，轴部雷口坡组急剧变窄，宽仅为北边的三分之一。断层附近岩层破碎，产状乱，断裂南段有一分支逆断层，断掉了雷口坡组，使须家河组与嘉陵江组接触，北段破坏了梨树坪小背斜。该断层与主断层走向近似一致，倾向南东，倾角 60°。

（2）高石坎逆断层

走向北 15° 东，倾向北西，长 5 km，发育在背斜东翼。中部断距较大，上盘嘉陵江组逆冲在下盘须家河组上，南端断于嘉陵江组中，北端断于须家河组内。

2）观音峡背斜及断裂构造

观音峡背斜位于中梁山地区西侧山脉，平面展布见图 1.8 中标为 38 的背斜位置，该背斜北起合川区三汇镇（与华蓥山背斜斜接），往南跨过嘉陵江及长江，南延至江津区贾嗣镇而倾没，长约 105 km，宽 2 ~ 4 km（以须家河组地层顶面计）。主要特点是背斜轴线扭摆多弯曲，呈反"S"形，北北东～南北向展布，两翼不对称，主要呈西陡东缓，西翼岩层产状 260° ~ 300° ∠ 60° ~ 80°，东翼倾角岩层产状 80° ~ 120° ∠ 35° ~ 60°。甚至在西翼的自流井组、珍珠冲组地层内出现部分直立倒转现象，其剖面结构见图 1.10。背斜西部为北碚向斜，东部为悦来场向斜和金鳌寺向斜。

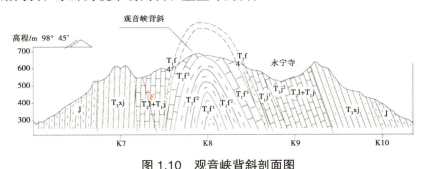

图 1.10　观音峡背斜剖面图

观音峡背斜所处部位发育有 10 条断层，也是中梁山地区断层密集区（见图 1.8），其特征如下：

① F1 断层。该断层北起四川境内华蓥山脉，南至重庆市北碚区天府镇，位于观音峡背斜北段东翼，区内长约 35 km，断层走向北东约 35°，倾向南东，倾角 55° ~ 70°，地面断开地层为飞仙关组、长兴组、龙潭组，断层上盘向北西方向斜冲，为压扭性斜冲逆断层。经天府三汇、金马、刘家沟、磨心坡等规模性煤矿调研，其平硐揭露显示该断层在标高 200 ~ 700 m，断层断距由北往南从 150 m 逐渐变小到 50 m 左右。

② F2 断层。该断层北起四川境内龙泉寺一带，南至重庆市北碚区静观镇胜天水库，位于观音峡背斜北端东翼，区内长约 6 km，断层走向北东约 32°，倾向南东，倾角 70°，地面断开地层为飞仙关组（T_1f），为压扭性逆断层。

③ F3 断层。该断层北起北碚区龙凤镇中梁村，南至沙坪坝区中梁镇龙泉村，位于西槽谷，为隐伏逆断层，走向与构造方向基本一致，倾向东，倾角 70° ~ 74°。延伸距离 13.3 km 左右，分布于嘉陵江组（T_1j）和雷口坡组（T_2l）地层接触带以及嘉陵江组（T_1j）之内，为压扭性逆断层。

④ F4 断层。该断层位于沙坪坝区上大天池东侧，位于背斜东翼近轴部，走向与构造方向基本一致，分布在飞仙关组（T_1f）地层内，南北向延伸，延伸长度约 0.7 km，倾向西，倾角 78°，为压扭性逆断层。

⑤ F5 断层。该断层位于沙坪坝区歌乐山镇新开寺，分布在背斜东翼飞仙关组三段（T_1f^3）与飞仙关组二段（T_1f^2）地层接触带，断层附近地面飞仙关组三段（T_1f^3）明显变薄，南北向延伸，延伸长度约 1.3 km，倾向西，倾角 53°，为压扭性逆断层。

⑥ F6 断层。该断层位于沙坪坝区歌乐山镇山洞村，背斜东翼近轴部，走向与构造方向基本一致，分布在飞仙关组一段（T_1f^1）地层，南北向延伸，延伸长度约 0.6 km，倾向东，倾角 75°，为压扭性逆断层。

⑦ F7 断层。该断层位于长江北岸重钢采石场一带，背斜东翼，走向与构造方向基本一致，略呈弧形延伸，分布在嘉陵江组（T_1j）地层内，南北向延伸，延伸长度约 1.9 km，倾向东，倾角 70°，为正断层。

⑧ F8 断层。该断层位于长江南岸珞璜镇矿山村一带，背斜轴部，走向与构造方向基本一致，分布在嘉陵江组（T_1j）地层内，南北向延伸，延伸长度约 1.4 km，倾向东，倾角 68°，为正断层。

⑨ F9 断层。该断层北起江津区珞璜镇矿山村，南至江津区支坪镇仁沱社区，位于背斜西翼近轴部，走向与构造方向基本一致，主要分布地层为须家河组（T_3xj）、雷口坡组（T_2l）和嘉陵江组（T_1j），南北向延伸，延伸长度约 16 km，倾向东，倾角 58° ~ 65°，为压扭性逆断层。

⑩ F10 断层。该断层北起江津区珞璜镇矿山村，南至江津区支坪镇楠林村，位于背斜东翼近轴部，走向与构造方向基本一致，主要分布地层为须家河组（T_3xj）、雷口坡组（T_2l）和嘉陵江组（T_1j），南北向延伸，延伸长度约 13 km，倾向东，倾角 66° ~ 73°，为压扭性逆断层。

3）龙王洞背斜及断裂构造

龙王洞背斜位于中梁山地区东侧山脉，平面展布见图 1.8 编号 35 的背斜位置，为西陡东缓不对称箱状背斜。北西翼岩层产状 275° ~ 300° ∠ 38° ~ 70°，南东翼地层产状 100° ~ 120° ∠ 20° ~ 45°，剖面结构见图 1.11。龙王洞背斜区域未发现次级褶皱及断层发育，背斜西部为悦来场向斜，东部为重庆 — 沙坪向斜。

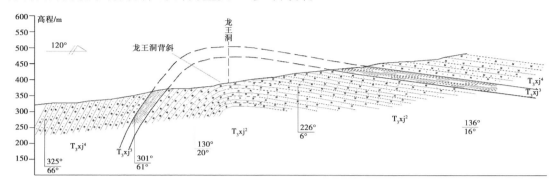

图 1.11　龙王洞背斜剖面图

4）铜锣峡背斜及断裂构造

其构造形迹沿铜锣山脉延伸，长江以北为铜锣峡背斜，平面展布见图 1.8 编号 32 的背斜位置；长江以南为南温泉背斜，平面展布见图 1.12 编号 33 的背斜位置。北起渝北区统景镇码头村，南至巴南区一品街道燕云村一带，区内长约 100 km，大致沿北东—北北东延伸，两翼不对称，西翼较东翼略缓，西翼倾角 25° ~ 60°，东翼岩层倾角 45° ~ 75°。背斜核部北边地层较新，南部地层较老，向北倾覆，且背斜轴部缓，翼部陡，呈不对称的箱形背斜，剖面结构见图 1.12。背斜核部由嘉陵江组地层组成，岩性为灰色厚层至块状灰岩、白云质灰岩，岩石风化严重，表面凹凸不平，溶蚀现象也较发育。

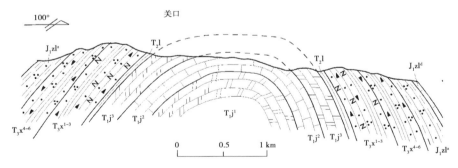

图 1.12　铜锣峡背斜示意图

该背斜区在南岸区黄桷垭镇真武山、炮台山区域存在 1 条断层（图 1.8 编号 F12 的断层位置）。该断层位于南温泉背斜北端近轴部，走向 N20° E，倾向南东，倾角 85° 左右，断开地层为嘉陵江组（T_1j）灰岩，属压扭性逆冲断层。两侧岩石各自分别向东、向西倾斜，倾角 30° ~ 50°。

5）明月山背斜及断裂构造

明月山背斜及断裂构造位于华蓥山褶皱束南东侧边缘，平面展布见图 1.8 编号 26 的背斜位置。该构造由地区北东侧梁平县新盛镇进入，途经垫江县、长寿区芦池村、渝北区张关镇排花洞村沿线，至巴南区南彭街道出地区，区内长约 160 km，大致沿北东—北北东延伸，轴线平直呈北东 30° 方向延伸，西翼倾角 50°～80°，东翼倾角 30°～60°，呈现为线性斜歪背斜，剖面结构见图 1.13。轴部出露最老地层为二叠系上统长兴组（P_2c）及三叠系下统飞仙关组（T_1f）地层，且仅见于明月山地区中段的长寿区西山至大坝子一带，其余地段给隆起高点部位主要为嘉陵江组（T_1j）和少量的中统雷口坡组（T_2l）地层，地表一般形成岩溶槽谷地貌；而鞍部多由雷口坡组（T_2l）地层构成，两翼地层依次出露须家河组（T_3xj）至侏罗系（J）地层。

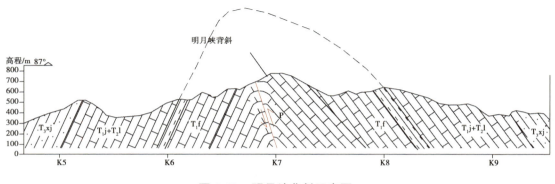

图 1.13　明月峡背斜示意图

区内主要发育有 2 条断层（图 1.8 编号 F14 和 F15 断层位置），如下：

① F14 断层。该断层为压扭性逆断层，位于明月山背斜轴部地段，走向北东 25°，倾角 15°～42°。与背斜轴平行相邻，局部重合，倾向北东，长约 16 km。地面断开地层为二叠系上统长兴组，受断层影响，断层带附近岩石破碎，产状零乱，且破坏了背斜轴部。

② F15 断层。该断层为压扭性断层，位于明月峡背斜东翼龙洞坝—河水坝一带，走向近北北西 20°，倾角 50°，斜切背斜东翼，断层带附近岩石破碎。

1.1.5　"四山"地貌概况

重庆市地处我国四川盆地东部，属我国陆地地势第二级阶梯。东北部雄踞着大巴山地；

东南部斜贯有巫山、大娄山等山脉；其西为红色方山丘陵；中部主要为低山与丘陵相间排列的平行岭谷类型组合。

综观全市地貌结构，有下列特征：重庆地貌类型虽然复杂多样，但以山地为主，可细分为中山、低山、丘陵、台地、平原 5 大类。中山、低山面积达 24 136 km²，占全市总面积的 75.9%；丘陵面积为 10 426 km²，占 17%；平原面积仅 1 971 km²，占 2.39%，构成以山地为主的地貌形态。"四山"地区以低山地貌为主，其槽谷地段由于灰岩广泛分布，大部分地段发育有典型的喀斯特地貌。

1）低山

"四山"地区总体属背斜构造低山地貌（见图 1.14、图 1.15），其特征为：从展布规律看，深受其地质构造控制，山轴线与构造线相吻合，多为北北东、北东向，并成弧形向西南撒开，相互平行伸展，反映梳状褶皱特征。从山体海拔高度看，主峰自北 1 000 m 左右（明月山 1 183 m）向南至长江河谷为 500 ~ 600 m。从山体形态看，受其岩性的控制，若三叠系须家河组砂岩为轴部山岭，呈"一山一岭"形态，山岭受横向裂隙和沟谷分割，常成锯齿岭脊；若山体核部由三叠系嘉陵江组灰岩组成，则沿着构造线方向发育长条状，谷底低平的喀斯特槽谷，两侧被须家河组构成的单斜山岭夹持，呈"一山一槽二岭"形态；若山体核部由二叠系上统及三叠系飞仙关组灰、页岩组成背斜山岭，则多呈"一山二槽三岭"形态景观。这种隔挡式地质构造控制的山体也称为"川东式"背斜构造低山。

图 1.14　"四山"地区典型低山地貌（中梁山）

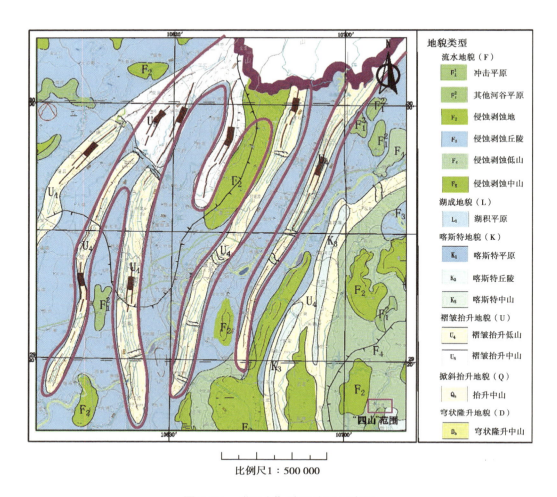

比例尺1∶500 000

图 1.15 "四山"地貌分区示意图

2）喀斯特地貌

隔挡式地质构造中，条带状灰岩分布广泛，形成了重庆特有的"岭、槽"相间的特殊复合喀斯特地貌类型，即由砂泥岩为岭的相对隔水边界控制的条带状喀斯特槽谷、暗河管网与洞洼系统。归纳起来，主要有以下6种特有灰岩喀斯特地貌类型。

（1）灰岩缝沟

此类地貌形态对岩性选择性极强，主要发育于三叠系下统飞仙关组第三段和嘉陵江组一段、三段等质纯层厚的灰岩中，小型缝沟一般发育于微地貌为斜坡地段，一般缝沟发育宽度为 0.30 ~ 0.50 m（见图 1.16）。

（a）中梁山地区金刀峡附近缝沟　（b）明月山地区张关镇附近缝沟

图 1.16　"四山"地区典型灰岩缝沟

（2）灰岩洼地

灰岩洼地一般出现在碳酸盐岩区，具有盆状封闭性，四周高中间低且相对平坦开阔，在暴雨季节甚至可短期积水成湖。大多数洼地内可找到落水洞与其共生。

"四山"地区内洼地一般可分为两类。一类分布于分水岭附近地段，面积一般在 1 km² 以上，微地貌平坦开阔，地形坡角小于 5°，平面多呈长条状分布，多沿构造轴线方向展布，宽度一般在 50 ～ 200 m，延伸长度一般在 200 ～ 400 m，高程在 500 m 左右，如明月山关厂附近洼地。另一类分布于槽丘和槽坡地段，一般地处分水岭与深切沟谷过渡地段，面积相对较小，约 1 000 m²，如铜锣山南山镇黄桷垭（见图 1.17）。

（a）明月山关厂附近大型槽谷洼地　（b）沙坪坝区歌乐山镇西槽谷洼地

（c）缙云山临峰附近槽谷洼地　　　　　　　（d）铜锣山南山镇黄桷垭槽谷洼地

图 1.17　"四山"地区典型岩溶洼

（3）竖井与落水洞

竖井与落水洞一般指从地表垂直向下发育的灰岩洞体，大多见于平缓开阔灰岩槽谷中或山顶处，如缙云山临峰附近落水洞（见图 1.18）。槽谷范围越大，落水洞规模越大越深，数目越多，且洞体平面展布与槽谷走向趋近一致。当地区内出现串珠状分布的落水洞时，往往揭示该地段有地下暗河发育。区内落水洞多为漏斗状或竖井状，深度变化大，一般为 10 ~ 100 m 不等，其深度与地区沟谷切割深度密切相关。在槽谷边缘的槽坡地段，落水洞发育程度相对减弱，通常以小型漏斗状、裂隙状落水洞最为常见，一般深度小于 20 m。在槽沟及其边缘地区，往往分布较少。

（a）缙云山临峰附近落水洞　　　　　　　（b）铜锣山南泉镇附近落水洞

图 1.18　"四山"地区典型落水洞

（4）平洞

一般指水平可进入的大小灰岩洞穴，包括暗河出口洞穴，如铜锣山仙女洞、明月山张关水溶洞等（见图 1.19），在"四山"地区不少平洞为灰岩大泉出口。

　　"四山"地区内灰岩洞穴较多，主要分布于区内嘉陵江组、雷口坡组及飞仙关组三段地层中，其中又以嘉陵江组地层中的沟谷和溪河两侧分布最为广泛，部分具有垂直分带特征，如在 180 ~ 400 m 标高范围内发育有多层水平洞体，洞穴延伸方向受构造裂隙和岩性影响，蜿蜒曲折或仅形成岩腔状，洞口直径一般为 0.5 ~ 10 m 不等。多数洞穴平时无水，暴雨后可见水流出。区内洞穴的发育特征反映了灰岩从表层至深部破坏的演化历史，表征灰岩沟槽向深部"溶切"适应区内最低侵蚀基准面的演化过程。

（a）仙女洞（铜锣山）

（b）张关水溶洞（明月山）

（c）观音洞（中梁山）

（d）丁家洞（缙云山）

（e）白虎洞（洞口）

（f）白虎洞（洞内大厅）

（g）打铁洞（远景）　　　　　　　　　　（h）打铁洞（洞口）

图 1.19　"四山"地区典型洞穴

（5）喀斯特湖

灰岩区由于构造裂隙发育，地表水易于渗漏进入地下，因此在大面积灰岩出露地区很难积水成湖。而在"四山"灰岩区，由于局部地表缝洞管网系统不发育，或者早期的洼地被淤泥严密堵塞而积水成湖，称为喀斯特湖，如歌乐山天池、铜锣山的岩溶湖、明月山的水天池、缙云山的甘家槽湖（见图 1.20）。喀斯特湖一般由地下水补给，少数与暗河相连由暗河补给，或者成为暗河源头补给暗河。湖体边缘可能发育有落水洞，面积一般在 $0.01 \sim 0.05 \ \mathrm{km}^2$，深度变化较大，平均深度一般为 $2.00 \sim 3.00 \ \mathrm{m}$，喀斯特湖水位受季节影响，有的影响较大，有的较小。

（a）歌乐山天池（中梁山）　　　　　　　　（b）岩溶湖（铜锣山）

（c）水天池（明月山）　　　　　　　　　　（d）甘家槽湖（缙云山）

图 1.20　"四山"地区典型岩溶湖

（6）暗河

命名为暗河者必须满足 3 大条件：a.其上游有延伸较长的串珠状汇水洼地落水洞从地表供水；b.除特干旱年，一般常年有水从暗河出口处流出；c.在暗河中下游位置，甚至上游位置能延伸一定长度，洞穴管道中能找到水流磨圆的鹅卵石、河床管道或河流相沉积物。以上 3 大条件缺一均不能定义为"暗河"或"地下河"，宜命名为灰岩大泉，因为它还没有发育成完整的"暗河体系"。

"四山"区域大型暗河发育较少，局部构造强烈挤压破碎带发育有延伸不长的暗河系统。这是因为灰岩出露面积不宽阔，汇水范围受限。

暗河与地表沟溪一样，均受新构造运动控制，以直接适应最低侵蚀基准面，如长江、嘉陵江等。具体暗河将在 1.3 节详述。

1.2　地下水系统

1.2.1　重庆地区水文气象特征

重庆位于北半球副热带，气候温和，属亚热带季风湿润气候。平均气温 18 ℃，最低温度可达零下 3.8 ℃。7、8 月气温最高多在 27 ~ 38 ℃，最高极限气温可达 43.8 ℃。年降雨量为 1 000 ~ 1 450 mm，尤以夜雨为多，故有李商隐的"君问归期未有期，巴山夜雨涨秋池。何当共剪西窗烛，却话巴山夜雨时"之"巴山夜雨"之佳句。

重庆主城区处于长江与嘉陵江交界区域，其随季节变动的地表水位为该地区区域水系与地下水系统发育的关键水文控制点。地下水"补、径、排"系统及地下水水位受嘉陵江与长江水位控制。

1.2.2　地下水储水条件与地下水类型

该地区水文地质条件十分复杂，含水储水结构多样，地下水类型主要有松散层孔隙水、碎屑岩孔隙裂隙水与灰岩缝洞管网水。现分别讨论如下：

1）第四系松散层孔隙水

主要分布在第四系冲洪积及湖积层（如缙云山甘家槽谷）、崩坡积层、残坡积层土层中，多为局部性上层滞水，水量小，动态幅度大，水质成分由含水介质的性质决定。崩积、残积、坡积层中的地下水水质较好，属 HCO_3—$Ca \cdot Na$ 型，矿化度低。泉水流量一般小于或等于 0.01 L/s。一般利用浅井供农家生活用水（见图 1.21）。

（a）   （b）

图 1.21   民井（抽取第四系松散层孔隙水）

2）碎屑岩类孔隙裂隙水

一般是砂泥岩区（如须家河砂泥岩）存在风化裂隙水（见图 1.22）和构造裂隙水（见图 1.23），风化裂隙孔隙水分布在浅表基岩强风化带中，为局部性上层滞水或小区域潜水，水质较好，水量小，受季节性影响大，各含水体自成补给、径流、排泄系统。用井巷取水或裂隙小泉排水。

图 1.22   泉点（风化裂隙水）   图 1.23   泉点（红层构造裂隙水）

在重庆"四山"地区，构造裂隙水比较丰富，它可细分为红层构造裂隙水（见图 1.23）和须家河裂隙层间水（见图 1.24）。

（1）红层构造裂隙水

分布地层主要为侏罗系砂泥岩地层，因岩性是一套以红色泥岩为主，夹厚度不稳定的砂岩透镜体的内陆湖盆相碎屑沉积，故称"红层"。主要分布于向斜部位和背斜两翼位置。其含水性差，富水程度较低，泉水流量 0.02 ~ 3.6 L/s，其中小于 0.08 L/s 的占 60% 左右。水质为 HCO_3—Ca 型或 HCO_3—Ca·Na 型，矿化度在 0.5 g/L 以下。地下水不具有大区域循环特征，但在一定范围内有水力联系。其中沙溪庙组的厚层砂岩富水程度相对良好，钻孔涌水量可达 100 ~ 300 m³/d。而珍珠冲组、自流井组、新田沟组钻孔涌水量多小于 50 m³/d，其含水岩组的富水性比沙溪庙组的富水性差。

地下水的露头主要是民井和泉水。民井水位埋深随地形而异，一般在 0.1 ~ 0.5 m。

由大气降水及稻田水补给，随季节动态变化明显。一般夏秋、初冬季节降雨较充沛，民井水位埋藏浅，大部可溢出井口，水量增大；冬末初春及伏旱时期，地下水位明显降低 2 ~ 3 m，水量也大减。钻孔揭露较深部的地下水，亦随季节显著变化，旱季钻孔水位下降 3 m 左右。

（2）须家河砂泥岩中构造裂隙水

该类构造裂隙水可细分为"层间构造裂隙水"与"混合张性构造裂隙水"。前者分布地层主要为三叠系须家河组砂岩夹页岩地层，因厚层砂岩间夹有相对隔水的页岩或煤层，使地下水具有"分层性"，具有层间水性质，故称层间构造裂隙水。该层含水性普遍较好，主要分布于背斜两翼，部分分布于背斜轴部（如龙王洞背斜）。其在同一含水单元内含水层多具统一的地下水水位。地下水以纵向顺层运动为主。除少部分向自流盆地径流外，主要排泄于横切河谷。受区内隧道建设和矿山开挖影响，部分排泄于煤硐和隧道洞口。

"混合张性构造裂隙水"较特殊，一般处于构造强烈变动带，如背斜核部转折端。它甚至可接受底层灰岩地下水越流补给，形成形式上的"构造裂隙大泉"，实际上它为灰岩构造裂隙缝洞管网混合大泉，如缙云山背斜核部的出露于须家河地层中的北温泉，泉流量稳定在 37 L/s。

（a）层间构造裂隙水　　　　　　　　　　　　（b）混合张性构造裂隙水

图 1.24　须家河裂隙层间水（通过煤硐排出）

3）灰岩缝洞水

为了与"砂泥岩构造裂隙水"等地下水概念相匹配，根据数十年从事水文地质研究的成都理工大学万新南教授的观点与建议，本书将首次用"灰岩缝洞水"（或直称"灰岩水"，这里的"灰岩"泛指"碳酸盐岩"，也包括白云岩）的概念，代替"岩溶水"，因为类比"砂岩水"理解为储存在砂岩裂隙孔隙中的水，称"灰岩水"则是指储存在灰岩缝洞孔管之中的地下水，以避免从字面上误解为"岩石化学溶解水"。

三叠系中统雷口坡组、下统嘉陵江组灰岩位于山体高处中轴位置，也是构造核部，是强含水岩组。而两侧山脊为须家河组砂泥岩与页岩，对灰岩地下水起着隔水作用。处于各大山体高位灰岩槽谷区域，多为背斜轴部，而轴部的纵张裂隙发育，为地下水运动、溶蚀与冲刷提供了良好的地质条件。在该区域的灰岩浅部甚至构造裂隙发育的深部形成孔缝洞管网络系统，有利于地下水的储存、运移、循环，形成了灰岩区特有的地下水系统。

1.3 "四山"地区地下水

"四山"地区没有统一的地下水径流场，其地下水系统极为复杂。这种复杂性在于"四山"地区地质构造复杂、地层岩性组合复杂及地貌形态复杂，加上后期人为施工改变了自然条件，使其复杂性更不一般。从"四山"区域水文地质图（见图 1.25）可以看出，不管地下水系统如何复杂，依照构造、山系特征它可以划出四大系统，即缙云山、中梁山、铜锣山及明月山地下水系统，以上各地下水系统的共性是都可划出砂泥岩孔隙裂隙水系统与灰岩孔缝洞管地下水系统。因为对隧道开挖影响最大的是后者，故下文针对各山体的水文地质及地下水系统将重点讨论灰岩区地下水系统。

1.3.1 缙云山地下水系统

1）水文地质环境背景

缙云山地区属于亚热带湿润季风气候，具有无霜期长，日照少，湿度大，雨量充沛，夏季高温酷热，秋多绵雨，冬无严寒的特点。多年平均气温 18.2 ℃，月平均最高气温集中在每年的 8 月，达 27.2 ℃，月平均最低气温在每年的 1 月，为 7.2 ℃，夏季日极端最高气温为 43 ℃，冬季极端最低气温为 2.8 ℃。区内雨量充沛，多年平均降雨量为 1 163.3 mm，降雨的季节性特征明显，集中于每年 5—10 月，降雨量为 873.4 mm，占全年总降雨量的79%，且多以大暴雨形式在 6—8 月降落，日降雨量普遍大于 50 mm。

缙云山被嘉陵江切割，南侧紧临长江。区内河流均属于长江水系，次级溪沟一般发育于各低山区域，明显受构造控制，多属树枝状水系，局部也形成羽毛状水系。次一级支流水系主要有璧北河、璧南河、龙凤溪。工作区多分布有水库及水塘。在背斜轴部灰岩区，地表水体一般分布于岩溶槽洼地带，多为半封闭地表水系，无常年性地表河流，主要接受大气降水补给。地表水与地下水关系紧密，交替变化快，浅表灰岩泉大部分表现为季节性泉流，少数常年有水，它们大多是地表塘湖的补给源，如水天池、劳动水库、甘家槽湖、林峰湖水库、牟家湾水库等都依赖受浅层灰岩泉水季节性补给。而山体两侧的砂、泥山地的横向溪沟，多具有源头近、流程短、纵坡降大、水量小、季节性变化大等典型山区性溪流特征，一般无常年性地表河流。在两侧山脚沟口地形相对低洼、封闭的位置，多为人工筑坝修建水库，如石河水库、杨秀水库、崇兴水库、人和水库、甘家桥水库、桂花水库、肖家沟水库、石马沟水库，该类型水库主要靠降雨和山区季节性溪流补给。

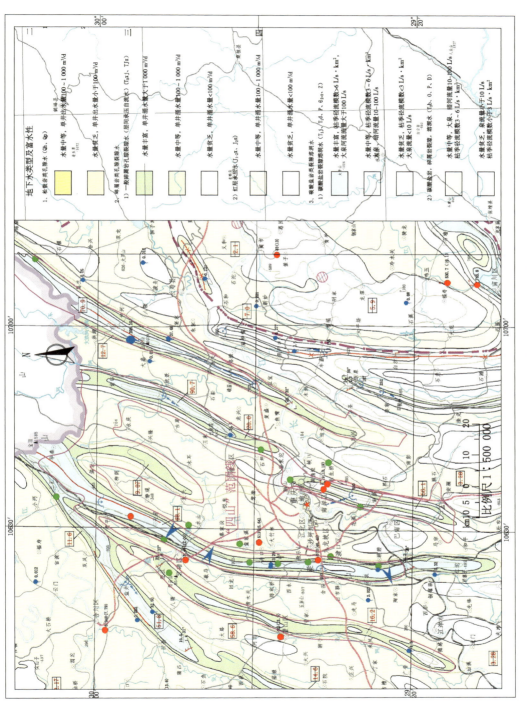

图 1.25　"四山"区域水文地质图

缙云山主要构造为温塘峡背斜，两翼有侏罗系中下统砂岩、泥岩互层，形成叠置的多层互无水力联系的层间承压含水层，具有向斜自流盆地储水构造特征，多数承压，少数自流。泉水流量为 0.02 ～ 2.8 L/s，其中小于 0.08 L/s 的占 60% 左右。水质为 HCO_3—Ca 型或 HCO_3—Ca·Na 型，矿化度在 0.5 g/L 以下。地下水不具有大区域循环特征，但在一定范围内有水力联系。其中沙溪庙组的厚层砂岩富水程度相对良好，钻孔涌水量可达 100 ～ 300 m^3/d。而珍珠冲组、自流井组、新田沟组钻孔涌水量多小于 50 m^3/d，其含水岩组的富水性比沙溪庙组的富水性差。

侏罗系砂岩、泥岩互层下覆为须家河砂泥岩地层，亦分布在温塘峡背斜两翼，在砂岩和页岩接触部位形成层间承压水，水量较丰富。其顶、底板均有隔水层，构成自流斜地构造，具层间承压自流特征。泉水流量达 0.6 ～ 4.5 L/s，平硐及小煤窑都可揭露此层含水系统，其涌水量的大小，取决于掘进位置的高低和穿过砂岩含水段的长度。分布位置较低时，穿过全层的长平硐流量可达 6.0 ～ 70.0 L/s，分布位置较高时，进度不深的小煤窑流量一般为 1 ～ 5 L/s。水质为 $HCO_3·SO_4$—Ca 型或 $HCO_3·SO_4$—Ca·Na 型，矿化度在 0.5 g/L 以下。

2）灰岩地下水系统

缙云山总体地质及水文地质条件相对简单，依据地表水系及地表分水岭，结合特定地下分水岭，灰岩地下水系统可划分为以下几个水文地质单元：a.受长江基准面控制的叶耳安至临峰槽水文地质单元；b.受局部沟溪基准面控制的叶耳安至青木关及坪上至青木关水文地质单元；c.受嘉陵江基准面控制的岩口洞至北温泉水文地质单元及保和场—天池村局部水文地质单元（见图 1.26）。

（1）长江北岸（拖木槽—临峰槽谷）

北区边界为区内地下分水岭，位于拖木槽北侧的叶耳安一带，南侧边界为长江。区内背斜轴部大面积出露须家河地层，可溶岩地层呈间断分布，仅在拖木槽和临峰槽谷两处出露，呈圈闭状。主要含水层为嘉陵江组、雷口坡组灰岩和白云岩（灰岩缝洞水），以及须家河、侏罗系砂岩（碎屑岩类孔隙裂隙水），须家河页岩、侏罗系泥页岩为相对隔水层。地下水自北向南径流，长江为区内最低侵蚀基准面，标高 175 m。

（2）青木关南侧（叶耳安—青木关）

南区边界为区内地下分水岭，位于拖木槽北侧的叶耳安一带，北侧边界为青木关河。区内灰岩地层主要分布在北侧，在背斜轴部呈单槽出露，南侧上覆须家河地层。主要含水层为嘉陵江组、雷口坡组灰岩和白云岩（灰岩缝洞水），以及须家河、侏罗系砂岩（碎屑岩类孔隙裂隙水），须家河页岩、侏罗系泥页岩为相对隔水层。区内发育有丁家龙洞灰岩大泉，地下水自南向北径流，在丁家龙洞排泄，标高 331 m。

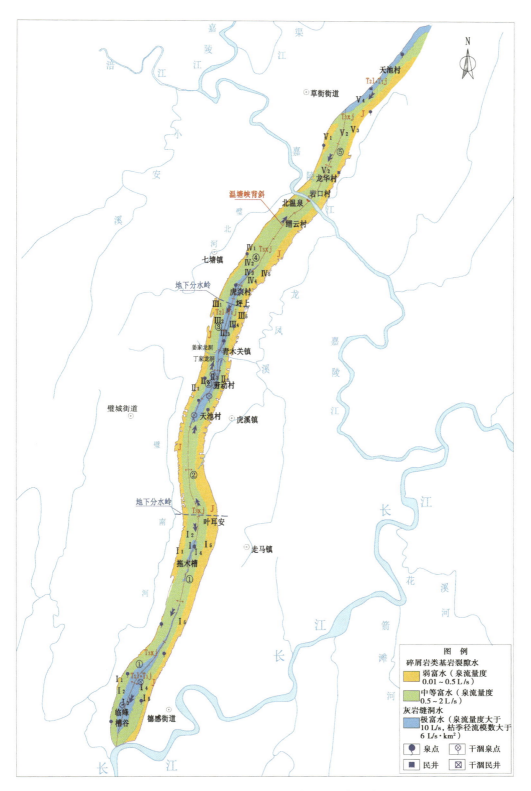

图 1.26　缙云山地区水文地质单元分布示意图

（3）青木关北侧（坪上—青木关）

北区边界为区内地下分水岭，位于虎头村南侧的坪上一带，南侧边界为青木关河。区内灰岩地层出露较为连续，主要分布在背斜轴部。主要含水层为嘉陵江组、雷口坡组灰岩和白云岩（碳酸盐岩喀斯特水），以及须家河、侏罗系砂岩（碎屑岩类孔隙裂隙水），须家河页岩、侏罗系泥页岩为相对隔水层。区内发育有姜家龙洞大泉汇水系统，地下水自北向南径流，在姜家龙洞排泄，标高353 m。

（4）嘉陵江南侧（坪上—北温泉）

南区边界为区内地下分水岭，位于虎头村南侧的坪上一带，北侧边界为嘉陵江。区内灰岩地层主要分布在南侧虎头村一带，在背斜轴部呈单槽出露，虎头村以北上覆须家河地层。主要含水层为嘉陵江组、雷口坡组灰岩和白云岩（灰岩缝洞水），以及须家河、侏罗系砂岩（碎屑岩类孔隙裂隙水），须家河页岩、侏罗系泥页岩为相对隔水层。地下水由岩口天坑汇集地表与灰岩地下水自南向北径流，在嘉陵江沿岸的须家河砂泥岩裂隙中排泄，形成大面积钙华沉积及乳花洞钙华洞穴管道系统，在海拔标高200 m左右的嘉陵江边形成北温泉泉群。

（5）嘉陵江北侧（天池村—嘉陵江）

北区边界为区内地下分水岭，位于天池村北侧，南侧边界为嘉陵江。区内灰岩地层主要分布在北侧天池村一带，在背斜轴部呈单槽出露，天池村以南上覆须家河地层。主要含水层为嘉陵江组、雷口坡组灰岩和白云岩（灰岩缝洞水），以及须家河、侏罗系砂岩（碎屑岩类孔隙裂隙水），须家河页岩、侏罗系泥页岩为相对隔水层。地下水自北向南径流，在嘉陵江沿岸排泄。

1.3.2 中梁山地下水系统

1）水文地质环境背景

中梁山地区属中亚热带季风气候区，主要特点是四季分明、冬暖夏热、降雨充沛、分配不均。多年平均气温为17.8 ℃，多年平均相对湿度为79%。区内以降雨为主，雪、冰雹少见，降雨多集中在4—9月，其降雨量最高达866.2 mm，占年降雨量的76%。雾日年平均30～40天，最多达148天，多年平均相对湿度80%，绝对湿度17.6 mg/L。多年年平均降雨量为1 141.8 mm，降雨的季节性特征明显，集中于每年5—10月。

中梁山被长江和嘉陵江切割。区内河流均属于长江水系，次级溪沟一般发育于各低山区域，受构造控制显著，多属树枝状水系，局部也形成羽毛状水系。其中沙坪坝及其以北区域，支流水系多汇入嘉陵江；以南区域，支流水系多汇入长江。次一级支流水系主要有黑水滩河、梁滩河、清水溪和綦江。工作区多分布有水库及水塘,大多在背斜轴部灰岩区。地表水体一般分布于岩溶槽洼地带,多为半封闭地表水系,无常年性地表河流,主要接受大气降水补给。地表水与地下水关系紧密,交替变化快,浅表灰岩泉大部分表现为季节性泉流,少数常年有水,它们大多是地表塘湖的补给源,如干堰塘、凌云水库、普照寺水库、余家湾水库、上天池、下天池、黑天池等都依赖浅层灰岩泉水季节性补给。而山体两侧的砂、泥山地的横向溪沟,多具有源头近、流程短、纵坡降大、水量小、季节性变化大等典型山区性溪流特征,一般无常年性地表河流。在两侧山脚沟口地形相对低洼、封闭的位置,多为人工筑坝修建的水库,如胜天水库、杨家沟水库、东方红水库、马家沟水库、大河沟水库、民兵水库、太平水库、宋家沟水库等,该类型水库主要靠降雨和山区季节性溪流补给。

该区地下水较为丰富,主要有红层构造裂隙水、须家河砂泥岩孔隙裂隙水与灰岩缝洞水。红层构造裂隙水主要分布在观音峡背斜两翼侏罗系砂泥岩互层中,具有向斜自流盆地储水构造特征,多数承压,少数自流。泉流量一般为 0.02 ~ 3.6 L/s,小于 0.08 L/s 的占 60% 左右。水质为 HCO_3—Ca 型或 HCO_3—Ca·Na 型,矿化度在 0.5 g/L 以下。其中沙溪庙组的厚层砂岩富水程度相对良好,钻孔涌水量可达 100 ~ 300 m^3/d。而珍珠冲组、自流井组、新田沟组钻孔涌水量多小于 50 m^3/d,其含水岩组的富水性比沙溪庙组的富水性差。

须家河(T_3xj)裂隙层间孔隙裂隙水主要分布在观音峡背斜两翼,分布面积占工作区总面积的 40%,含水层为三叠系上统须家河组砂岩。岩性为砂岩夹泥岩地层,可分为六段。其中一、三、五段为灰、深灰色砂质泥岩、页岩,或为灰、灰黄色薄中厚层细中粒长石石英砂岩。二、四、六段为浅灰色、灰黄色厚层块状细中粒长石石英砂岩、岩屑长石砂岩、岩屑石英砂岩。二、四、六段往往为含水层,一、三、五段为相对隔水层。在砂岩和页岩接触部位形成层间承压水,水量较丰富。其顶底板均有隔水层,构成自流斜地构造,具层间承压自流特征。泉水流量一般为 0.5 ~ 3 L/s,最小为 0.01 L/s,最大为 5 L/s。平硐及小煤窑的涌水量的大小,取决于掘进位置的高低和穿过砂岩含水段的长度。分布位置较低时,穿过全层的长平硐流量可达 5.0 ~ 65.0 L/s;分布位置较高时,进度不深的小煤窑流量一般为 1 ~ 3 L/s。水质为 HCO_3·SO_4—Ca 型或 HCO_3·SO_4—Ca·Na 型,矿化度在 0.5 g/L 以下。其在同一含水单元内含水层多具有统一的地下水。

2)灰岩地下水系统

灰岩缝洞地下水系统主要分布于观音峡背斜轴部,含水岩组包括二叠系龙潭组、长兴组、三叠系飞仙关组、雷口坡组、嘉陵江组灰岩及白云岩。含水岩组富水程度受地形、构造、缝洞发育程度和岩层组合条件等控制(见图 1.27)。主要分为以下两大类。

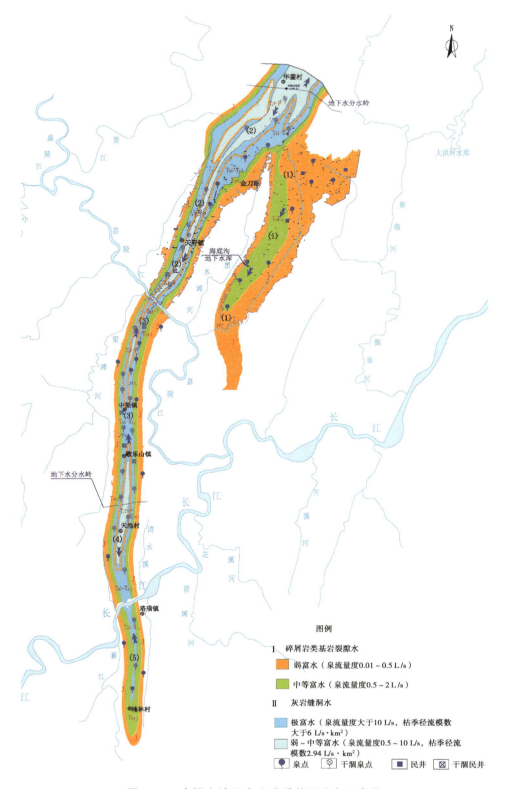

图例

Ⅰ 碎屑岩类基岩裂隙水

　　　弱富水（泉流量度0.01～0.5 L/s）

　　　中等富水（泉流量度0.5～2 L/s）

Ⅱ 灰岩缝洞水

　　　极富水（泉流量度大于10 L/s，枯季径流模数
　　　大于6 L/s·km²）

　　　弱～中等富水（泉流量度0.5～10 L/s，枯季径流
　　　模数2.94 L/s·km²）

泉点　　干涸泉点　　民井　　干涸民井

图 1.27　中梁山地区水文地质单元分布示意图

（1）富水～极富水含水岩组

该类含水岩组主要由三叠系下统飞仙关组三段灰岩和嘉陵江组灰岩、盐溶角砾岩、中厚层状白云岩及白云质灰岩组成。三叠系中统雷口坡组底部的白云质灰岩、白云岩夹角砾状灰岩也具有强富水性，但在中梁山该地层出露厚度较小，整体含水量较小。经地表调查，该类岩组岩溶介于强烈发育到发育之间，地表多形成沟槽或洼地，出露众多落水洞、漏斗、溶洞、暗河等岩溶现象。其中又以三叠系飞仙关组三段和嘉陵江组二、四段灰岩缝洞更为发育，地下水极为丰富。而嘉陵江组一、三段缝洞发育程度相对较低，地表出露的泉流量相比也较小，其富水性相对飞仙关组三段和嘉陵江组二、四段稍弱。根据收集资料显示，该区域分布的主要暗河、大泉共 11 处，多分布在区域最低排泄基准面即长江、嘉陵江两岸。泉及暗河流量一般为 1～30 L/s，最小为 0.005 L/s，最大为 230 L/s。水质为重碳酸钙型水，矿化度一般在 0.4 g/L 以下。

（2）中等～弱含水岩组

该类含水岩组主要由二叠系长兴组含燧石灰岩、二叠系飞仙关组泥灰岩组成，主要分布于背斜核部区域。该类含水岩组分布于山脊线附近，其顶部和底部分别为飞仙关组四段泥岩、二叠系龙潭组页岩，相对隔水。该地层灰岩漏斗、落水洞、竖井、洞穴等较少，少数泉点流量较小，泉流量一般为 0.3～8 L/s。水质为重碳酸钙型水，矿化度一般在 0.4 g/L以下。

灰岩区地下水受东西两侧隔水层包夹和南北两侧长江、嘉陵江切割控制，可分为如下 5 个大区。

①嘉陵江以北龙王洞背斜区域。该区域地下水的来源一部分来自上覆须家河组的间接补给；大部分来自北部华蓥山复背斜灰岩裸露区纵向补给，沿背斜轴部构造裂隙空间自北向南作承压运动，一部分从龙王场泉点穿过须家河组上升排泄，另一部分继续向深部运移。区内海底沟地下水库补给源即为该层地下水。

②嘉陵江以北观音峡背斜区域。该区域地下水主要接受槽谷内地表水、浅层地下水补给以及北部华蓥山复背斜岩溶裸露区纵向补给，顺岩溶管道自南向北运移，最低排泄基准面为嘉陵江。观音洞为早期的主要集中排泄口，随侵蚀基准面的下降不断向下切割，目前的排泄口主要位于嘉陵江常年水位以下。

③天池村北—嘉陵江以南区域。该区域地下水主要接受槽谷内地表水和浅层地下水补给，分水岭位于天池村北侧，地下水整体向北顺岩溶管道运移，在嘉陵江右岸排泄，发育有观音峡南岸地下河，起源于龙车寺北侧，经团堡坡、园井，在嘉陵江右岸陡崖中下部排泄于地表，汇入嘉陵江（见图 1.28），总长 5 km。目前由于区内大量越岭隧道的修建，

在隧道洞口形成了新的排泄点，导致原有的排泄点流量减小甚至干涸，对原有地下水系统造成了较大的改变。

（a）　　　　　　　　　　　　　　　　（b）

图 1.28　嘉陵江南岸地下河出口

④天池村北—长江以北区域。该区域地下水主要接受槽谷内地表水和浅层地下水补给，分水岭位于天池村北侧，地下水整体向南顺岩溶管道运移，在长江左岸排泄。目前由于区内大量越岭隧道的修建，在隧道洞口形成了新的排泄点，导致原有的排泄点流量减小乃至干涸，对原有地下水系统造成了较大的改变。

⑤长江以南区域。该区域地下水主要接受槽谷内地表水和浅层地下水补给，向北顺灰岩管道运移，在长江右岸以灰岩大泉的形式排泄。

1.3.3　铜锣山地下水系统

1）水文地质环境背景

铜锣山地区工作区气候属于亚热带湿润季风气候区，温暖潮湿，雨量充沛。常年平均气温 17.5 ℃ ~ 18.5 ℃，最冷月（1 月）平均气温 6.5 ℃，极端最高气温 42.2 ℃，最低气温 –3.7 ℃，常年平均湿度 81%，绝对湿度 17.6 mg/L。常年平均降雨量 1 163.3 mm，最大年平均降雨量达 1 378.3 mm，降雨多集中在 5—9 月，占全年降雨量的 69%，年平均风速 1.1 m/s，以北风为主。

铜锣山被长江、温塘河、花溪河和箭滩河切割。区内河流均属于长江水系，次级溪沟一般发育于各低山区域，受构造控制明显，多属树枝状水溪，局部也形成羽毛状水溪。次一级支流水系主要有温塘河、御临河、花溪河、箭滩河、朝阳河。此外，更次一级溪流普遍发育，多发育在低山两侧，顺斜坡流向各支流或直接注入长江，多为间歇性溪流。工作区多分布有水库及水塘，大多在背斜轴部灰岩区。地表水体一般分布于岩溶槽洼地带，多为半封闭地表水系，无常年性地表河流，主要接受大气降水补给。地表水与地下水关系紧密，交替变化快，如渝北区关兴场的水天池、南岸区南山的涂山湖水库。在山体两侧的非灰岩区，地表水体一般分布于山脚沟口等地形相对低洼、封闭的地带，一般无常年性地表河流，主要接受大气降水和山区性溪流补给，如江北区铁山坪的新坪水库、渝北区两岔场的两岔河水库（为工作区最大的地表水体）、渝北区大湾镇的团丘水库、渝北区大湾镇的红光水库、南岸区南山的五马水库等。

铜锣山主要构造为铜锣峡背斜，两翼有侏罗系中下统砂岩、泥岩互层，形成叠置的多层互无水力联系的层间承压含水层，具有向斜自流盆地储水构造特征，多数承压，少数自流。泉水流量为 0.01 ~ 3.6 L/s，其中小于 0.08 L/s 的占 60% 左右。水质为 HCO_3—Ca 型或 HCO_3—$Ca \cdot Na$ 型，矿化度在 0.5 g/L 以下。地下水不具有大区域循环特征，但在一定范围内有水力联系。其中沙溪庙组的厚层砂岩富水程度相对良好，钻孔涌水量可达 100 ~ 300 m³/d。而珍珠冲组、自流井组、新田沟组钻孔涌水量多小于 50 m³/d，其含水岩组的富水性比沙溪庙组的富水性差。

侏罗系砂岩、泥岩互层下覆须家河砂泥岩地层，亦分布在铜锣峡背斜两翼，在砂岩和页岩接触部位形成层间承压水，水量较丰富。其顶、底板均有隔水层，构成自流斜地构造，具层间承压自流特征。泉水流量为 0.15 ~ 2 L/s，平硐及小煤窑的涌水量的大小，取决于掘进位置的高低和穿过砂岩含水段的长度。分布位置较低时，穿过全层的长平硐流量可达 2.0 ~ 54.0 L/s；分布位置较高时，进度不深的小煤窑流量一般为 0.5 ~ 2 L/s。水质为 $HCO_3 \cdot SO_4$—Ca 型或 $HCO_3 \cdot SO_4$—$Ca \cdot Na$ 型，矿化度在 0.5 g/L 以下。

2）灰岩区地下水系统

铜锣山水文地质条件总体相对简单，依据主要的地表水系，如长江、御临河、花溪河、箭滩河等，再结合地表分水岭以及特定的地下分水岭，灰岩地下水系统由北向南可划分为以下 8 个水文地质单元（见图 1.29）。

（1）御临河南侧（大湾镇—御临河）

南侧边界为区内地下分水岭，位于大湾镇南侧的天池村一带，北侧边界为御临河。区内背斜轴部主要为可溶岩地层，南侧分水岭一带为须家河地层出露，主要含水层为嘉陵江组、雷口坡组灰岩和白云岩（碳酸盐岩喀斯特水），以及须家河、侏罗系砂岩（碎屑岩类孔隙裂隙水）。须家河页岩、侏罗系泥页岩为相对隔水层。地下水自南向北径流，多以灰岩泉的形式分散排泄于御临河内。

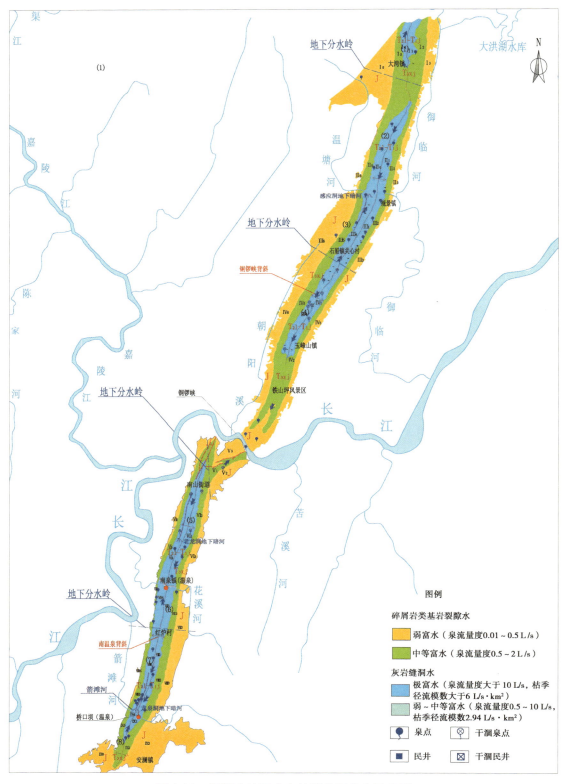

图 1.29　铜锣山地区水文地质单元分布示意图

（2）统景镇北侧（大湾镇—统景镇）

北侧边界为区内地下分水岭，位于大湾镇南侧的天池村一带，南侧边界为横切山体的御临河支流。区内背斜轴部主要为可溶岩地层，北侧分水岭一带上覆须家河地层。主要含水层为嘉陵江组、雷口坡组灰岩和白云岩（碳酸盐岩喀斯特水），以及须家河、侏罗系砂岩（碎屑岩类孔隙裂隙水）。须家河页岩、侏罗系泥页岩为相对隔水层。地下水自北向南径流，多以灰岩泉的形式分散排泄于御临河支流内。

（3）统景镇南侧（关心村—统景镇）

南侧边界为区内地下分水岭，位于石船镇关心村一带，北侧边界为御临河支流。区内可溶岩地层出露较为连续，主要以单槽形态分布于背斜轴部。主要含水层为嘉陵江组、雷口坡组灰岩和白云岩（碳酸盐岩喀斯特水），以及须家河、侏罗系砂岩（碎屑岩类孔隙裂隙水）。须家河页岩、侏罗系泥页岩为相对隔水层。区内发育有感应洞地下河系统，地下水自南向北径流，在感应洞排泄（见图1.30），汇入御临河支流温塘河内。

图 1.30　感应洞地下河出口

（4）长江北侧（关心村—长江）

北侧边界为区内地下分水岭，位于石船镇关心村一带，南侧边界为长江。区内可溶岩地层主要出露于北侧玉峰山镇一带，在背斜轴部以单槽形态分布，背斜轴部向南至铁山坪一带上覆地层为须家河组，最南端长江沿岸上覆地层为侏罗系。主要含水层为嘉陵江组、雷口坡组灰岩和白云岩（碳酸盐岩喀斯特水），以及须家河、侏罗系砂岩（碎屑岩类孔隙裂隙水）。须家河页岩、侏罗系泥页岩为相对隔水层。灰岩地下水自北向南径流，多以灰岩泉的形式在玉峰山镇分散排泄于地表，通过横切沟谷汇入西侧的长江支流朝阳溪内。

（5）南泉镇北侧（南山街道—花溪河）

北侧边界为区内地下分水岭，位于南山街道北东侧一带，南侧边界为花溪河。区内可溶岩地层出露较为连续，分布于背斜轴部。主要含水层为嘉陵江组、雷口坡组灰岩和白云岩（碳酸盐岩喀斯特水），以及须家河、侏罗系砂岩（碎屑岩类孔隙裂隙水）。须家河页岩、侏罗系泥页岩为相对隔水层。区内北侧发育有老龙洞地下水汇水系统，北侧的地下水自北向南径流，在老龙洞排泄，南侧的地下水多以灰岩泉的形式分散排泄于地表，最终汇入花溪河内。

（6）南泉镇南侧（红炉村—花溪河）

南侧边界为区内地下分水岭，位于红炉村一带，北侧边界为花溪河。区内灰岩地层分布较连续，在背斜轴部呈单槽出露，主要含水层为嘉陵江组、雷口坡组灰岩和白云岩（碳酸盐岩喀斯特水），以及须家河、侏罗系砂岩（碎屑岩类孔隙裂隙水）。须家河页岩、侏罗系泥页岩为相对隔水层。地下水自南向北径流，在花溪河沿岸以灰岩大泉和温泉的形式分散排泄于地表。

（7）桥口坝北侧（红炉村—箭滩河）

北侧边界为区内地下分水岭，位于红炉村一带，南侧边界为箭滩河。区内灰岩地层分布较连续，在背斜轴部呈单槽出露，主要含水层为嘉陵江组、雷口坡组灰岩和白云岩（碳酸盐岩缝洞水），以及须家河、侏罗系砂岩（碎屑岩类孔隙裂隙水）。须家河页岩、侏罗系泥页岩为相对隔水层。区内发育有龙泉洞地下河系统（见图1.31），地下水自北向南径流，在龙泉洞排泄，汇入长江支流箭滩河内。

图1.31　龙洞泉地下河出口

（8）桥口坝南侧（安澜镇西—箭滩河）

北侧边界为箭滩河，南侧以须家河内的地表分水岭为界，位于安澜镇西一带。区内为背斜倾末端，灰岩地层在背斜轴部呈单槽出露，向南倾末为须家河地层所覆盖，主要含水层为嘉陵江组、雷口坡组灰岩和白云岩（碳酸盐岩缝洞水），以及须家河、侏罗系砂岩（碎屑岩类孔隙裂隙水）。须家河页岩、侏罗系泥页岩为相对隔水层。区内地下水自南向北径流，在箭滩河沿岸以灰岩大泉的形式分散排泄于地表。

1.3.4　明月山地下水系统

1）水文地质环境背景

明月山地区属中亚热带季风气候区，主要特点是四季分明，冬暖夏热，降雨充沛，分配不均。多年平均气温为 17.8 ℃，多年平均相对湿度为 79%。区内以降雨为主，雪、冰雹少见，降雨多集中在 4—9 月，其降雨量最高达 866.2 mm，占年降雨量的 76%。雾日年平均 30 ~ 40 天，最多达 148 天，多年平均相对湿度为 80%，绝对湿度 17.6 mg/L。多年年平均降雨量为 1 141.8 mm，降雨的季节性特征明显，集中于每年 5—10 月。

明月山被长江和御临河切割。区内河流均属于长江水系，次级溪沟一般发育于各中、低山区域，受构造控制明显，多属树枝状水溪，局部也形成羽毛状水溪。以明月山为分水岭，南东侧溪流流入的河流由北往南分别为高滩河、桃花溪、五步河，北西侧的大部分溪流经东河流向御临河，最终汇入长江。长江距离新黄家湾隧道位置 5 ~ 6 km，由西向东径流。区内岩溶槽谷内多分布小型水库及水塘，构成了特殊的岩溶槽谷半封闭的地表水系，横向沟谷形成的冲沟（溪沟）为季节性冲沟，未见常年性溪流，故地表水与地下水交替变化快。大气降水迅速沿浅部岩溶转化成地下水，一部分经浅表岩溶管道循环以泉水方式排泄于地表，一部分向深部岩溶管道运移。区内槽谷主要分布的地表水体有竹丰水库、明月湖水库、云禾沟水库、双河水库、西山水库、天池等。雨季各个水库（塘）均接受浅部岩溶泉水补给，旱季大部分泉水干枯或呈季节性出露。

明月山主要构造为明月山背斜，两翼有侏罗系中下统砂岩、泥岩互层，形成叠置的多层互无水力联系的层间承压含水层，具向斜自流盆地储水构造特征，多数承压，少数自流。泉流量一般为 0.02 ~ 3.6 L/s，小于 0.08 L/s 的占 60% 左右。水质为 HCO_3—Ca 型或 HCO_3—Ca·Na 型，矿化度在 0.5 g/L 以下。地下水不具有大区域循环特征，但在一定范围内有水力联系。其中沙溪庙组的厚层砂岩富水程度相对良好。与之相比，珍珠冲组、自流井组、新田沟组含水岩组的富水性相对较差。

侏罗系砂岩、泥岩互层下覆须家河砂泥岩地层，亦分布在铜锣峡背斜两翼，在砂岩和页岩接触部位形成层间承压水，水量较丰富。其顶、底板均有隔水层，构成自流斜地构造，具有层间承压自流特征。泉水流量一般为 0.4 ~ 3.5 L/s，平硐及小煤窑的涌水量的大小，取决于掘进位置的高低和穿过砂岩含水段的长度。分布位置较低时，穿过全层的长平硐流量可达 3.0 ~ 45.0 L/s；分布位置较高时，进度不深的小煤窑流量一般为 1 ~ 3 L/s。水质为 $HCO_3 \cdot SO_4$—Ca 型或 $HCO_3 \cdot SO_4$—$Ca \cdot Na$ 型，矿化度在 0.5 g/L 以下。

  2）灰岩区地下水系统

  明月山总体地质及水文地质条件相对简单，依据主要的地表水系，如长江、御临河、义和场沟、盐井河、明月江等，再结合地表分水岭以及特定的地下分水岭，灰岩地下水系统由北向南可划分为以下 7 个水文地质单元（见图 1.32）。

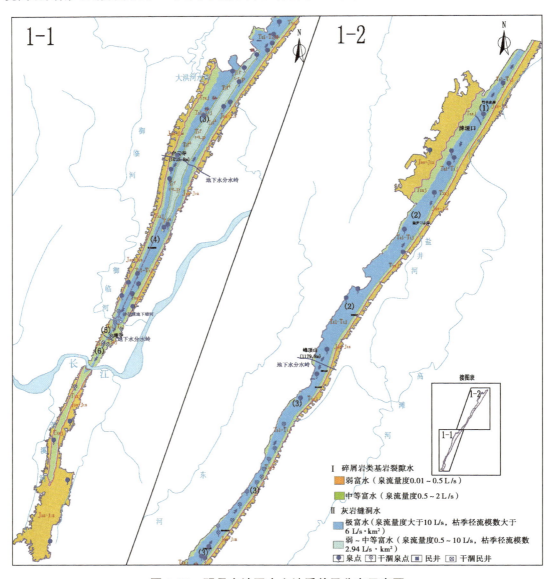

图 1.32 明月山地区水文地质单元分布示意图

（1）牌垭口北侧

南侧边界为区内地下分水岭，位于垫江县牌垭口一带。区内背斜轴部为可溶岩地层连续出露，主要含水层为嘉陵江组、雷口坡组灰岩和白云岩（碳酸盐岩喀斯特水），背斜两翼为须家河、侏罗系砂岩（碎屑岩类孔隙裂隙水）。须家河页岩、侏罗系泥页岩为相对隔水层。地下水整体自南向北径流，在四川境内（除重庆"四山"区界以外）以灰岩泉的形式分散排泄于明月江内。

（2）峰顶山北侧（牌垭口—峰顶山）

北侧边界为地下分水岭，位于垫江县牌垭口一带，南侧边界位于峰顶山一带。区内可溶岩地层出露较为连续，主要以单槽形态分布于背斜轴部。主要含水层为嘉陵江组、雷口坡组灰岩和白云岩（碳酸盐岩喀斯特水），以及须家河、侏罗系砂岩（碎屑岩类孔隙裂隙水）。须家河页岩、侏罗系泥页岩为相对隔水层。地下水总体沿背斜轴部向盐井口水库方向径流，多以灰岩泉的形式分散排泄于水库周边，汇入东侧盐井河内。

（3）白云寺北侧（峰顶山—白云寺）

北侧边界为地下分水岭，位于峰顶山一带，南侧边界位于白云寺一带。区内可溶岩地层出露较为连续，其中北侧主要以单槽形态分布于背斜轴部，南侧大洪河水库东侧一带呈双槽展布。主要含水层为嘉陵江组、雷口坡组、飞仙关组、二叠系上统灰岩和白云岩（碳酸盐岩喀斯特水），以及须家河、侏罗系砂岩（碎屑岩类孔隙裂隙水）。须家河页岩、侏罗系、飞仙关组 4 段泥页岩为相对隔水层。该段分布有多条横切沟，地下水顺背斜走向南北短程径流之后，多以灰岩泉的形式分散排泄于各条横切沟内，向西汇入东河（御临河支流），向东汇入高滩河支流。

（4）御临河北侧（白云寺—御临河）

北侧边界为区内地下分水岭，位于长寿县白云寺一带，南侧边界为长江支流御临河。区内碳酸盐岩地层出露较为连续，其中张关北侧主要以双槽形态分布于背斜轴部，张关南侧为单槽展布。主要含水层为嘉陵江组、雷口坡组、飞仙关组、二叠系上统灰岩和白云岩（碳酸盐岩喀斯特水），以及须家河、侏罗系砂岩（碎屑岩类孔隙裂隙水）。须家河页岩、侏罗系、飞仙关组 4 段泥页岩为相对隔水层。区内发育有张关—排花洞地下河系统（见图 1.33），地下水自北向南径流，起源于张关镇南侧大天池，途经岩峰洞、夏家凼，总长 10 km，在御临河边陡岩处的排花洞（见图 1.34）排泄于御临河。

图 1.33　张关—排花洞地下河系统平面展布图

（a）　　　　　　　　　　　　　　（b）

图 1.34　排花洞地下河出口

（5）御临河南侧（御临河—大庵寺）

北侧边界为长江支流御临河，南侧边界为区内地下分水岭，位于大庵寺一带。区内碳酸盐岩地层出露较为连续，以单槽形态分布于背斜轴部。主要含水层为嘉陵江组、雷口坡组灰岩和白云岩（碳酸盐岩喀斯特水），以及须家河、侏罗系砂岩（碎屑岩类孔隙裂隙水）。须家河页岩、侏罗系泥页岩为相对隔水层。地下水自南向北径流，在御临河沿岸以灰岩大泉的形式分散排泄于地表。

（6）长江北侧（大庵寺—长江）

北侧边界为区内地下分水岭，位于大庵寺一带。南侧边界为长江。区内可溶岩地层出露较为连续，以单槽形态分布于背斜轴部。主要含水层为嘉陵江组、雷口坡组灰岩和白云岩（碳酸盐岩喀斯特水），以及须家河、侏罗系砂岩（碎屑岩类孔隙裂隙水）。须家河页岩、侏罗系泥页岩为相对隔水层。地下水自北向南径流，在长江沿岸以灰岩大泉的形式分散排泄于地表。

（7）长江南侧

北侧边界为长江，南侧以侏罗系地表分水岭为界。区内主要为三叠系须家河、侏罗系地层分布，仅在长江南岸有可溶岩地层出露。主要含水岩组为须家河、侏罗系砂岩（碎屑岩类孔隙裂隙水）。须家河页岩、侏罗系泥页岩为相对隔水层。地下水主要受地形条件和砂岩裂隙控制作短程径流，以井、泉形式分散排泄于各条横切沟内，向西汇入苦溪河，向东汇入五步河。

1.4　"四山"地区地热系统

整个重庆市地热资源丰富，而且地热资源大多与埋藏有一定深度的灰岩有关，本身也可划归为"灰岩地下水"研究范畴，故下文对重庆地热系统进行系统讨论。

重庆也称"温泉之都"，可谓"山山有热水，峡峡有温泉"（见图1.35）。根据以往统计资料，整个重庆地区分布有温泉153处，其中主城区分布有67处。而位于重庆主城的"四山"地区分布温泉61处，其中天然温泉10处，人工揭露温泉51处（包括坑道温泉10处，钻井温泉41处，其中主要的人工温泉见表1.3）。"四山"地区温泉资源量占全重庆的近40%，而依托温泉资源所带来的旅游业、餐饮业、服务业等附加产值也十分可观。现对区内主要地热资源作简要介绍。

（a）北温泉（缙云山）

（b）统井温泉（铜锣山）

（c）南温泉（南山）

（d）天赐温泉（中梁山）

图 1.35　"四山"地区典型温泉

表 1.3　"四山"地区地热资源分布情况一览表

序　号	地　区	矿山名称	矿区面积 /km²	服务年限 / 年
1	缙云山	重庆北泉温泉开发有限公司澄江地热	2.304	30
2		重庆南江地质有限公司虎溪地热矿	3.817	25
3		重庆力扬物业发展有限公司海兰云天地热	1.576	50
4		重庆利雅房地产开发有限公司璧山区青杠镇地热水	5.179	30
5	中梁山	重庆颐尚温泉采矿权范围	3.777	44
6		北碚区水天花园探矿权范围	3.726	51
7		重庆北碚中安翡翠湖采矿权范围	5.802	56
8		沙坪坝区歌乐山镇步云山庄探矿权范围	0.610	31.5
9		重庆沙坪坝梨树湾采矿权范围	2.453	54
10		重庆天赐温泉采矿权范围	6.405	53.5
11		九龙坡区白市驿贝迪探矿权范围	8.217	52
12		九龙坡区石板镇马家沟探矿权范围	14.757	50.5
13		九龙坡区陶家镇磨刀溪探矿权范围	15.885	50.5
14		重庆大渡口干子岩采矿权范围	3.195	57

序　号	地　区	矿山名称	矿区面积 /km²	服务年限 / 年
15	中梁山	重庆珞璜镇采矿权范围	2.054	50
16		北碚区静观"中国花木"探矿权范围	26.787	62
17	铜锣山	重庆巴南公路建设有限公司花溪街道新东方地热	5.608	50
18		重庆保利小泉实业有限公司巴南南泉镇小泉地热	0.538	50
19		重庆巴南公路建设有限公司南泉街道河心岛地热	1.134	50
20		重庆华馨温泉娱乐有限公司重庆华馨温泉	0.186	50
21		重庆市南岸区二塘村地热水	8.964	5
22		重庆浦辉房地产开发有限公司	23.6621	3
23		重庆市宏昂实业有限公司	3.24	54.75
24		重庆市渝北区统景温泉城	2.795	87.6
25		重庆市阳光温泉度假村（南泉）	5.32	50
26	明月山	重庆长寿区晏家街道规划地热勘探区	19	50
27		重庆渝北区麻柳沱镇规划地热勘探区	17	50

1.4.1　"四山"地区地热水分布

研究区温泉主要出露于各高隆背斜的轴部、两翼或者倾末端，于两翼者居多，如北温泉分布在温塘峡背斜近轴部，受嘉陵江切割影响出露于地表（见图 1.36）。背斜与温泉出露个数统计见表 1.4 所列。区内地热相对集中，天然温泉就有 10 处，如知名度很高的北温泉、南温泉等；人工揭露的温泉更多，总体分布在构造南西向倾末端及背斜的两翼低地。铜锣山地区的温泉个数最多，总计 34 个；其次为中梁山和缙云山地区，分别为 19 个和 13 个；明月山地区相对较少，为 5 个。

表 1.4　背斜与温泉出露个数统计表

位　置	背斜名称	温泉总个数	天然温泉 / 个	人工揭露 / 个			
				隧洞	煤洞	浅钻井	深钻井
缙云山	温塘峡	13	2		5	1	5
中梁山	观音峡	18	1	2	2	1	12
	龙王洞	1				1	
铜锣山	铜锣峡	15	3			6	6
	南温泉	19	2			11	6
明月山	明月峡	5	2	1			2
合　计		61	10	3	7	20	31

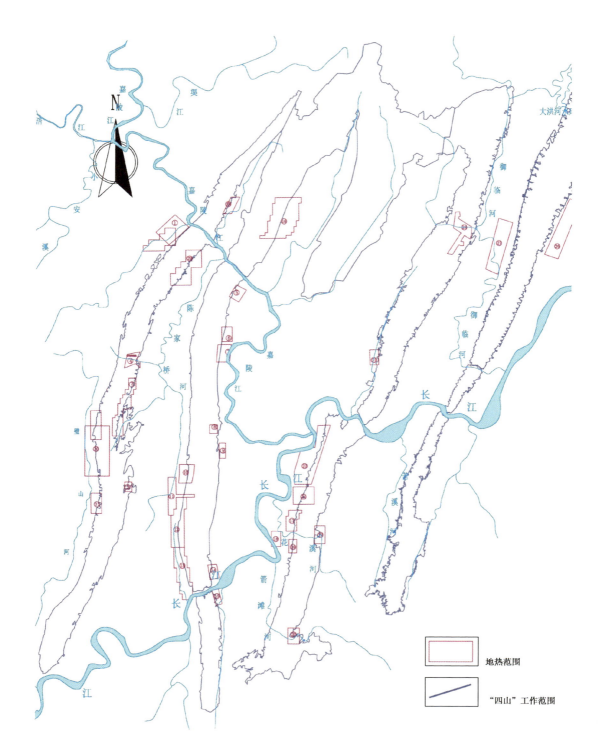

图 1.36 "四山"地区主要地热资源分布示意图

1.4.2 "四山"地区温泉地球物理化学特征

温泉的地球物理化学特征是指温泉的流量、温度与水化学成分等,其分类依据和主要类别见表 1.5 所列。

表 1.5 温泉的一般分类

划分依据	主要类别
温泉产出地的岩性	火山区温泉、岩浆岩区温泉、变质岩区温泉、沉积岩区温泉
温泉形成的地质背景	岩浆活动性、隆起断裂型、沉降盆地型
温泉的泉口温度（t）	低温温泉（$25℃≤t<40℃$）、中温温泉（$40℃≤t<60℃$）、中高温温泉（$60℃≤t<80℃$）、高温温泉（$80℃≤t<$ 当地沸点）、沸泉（$t≥$ 当地沸点）
温泉的酸碱度	酸性温泉（$pH<4$）、弱酸性温泉（$4<pH<6$）、中性温泉（$6<pH<7.5$）、弱碱性温泉（$7.5<pH<8.5$）、碱性温泉（$pH>8.5$）
温泉的显示类型	普通泉、间歇泉、沸泉、喷泉、喷气孔、热泥塘
温泉的化学组分	单纯温泉、碳酸盐泉、碳酸氢钠泉、二氧化碳泉、食盐泉、硫酸盐泉、铁泉、硫化氢泉（硫磺泉）、酸性泉、放射性泉（镭泉、氡泉）、含铝泉（明矾泉）

1）"四山"地区温泉物理特征分类

如表 1.5 所示,按温泉的泉口温度对区内温泉进行分类,研究区的地热资源主要属于沉积盆地型低温及中温水热型地热资源。研究区温泉(包括天然温泉和人工揭露温泉)水温流量区间见表 1.6。

表 1.6 水温流量区间表

流量 $q/(L·s^{-1})$ 温度 $t/℃$	$q>50$		$10<q≤50$		$1<q≤10$		各区间数量	占总数百分比 $/\%$
	个	%	个	%	个	%		
$25≤t<40$	3	12	11	44	11	44	25	41
$40≤t<60$	6	17	22	63	7	20	35	57
$60≤t<80$			1	2			1	2
各区间合计 / 个	9	15	34	56	18	30	61	100

从温度来看,研究区以中温温泉（$40℃≤t<60℃$）为主,出露温泉个数为 35 个,占温泉总数的 57%；其次为低温温泉（$25℃≤t<40℃$）,出露温泉个数为 25 个,占温泉总数的 41%；研究区仅出露 1 个中高温温泉（$60℃≤t<80℃$）,占温泉总数的 2%,该温泉为人工揭露温泉。

温泉流量在 10 ~ 50 L/s 的温泉达 34 个，占温泉总数的 56%，其次为流量在 1 ~ 10 L/s 的温泉，为 18 个，占温泉总数的 30%，流量大于 50 L/s 的相对较少，出露温泉个数为 9 个，占温泉总数的 15%。

2）"四山"地区温泉的水化学特征分类

地层岩性决定了热水的水化学成分，是水化学形成的物质基础。热水在形成和运移过程中溶滤了与其接触的岩石尤其是热储岩石的各种化学成分，决定热水化学成分的因素除地层岩性外，还包括其循环途径及循环时间等。按照舒卡列夫分类法将研究区水化学进行分类，分类结果及其与温泉个数的关系见表 1.7。

表 1.7　水化学类型与温泉个数表

水化学类型	天然温泉	坑道温泉	人工钻井		总个数 / 个
			浅钻井	深钻井	
SO_4–Ca	6	7	16	18	47
HCO_3–Ca·Mg	5				5
SO_4·HCO_3–Ca·Na	2				2
SO_4–Ca·Mg		1	1		2
HCO_3–Ca·Na	1				1
HCO_3–Na	1				1
SO_4·HCO_3–Na	1	1			2
SO_4–Na·Ca	1				1
合　计	18	9	16	18	61

从表 1.7 中可以看出，研究区温泉水化学类型有 SO_4–Ca，HCO_3–Ca·Mg，SO_4·HCO_3–Ca·Na，SO_4–Ca·Mg，HCO_3–Ca·Na，HCO_3–Na，SO_4·HCO_3–Na，SO_4–Na·Ca 等 8 种类型。其中 SO_4–Ca 型温泉个数为 46 个，占温泉总数的 75%，为研究区主要的水化学类型，其次为 HCO_3–Ca·Mg 型，温泉个数为 5 个，占温泉总数的 5%，其余 6 种类型较少，仅 1 ~ 2 个。

温泉水矿化度通常在 2 g/L 以上，SO_4^{2-} 含量为 1.5 ~ 2 g/L，占阴离子总量的 90% 左右；阳离子以 Ca^{2+} 为主，含量超过 0.45 g/L，占阳离子总量的 70% 左右，具有 H_2S 气味，可溶性 SiO_2 含量在 21 mg/L 左右。地热水中微量元素含量因地而异，如温塘峡背斜 F^- 含量为 1.25 ~ 2.40 mg/L；铜锣峡背斜地热水中 F^- 含量为 4 mg/L 左右等；青木关温泉中同时含有 F^- 和 Sr 两种微量元素。

地层岩性是地热水水化学成分的主导因素。研究区 SO_4–Ca，SO_4–Ca·Mg，SO_4·HCO_3–Ca·Na，SO_4–Na·Ca 等类型水主要分布在相对较新的三叠系嘉陵江灰岩组热储层中，这可能是因为嘉陵江组地层含有石膏；而在渝东南地区，Cl–Na 型水主要分布在较老的寒武系或奥陶系地层中，这可能是由于寒武系或奥陶系地层中含有石盐。

1.4.3　"四山"地区温泉形成演化机理试析

重庆市地热比较丰富，其形成的机理探讨也是地质学界非常感兴趣的课题。到目前为止，关于其形成机理的论文、观点都很多，但大多都从地热的"热储构造"入手，得出结论是降水形成地下水，通过"深循环"正常热传导增温而致。

1）地热水（温泉）的热储构造

不少文献认为，若要汇聚、储存（藏）、运移地热水，就必须要有一定的地质构造，称为地热水储存构造，或简称"热储构造"。对于"四山"而言，其热储构造主要由以下 3 部分组成。

（1）热储层

热储层即能储存、运移地热水的含水岩组。"四山"地区的主要热储层为三叠系下统嘉陵江组（T_1j）以及中统雷口坡组（T_2l）灰岩。总厚 500 ~ 650 m。该两组碳酸盐岩的缝洞管网系统十分发育，是区内地下水富水层，同时也是"四山"地区地热研究的热储层。热储层是地热水的核心层组，围绕核心层组，则是其"盖层"与"底层"，也就是该含水层的上覆与下覆隔水层，同时也是隔热层。

（2）热储盖层

热储盖层即热储层上部隔水、隔热保温层，其作用是减少热储层中热能的散失。该层由三叠系须家河组（T_3xj）和侏罗系（J）红色地层组成，厚度在数百米至上千米，特别是三叠系须家河组底部的不透水层，不含水的致密页岩以及煤系地层铺盖于三叠系下统嘉陵江组和中统雷口坡组热储层之上，有效地减少了热储层中热能的散失。

（3）热储下部隔热层或隔水层

该层能阻断热储层中地热水向深部运移，防止地热水流失，有利于地热水的汇集、储存。三叠系下统飞仙组（T_1f）上部的厚层杂色泥页岩组成了隔阻效果良好的下部隔水层。底部隔水层也可能隔热或者传热，在一定条件下可能成为传输深部高温热气流，与常温地下水混合后，成为热水溢出或喷出。

"四山"地区的背斜热储层构造如图 1.37 所示。

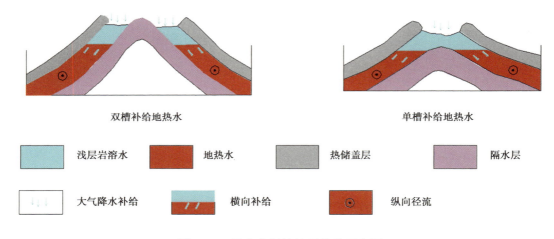

双槽补给地热水　　　　　　　　　　　　　单槽补给地热水

浅层岩溶水	地热水	热储盖层	隔水层
大气降水补给	横向补给	纵向径流	

图 1.37　区内背斜热储层构造示意图

2）地热水（温泉）的形成

区内背斜热储层出露区均分布于背斜核部，多形成岩溶槽谷，在接受了大气降水补给后，下渗、汇集形成浅层地下冷水。其中一部分继续在热储层中沿区域构造、断裂、溶隙、裂隙，在重力驱动下向地壳深部下渗、运移。经过长时间、大纵深的深循环径流并不断接受地热增温，最终形成水温达数十度的地热水。换言之，本区地热水主要由地下水深循环正常热传导增温所致，即热储温度受埋深控制。另外，化学热（矿物分解）、机械热（构造运动）、放射热（放射性物质蜕变）等也是引起地下水水温增高不可忽略的重要因素。根据区内 30 眼热水深井的水质检测报告，按 K–Mg 温标地热梯度计算法，热储下部温度为 60 ~ 104 ℃。

3）地热水（温泉）的补、径、排特征

根据相关温泉水质检测报告，区内地热水水化学成分中硫酸钙占绝对优势，微量组分中锶（Sr）、锂（Li）、硼（B）等元素含量较高，这些物质均可以从地下水溶解石膏获取，排除了因火山活动、放射性物质蜕变、深大断裂形成地热水的可能性。由表 1.8 可知，地热水的 r_{Na}/r_{Cl}、r_{Cl}/r_F 大于 1，并结合其他几种比值，可推知其成因应以溶滤水为主，兼有"古封存水"与之混合。但对于"古封存水"是否存在，学术界仍有不同的看法，因在沉积过程中水体不可能被"封存"，在成岩固结增压的条件下，水体只能被系统排出。

表 1.8　地热水中主要离子比值表

离子类型 ＼ 水文期	丰水期	平水期	枯水期
r_{Na}/r_{Cl}	1.29 ~ 2.351	1.360 ~ 2.820	1.200 ~ 1.938
r_{Na}/r_K	1.730 ~ 1.771	3.377 ~ 4.451	1.292 ~ 1.478
r_{SO_4}/r_{Cl}	131.863 ~ 145.564	188.278 ~ 228.214	144.458 ~ 156.284
r_{Cl}/r_F	3.654 ~ 9.590	2.386 ~ 8.900	3.235 ~ 4.520

综合研究表明,区内地热水主要由大气降水补给,经地下不同深度适度循环增温形成。即背斜高位灰岩槽谷接受大气降水补给形成浅层地下水后,横向上沿两翼作不同深度的地下径流,在纵向上由北向南运移,然后在江、河深切背斜构造地段,经地热增温包括深部硫化氢热气上升与常温地下水混合增温,形成不同温度的热水,排出地表成为温泉。

第 2 章　重庆城市建设与隧道工程

　　重庆曾为巴渝中心，是中华民族的发源地之一。远在两万年前，重庆先民就在这片土地上生息、劳作。公元前 1000 年左右，巴人以重庆为首府，古称江州，建立了巴国，控制着川东南及周边的陕、黔、湘部分地区。公元前 314 年，秦统天下，设 36 郡，设巴郡延续至汉。南北朝时，改为楚州，隋、唐以后称渝州（因嘉陵江称"渝江"），北宋称恭州。公元 1189 年，南宋皇帝宋光宗赵惇，因先封恭州"恭王"，后即帝位，自诩"双重喜庆"，按宋朝"潜藩升府"（潜藩指皇帝未继位前的封地）之惯例，升州为府，并更名为"重庆府"。元朝改重庆府为重庆路，明朝恢复"重庆府"称谓。到清朝，重庆辖川东地区，其间几度成为四川的经济、军事和文化中心。1891 年，重庆设港口开埠通商，辛亥革命时期成为蜀军政府。

　　1929 年，民国政府建"重庆市"并作为四川省政府所在地。抗日战争时期，重庆作为"民国政府所在地"，并定为特别市和战时首都，成为国家政治、军事、经济和文化中心。1949 年 11 月 30 日，重庆解放。新中国成立初期，重庆被设为中央直辖市，是中共中央西南局、西南军政委员会和西南军区所在地。1954 年大区撤销，重庆成为四川省辖市。1983 年，国家批准重庆为全国首批经济体制综合改革试点城市和计划单列市，赋予省级经济管理权限。1997 年 3 月 14 日，经全国人民代表大会第八届第五次会议批准，重庆成为我国第四个中央直辖市。

2.1　重庆城市发展历史

2.1.1　早期重庆城市建设状况

1891 年的开埠时期、20 世纪 40 年代战时首都时期、20 世纪 50 年代的国民经济恢复时期、20 世纪 60—70 年代的三线建设时期，以及 1997 年以来的直辖时期，是重庆城市发展史中发展得最快的 5 个历史时期。在这几个时期重庆市城市形态依托城市交通轴的发展和变化而呈现出清晰的历史脉络：集约式发展（开埠时期）—主多点（战时首都时期，依托两江水运）—"大分散、小集中、梅花点状"的结构形态（新中国建立的恢复时期，依托两江及城市道路向西延伸）—"多中心、组团式"（"三线"建设时期以来，依托两江三线—"主城三片区十二组团"（直辖时期，依托城市道路及跨江桥梁）。

战时首都时期，重庆编制了历史上第一部体现现代规划理念的城市总体规划，该规划于 1946 年 10 月编制完成。该计划草案的用地和路网规划遵循重庆城市地理环境，整体上随山就势，自由分布，现实性较强，交通规划理念与其城市规划思想结合紧密。在交通方面，它提出了建立郊区外环、市中心区内、外环的三层环城干道网络，建设 4 座跨两江大桥和优先修建两江沿江公路的规划。

1960 年，重庆编制了新中国成立后的第一部城市总体规划建设。该规划举证了"大分散、小集中、梅花点状"城市用地形态的科学性。在城市交通规划方面，该规划提出新建长江大桥、嘉陵江大桥 2 座桥梁，明确道路分工，形成内、外环线和直通放射线组成的"枝状自由式"路网结构。出于历史原因，1946 版和 1960 版城市总体规划未能持续实施，但实际上，其规划理念均体现了对山地组团城市交通发展的思考和认识。

1983 年，重庆编制了第一个经中央批准的城市总体规划，指导了重庆直辖前十余年的城市发展。在城市交通发面，该规划提出了新建解放碑商业步行街，建设商圈环状道路，发展轨道交通等措施，为后来主城商圈形成"环道 + 放射"的路网格局奠定了基础（见图 2.1）。

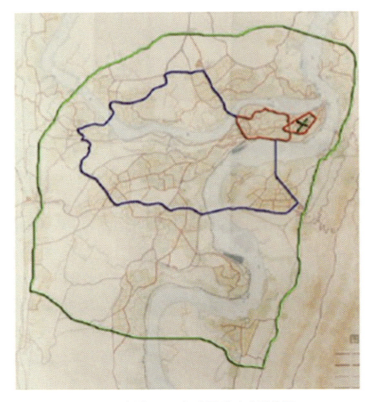

图 2.1　主城 1983 年主要道路路网格局

1997 年重庆直辖后，重庆建设规划团队在系统研究早期规划的基础上，根据世界城市发展理念，结合重庆特有的地理人文、山地地貌与城市建设的现代技术，重新编制了重庆城市发展总体规划，于 1998 年 12 月经国务院审批通过。它作为重庆直辖后国务院批准的第一部城市总体规划，指导了重庆市区直辖之后近 10 年的城市发展（见图 2.2）。

1998 版总规形成"主城—都市圈—市域"3 个空间层次，主城的用地结构分为"三片区十二组团"。嘉陵江以北的北部片区，包括大石坝、观音桥、唐家沱 3 个组团；长江以东的南部片区，包括弹子石、南坪、李家沱 3 个组团；嘉陵江以南、长江以西的西部片区，包括渝中、大杨石、大渡口、中梁山、沙坪坝、双碑 6 个组团。以上"三片区十二组团"的城市格局均采用"多中心、组团式"的布局结构，组团与组团之间以河流、绿化和山体相分割，既相对独立，又彼此联系，使每个组团内的工作、生活用地大体做到就地平衡，十二个组团共同组成城市空间布局的有机整体。

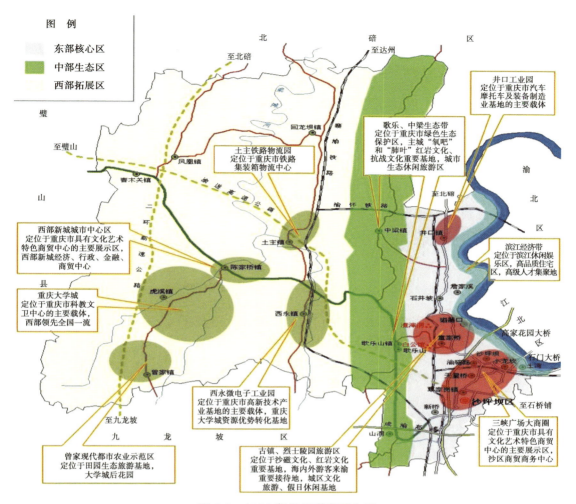

图 2.2　1998 版总规道路网布局

2.1.2　重庆直辖市的建设规划与交通布局

随着现代技术的发展，原来的城市交通建设受山体、河流、沟谷制约的"铁律"不复存在，穿山架桥已经不是难事。对高山阻挡，则采用地下穿山隧道代替大规模的边坡开挖；对空间曲折的地形，则采用穿洞与架桥相结合的方法进行人工"取直、拉平"。为彻底解决"爬坡、绕山"的难题，重庆市在 1998 版总规基础上又制定了突破性的《重庆市城乡总体规划（2007—2020 年）》，彻底改变了重庆直辖以来的交通规划格局与建设模式。

重庆首先对全市交通网络进行总体规划，其次则是为适应不同片区现代化发展的需要对总体规划进行调整。根据重庆市的发展要求，科学、系统地规划重庆"四山"地区交通网络。

最新版重庆总体规划中要求，以高速公路、铁路、水运通道和空中航线为骨架，构建各种交通方式的有机衔接，建设功能完善、快速便捷、国际国内通达、高效安全的综合交通运输体系。形成"一江两翼三洋"的国际贸易大通道，把重庆建设成为西南地区综合交通枢纽。在交通规划方面，高速公路区县（自治县）覆盖率达到100%，铁路线网区县（自治县）覆盖率达到95%，实现"一小时主城都市区、四小时周边，八小时出海"的目标。

交通规划中直接且大面积影响，甚至改变环境地质的是高速公路与铁路建设。"山城"交通要达到"路直、道平、距短、高速"的效果，必须采用"地下穿山、沟壑架桥"的方法。根据城市发展需要，将重庆高速公路、轨道交通及铁路规划进行系统调整，其方案如下。

1）高速公路规划网

规划建成覆盖所有区县（含自治县）的"三环十一射多联线"高速公路网基本骨架，即在沪渝（G50）、包茂（G65）、兰海（G75）、沪蓉（G42）、渝昆（G85）5条国家高速公路主线以及重庆—泸州—成都—遂宁—重庆的成渝地区环线（G93）的基础上，新增重庆—广安—西安（银川）的高速公路通道。

其中，"三环"分别为内环高速公路、绕城高速公路（G5001）和三环高速公路；"十一射"分别为重庆—内江—昆明（G85）、重庆—遂宁—成都（G93）、重庆—武胜—兰州（G75）、重庆—广安—西安（银川）、重庆—邻水—西安（G65）、重庆—恩施—武汉（G42）、重庆—安康—北京、重庆—吉首—长沙（G65）、重庆—贵阳—海口（G75）、重庆—泸州—成都（G93）、重庆—安岳—成都；"多联线"主要为垫江—武隆、梁平—黔江、巫溪—建始、大足—荣昌、永川—江津等高速公路。

远景在市域内新增重庆—十堰—北京、重庆—泸州—瑞丽、重庆—习水—磨憨等国家高速公路和长寿—南川、合川—安岳、泸州—荣昌—潼南—南充、梁平—开县、武隆—涪陵等高速公路联络线，形成"三环十四射多联线"的高速公路网。

重庆主城区道路网规划分布情况详见图2.3。

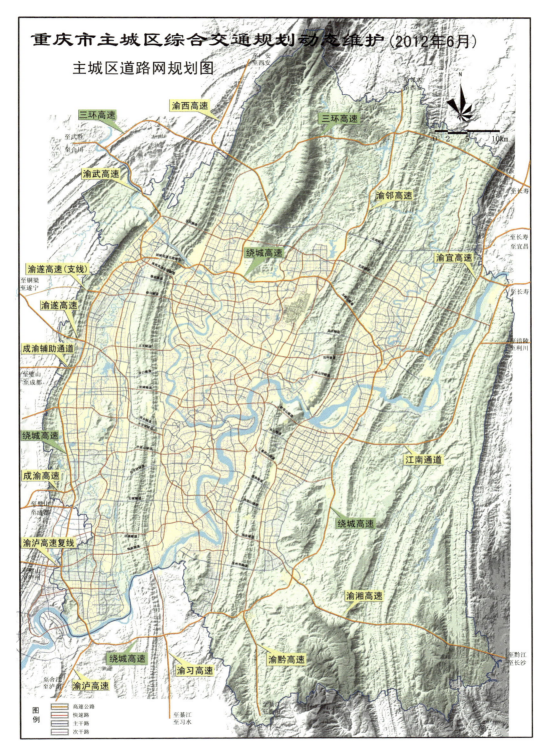

图 2.3　重庆主城区道路网规划图

（引自：重庆市规划局）

2）轨道交通网

2020 年轨道交通线网由 1 号、2 号、3 号、4 号、5 号、6 号、9 号、10 号、环线共计 9 条线路组成，总长约 497 km（总规划中总长约 478 km），线网密度约 0.41 km/ km²。远景规划 18 条轨道线路，总长约 866 km（总规划中总长约 820 km），线网密度约 0.72 km/ km²，形成双心放射的轨道交通网络布局。主城区基本轨道交通线网长度如表 2.1 所示。

表 2.1　主城区基本轨道交通线网长度一览表

（源于：重庆市规划局）

线　路		起止点	长度 /km	小计 /km
1 号线	1	朝天门—大坪—西永	37	44
	2	西永—璧山城北	7	
2 号线	1	较场口—新山村—鱼洞	31	31
3 号线	1	鱼洞—龙头寺—机场	56	67
	2	机场—空港保税区	11	
4 号线	1	重庆北站—龙兴	50	50
5 号线	1	悦来—歇台子—江津	71	93
	2	跳蹬—歇台子	22	
6 号线	1	长生—上新街—北碚	61	87
	2	礼嘉—水土支线	26	
9 号线	1	沙坪坝—观音桥—两路口	32	32
10 号线	1	兰花路—重庆北站—机场—重庆会展馆	44	44
环线	1	重庆西站—重庆北站—重庆西站	49	49
合计 /km			497	

重庆主城区轨道交通分布情况详见图 2.4。

3）铁路规划网

规划形成北京—重庆—昆明、乌鲁木齐—重庆—广州、上海—重庆—成都、重庆—长沙—福州、包头—重庆—南宁等 5 条国家铁路大通道，建成辐射各个方向的"一枢纽十四干线四支线"铁路基本网络。

"一枢纽"为重庆铁路枢纽；"十四干线"为成渝铁路（重庆—成都）、成渝客专（重庆—成都）、遂渝铁路（重庆—遂宁）、兰渝铁路（重庆—兰州）、襄渝铁路（重庆—襄樊）、郑渝铁路（重庆—郑州）、渝利铁路（重庆—利川）、渝怀铁路（重庆—怀化）、渝黔铁路（重庆—贵阳）、渝昆铁路（重庆—昆明）、渝汉铁路（重庆—汉中）、安张铁路（安康—奉节—张家界）、达万宜铁路（达州—万州—宜昌）、毕黔铁路（毕节—黔江）；四支线为綦涪铁路（綦江—涪陵）、合川—铜梁—永川、永川—江津—綦江、合川—长寿—涪陵。

远景规划渝西铁路（重庆—西安）和渝长铁路（重庆—长沙），在兰州、西安、昆明、郑州、广州、武汉等周边省会方向上预留客货分线的铁路走廊。地区铁路规划情况详见图 2.5。

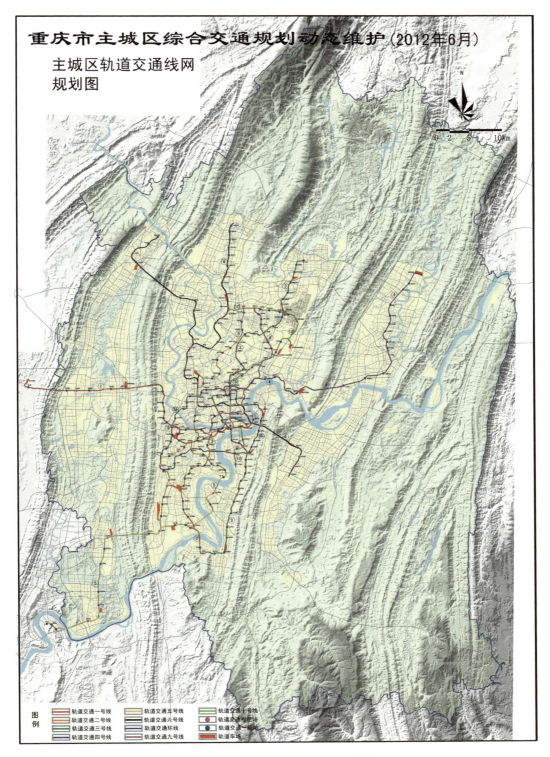

图 2.4　重庆主城区轨道交通线网规划图

（引自：重庆市规划局）

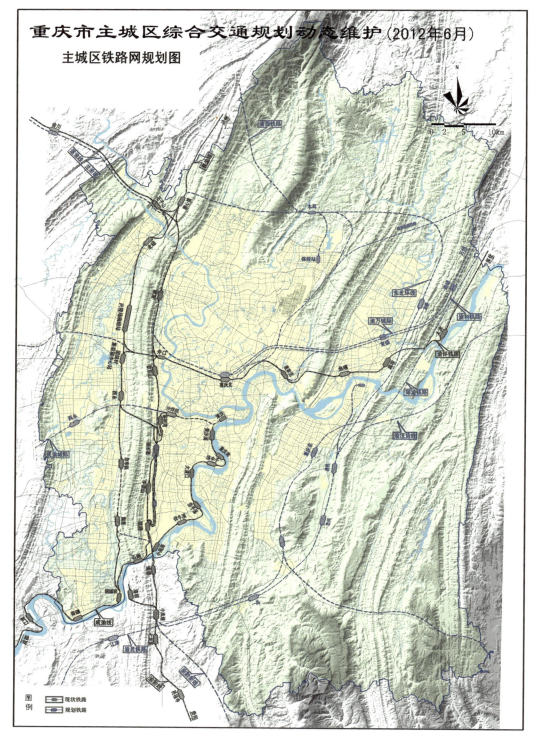

图2.5　重庆主城区铁路线网规划图

（引自：重庆市规划局）

2.2　制约重庆城市发展的自然条件

2.2.1　重庆城市发展的地貌障碍

重庆为川东入川门户，构成了蜀道难的天然屏障，整个重庆是一个奇妙的山水组合。海拔最高的地区可达 2 793.8 m，重庆大多山体在 1 000 ～ 2 000 m，部分丘陵区则在 600 ～ 1 000 m。整个重庆就是中低山的完美组合，中山、低山加上丘陵面积占全市总面积的 90% 以上。海拔最低处仅 200 m 左右，位于长江、嘉陵江、乌江深切位置，峡谷两侧高山林立，地形起伏巨大，缺乏大面积的平原区。除重庆主城被长江、嘉陵江分割数块外，其所属区县也大多处于高山峻岭之中成深切河沟之傍，如万州、彭水、开州等。重庆主城区属低山丘陵地貌区，地势起伏也很大，如明月山最高海拔可达 1 183 m，平均海拔为 500 ～ 600 m。

由于北北东、北东向成弧形向南西散开，加之在近于相互平行伸展的梳状褶皱地质构造及岩性组合控制的影响下，形成了"四山"地区特殊的地貌景观：以三叠系须家河组砂岩为轴部的山岭，山体呈"单岭"形态；以三叠系嘉陵江组灰岩为核，以砂岩为翼的山体，其轴部形成喀斯特槽谷，呈"一槽二岭"形态；以二叠系上统、三叠系下统飞仙关组灰岩、泥岩为核，嘉陵江组灰岩为东西槽谷，外侧为须家河组砂岩的山岭，则多呈"二槽三岭"形态。这种混合喀斯特地貌类型，地表起伏很大，极大地阻碍了交通建设的发展。

受缙云山、中梁山、铜锣山、明月山 4 条近南北走向隔挡式山脉分割，主城区由 4 大山脊 5 大向斜槽谷组成，条带状近南北向展布。南北向道路基本畅通，但若需东西向通行，依老城建设模式必须翻过"4 座大山"，横穿"4 大槽谷"，道路曲折遥远、上下起伏，行驶速度缓慢艰难，时间长。可见，重庆地貌形态严重制约着当地的交通建设。除了东西向起伏外，由于长江与嘉陵江河谷弯曲与深切割，重庆城市交通建设还须克服南北向的起伏与深沟河流的天险。

低山和丘陵占了主城区面积的 91.12%，而适宜于城市建设的台地和平坝仅占到总面积的 6.73%。城市发展要突破山地地形的限制，只有通过穿山隧道，建立主城与东西侧及主城内部各区域间的联系。

2.2.2　重庆城市发展的地质障碍

"文明因地质条件而存（Civilization exists by geological consent）"，这是美国著名学者威尔·杜兰特的一句名言。的确如此，比如地震带、火山不适合人类文明的存在与人类居住。重庆虽然属于可居住地，但城市的发展也需要地质条件的"应允"，如果地质条件不适合城市扩张，人类逆其而动，可能就会引起灾难。因而地质条件与城市用地选择和工程建设密切相关，特别是重庆城市发展首先就要大力改善交通条件。而交通问题要破除重庆山地地貌的制约，唯一的出路就是要突破地质障碍。制约重庆城市交通发展的地质障碍重点表现在以下 3 个方面。

1）地质条件复杂

重庆地跨扬子准地台和秦岭地槽褶皱系两大构造单元。重庆主城位于新华夏系华蓥山帚状褶皱束，缙云山、中梁山、铜锣山、明月峡 4 条长背斜地带呈紧密束状褶皱，背斜隆起高而窄，向斜相对宽阔。这 4 条背斜向南渐次分支，相互平行有序排列组成典型隔挡式梳状褶皱构造带。地质构造控制着地貌形态和展布，长江以北地区背斜发育成高峻山岭，向斜则为低缓丘陵或平坝。井然有序平行排列的地貌组合景观，成为典型的平行岭谷区，制约了重庆城市空间增长的结构布局，促使重庆城市采取"多组团、多中心"的城市发展模式。

2）地质灾害严重

重庆市地质灾害非常发育，主要灾害类型有滑坡、崩塌、泥石流、地面塌陷、地裂缝等。据重庆市区（县）地质灾害调查资料统计结果，截至 2020 年末，全市地质灾害隐患点超过 15 000 处。重庆地质灾害具有点多面广、类型多、危害大等特征，在空间分布上呈明显的条带性，即主要分布在长江干流下游沿江岸，市域内呈条带状展布的中低山脉斜坡地带，高切坡、高填方修筑的主要公路、铁路地段等。地质灾害分布在重庆所有的行政区域内，尤以人口密集区为主，一旦成灾，损失较大，成为制约重庆城市规划发展的重要影响因素。

3）背斜条形山地区灰岩缝洞发育

重庆主城范围背斜条形山地发育有典型喀斯特地貌，分布有渝东地区特有的灰岩槽谷景观，形成典型的"一山三岭夹两槽"或"一山两岭夹一槽"的地貌，其间遍布沟槽、落水洞、暗河、洞穴、洼地等。喀斯特地貌发育也是影响城市地下工程建设的不利因素，主要体现在以下 3 个方面。

①背斜核部、高耸的山岭槽谷灰岩区的地下缝洞管网发育，富含地下水及温泉水。灰岩区及其富存的地下水也正是重庆居民赖以生存的农作物生产区、饮用水源的发祥区以及

提高人们生活质量的地下热水的水源区。如果隧道工程穿过这些灰岩区，将导致天然地下水"补、径、排"系统遭受永久性的改变甚至引起破坏，还可能引起地表水漏失、地下水疏干、地面塌陷、地面沉降的环境地质问题。类似问题在早期矿山开挖采矿中就已出现，直接影响城市的土地利用及城市的发展建设。

②加速灰岩区地表地下水的转换，引起地下水污染。灰岩区地下缝洞管网发育且错综复杂，一旦污染物通过灰岩漏斗、洼地等进入地下水系统造成地下水污染，治理将相当困难，传统的环境修复技术对灰岩区不再适用。

③重庆各组团受条形山脉阻隔，由于喀斯特地貌地质条件复杂，导致组团间交通基础设施建设困难。当隧道穿过复杂的富水灰岩层时，由于隧道埋深大，灰岩段的缝洞含水介质复杂，实施堵水非常困难，在隧道施工过程中，甚至运营过程中都时常发生隧道突水突泥等安全事故，严重威胁人们的人身安全。

2.2.3　重庆交通建设的主要方式

重庆作为典型的山地城市，"山"与"江"既是重庆城市发展的自然本色和城市特色，也是影响其发展的主要制约因素。特有的地形地貌、地质条件导致特有的空间结构，成为城市空间扩展最主要的基础条件。根据重庆地形地貌特征，重庆交通建设有以下 4 种方式。

1）开凿穿山隧道

隧道是改善线形、裁弯取直、缩短里程、克服高差、提高行车速度、改善运营条件、保护生态环境的有效措施，具有方便快捷、功能可达、安全舒适、环境友好等特点，带来了良好的社会和经济效益。

2）架桥

绕重庆或穿重庆市区的长江、嘉陵江，将重庆城镇用地天然切割为一叶半岛的山水格局，使得重庆城市空间形态发展必须采取尊重、顺应江河分割的城市空间形态布局，跨江大桥成为交通通行的必要选择。重庆复杂的山水环境为重庆桥梁的发展提供了优厚的自然条件，促使重庆桥梁建设得以迅速发展。截至 2016 年，重庆共有各类桥梁 13 000 余座，其中，跨长江、嘉陵江和乌江的桥梁有 100 余座，重庆主城拥有跨江大桥 29 座。重庆成为名副其实的"桥都"，众多桥梁的建设较好地突破了主城跨越两江交通的瓶颈，大大提高了交通出行的经济和社会效益。

3）深挖高填

重庆地处丘陵山区，受地形地貌条件控制，在地形起伏较大的地段需要大规模开挖或者回填，从而形成大量高陡边坡。高边坡的深挖高填改变了原有环境地质的平衡，引起土体移动、变形和破坏，为崩塌、滑坡等地质灾害的发生创造了条件。边坡稳定性成为制约山区高速公路建设的重要问题，生态环境的保护与恢复也成为公路生态工程研究的重要方向。

4）沿坡开道

沿坡开道常用于以前的乡村公路建设，此类公路往往具有路窄、弯急、坡陡、路长、道路网路线差等缺陷；而现代交通路网设计中，效率、安全、快捷成为主要目标。显然，沿坡开道无法满足高等级交通路网建设需求，不能作为当前克服重庆地形障碍的主要选择。

综上所述，以上"沿坡开道、深挖高填"的传统建设技术不能成为道路建设的首选。因为它将带来边坡稳定性后患、维护费用增高、不能快捷安全通过等问题。根据现代城市发展的趋势与要求，重庆山城地区必须采取人工工程措施克服重庆地质地貌障碍，采取"逢山凿洞、遇水架桥"的有机组合，这才是重庆城市交通发展的必然选择。

2.3 隧道工程规划、设计与建设

2.3.1 隧道工程的必要性与可行性

1）隧道工程的必要性

（1）城市规划、发展、建设的需要

重庆是内陆开放高地，是世界和长江经济带连接点和叠加区。为充分发挥战略连接点的枢纽作用，须向西加快建设渝新欧大通道，向东打造长江黄金水道，向南建设渝昆泛亚铁路大通道，大力发展多式联运。2020年重庆基本建成西南地区综合交通枢纽，发展为"成渝"双城经济圈。

根据《重庆市城乡总体规划（2007—2020年）》，重庆市主城区划分为5大片区，21个组团，8个功能区，7个中心镇和20个一般镇。受自然地理条件限制，重庆城市发展是一个"一岛、两江、三谷、四脉"的格局。"一岛"则是渝中半岛，它是重庆市城市发展中心；"两江"则是汇聚于渝中半岛的嘉陵江和长江；"三谷"则是中梁山和铜锣山、中梁山和缙云山、铜锣山和明月山两山之间的槽谷；"四脉"则是由西向东的缙云山脉、中梁山脉、铜锣山脉、明月山脉。

在主城规划区内，只有缙云山、中梁山、铜锣山和明月山平行岭谷之间的地区适宜建设，而山脉或孤立高丘台地不适宜建设，从而促使城市采取"多组团、多中心"的发展模式。城市空间的发展由渝中半岛东端开始，向西发展至整个渝中半岛，再跨江发展，按照组团布局东西展开，而后在山体的制约下，向南北扩展。在新的空间布局中，城市又跨越中梁山与铜锣山向东、西两个槽谷发展，同时以北部为重点进行拓展。在城市扩张过程中，需要打通山岭阻隔，建立联系通道；而采用隧道打通山岭阻隔，加强交通基础设施建设，是重庆城市发展的必然选择。

（2）减少开山切坡、节约土地、保护生态环境的需要

由于重庆特殊的地形条件，劈山筑路会大量开山切坡，不但会浪费土地，破坏自然景观，还会造成塌方、滑坡、水土流失等不良地质，严重破坏生态环境。采用隧道可保持山体整体外观形态，节省用地，可最大限度保护自然环境。

（3）缩短行驶距离，提高道路服务水平和运行效率的需要

在平行岭谷山区，如果交通路网采用传统盘山公路，道路势必弯多坡陡，道路等级低，无法满足城市发展快速通行需求；而采用隧道穿越山脉，能缩短道路距离，克服高差限制，提高道路服务水平和运行效率，缓解城市交通压力。

2）隧道工程的可行性

（1）重庆经济发展迅速，基础设施建设投资充分

重庆是我国直辖市、国家中心城市之一，是长江上游地区的经济、金融、科创、航运和商贸物流中心，也是西部大开发重要的战略支点，还是面向世界的长江经济带重要连接点以及内陆开放高地。最新的城市总体规划中要求，重庆要构建起各种交通方式有机衔接、功能完善、快速便捷、国际国内通达、高效安全的综合交通运输体系。随着重庆经济水平的不断提高，政府越来越重视各功能规划区间的相互联系。近年来，政府对交通基础设施建设的投入不断加大，是修建隧道工程，打通交通阻隔的重要保证。

（2）地质条件复杂、困难重重，但若处理得当，风险仍属可控

重庆作为典型的山区城市，主城地区均为沉积岩分布区，构造、地层、岩性分布规律及环境地质复杂，特别是灰岩喀斯特地貌区存在较大的环境地质风险。但近年来，由于在重庆主城"四山"地区开展了大量的地质调查工作，区内已有工作研究程度较高，对区域环境地质条件已经形成了广泛统一的认识，有利于城市的规划建设。虽然大量的人类工程活动会对环境地质带来负面影响，但在查清、掌握区域工程地质、水文地质条件基础上进行工程建设，同时加强对生态环境的保护，能使重庆"四山"地区环境地质条件更好地满足隧道工程的建设需要。

（3）工程经验丰富

重庆自 20 世纪 70 年代在中梁山地区修建了第一条襄渝铁路隧道以来，已经修建了大量的隧道工程。重庆"四山"地区地质构造同属华蓥山帚状褶皱束，所形成的各条山脉环境地质条件具有很多相似性，均为背斜成山，形成"一山三岭夹两槽"或"一山两岭夹一槽"的地形特征，隧道工程穿越地层也基本一致，以侏罗系（J）和三叠系（T）地层为主，其工程地质、水文地质条件具有很大的类比性。20 世纪 70 年代左右重庆修建隧道采用"以排为主"的方式处理地下水，随着对区域环境地质认识的加深，对地下水的处理逐渐采用"堵排结合"的方式。随着堵水工艺、材料等技术水平的提高，加上人们对环境地质认识的提高，大量成功的修建隧道案例为重庆隧道工程建设提供了宝贵的经验，验证了隧道建设的可行性。

2.3.2　隧道工程的选择与施工技术

隧道作为交通运输线路上的工程结构物，具有重大的社会、经济效益，隧道建设对交通发展起着积极的促进作用。在山岭地区，它可克服地形或高程障碍，改善线形，缩短里程，节省时间，减少对植被的破坏；在城市，它可减少地面用地，对疏导交通起到积极的作用；在江河、海峡和港湾等地区，它可不影响水路通航，提高舒适性，增加隐蔽性且不受气候影响。随着隧道工程领域相关研究的不断深入，新工法、新技术、新结构等不断涌现，隧道工程建设如火如荼。

目前，隧道工程施工技术主要包括如下几种工法。

1）钻爆法

钻爆法是以钻孔、装药、爆破为开挖手段，以围岩结构共同作用为支护设计理论，采用复合式衬砌结构，以钻爆开挖作业线、装渣运输作业线、初期支护与防排水作业线、二次模筑衬砌作业线、辅助施工作业线为特点的首选隧道施工方法。

（1）钻爆法施工的发展与现状

钻爆法开挖隧道始于 16 世纪产业革命开始后，炸药的出现加速了近代隧道开挖技术的发展，风动凿岩机的发明使得钻爆技术发生了划时代的飞跃。20 世纪 60 年代之前，中国隧道开挖普遍采用传统的钻爆法，之后由于隧道机械化施工水平的进一步提高和以岩体力学理论为基础的新奥法的引入，全断面液压凿岩台车和其他大型施工机具相继用于隧道钻爆法施工。20 世纪 90 年代以后，中国隧道工程建设事业有了较快发展，大量的锚喷支护工程实践和岩石力学的迅速发展，现代支护理论的建立，出现了新奥法、挪威法、新意法等施工方法。冲击钻孔改进及全液压钻孔台车的出现，大能力装渣、运渣设备的开发，新型爆破器材的研制及爆破技术的完善，超前地质预报等新技术的应用，改善围岩条件及支护技术的进步等，极大地改良了施工环境，提高了掘进速度，使得钻爆法的掘进技术得到更新。当前中国隧道施工中广泛采用的是与新奥法原理相结合的钻爆法。中国隧道钻爆法施工技术已跻身世界领先行列，中国已经成为世界上隧道数量最多、发展速度最快、地质条件与施工环境最复杂、隧道结构形式多样的国家。

（2）隧道钻爆开挖方式

自 20 世纪 60 年代以来，中国对钻爆法开挖隧道进行了持续研究，从爆破方法及爆破模式的改善、光面爆破装药结构、爆破振动控制技术等多方面进行了研究。隧道爆破技术的显著进步，极大地促进了隧道施工能力和综合效益的提高。在开挖方式的选择上，钻爆法中常用的有全断面法、台阶法、环形开挖留核心土法、双（单）侧壁导坑法、中隔壁法（CD 法）、交叉中壁法（CRD 法）等开挖方法（见图 2.6）。每种工法具有不同的特点，对于不同的地质条件很难做到完全兼顾，各种工法的开挖方式与条件见表 2.2。在当前的施工实践中，从施工造价及施工速度考虑，施工方法的选择顺序为：全断面法→台阶法→环形开挖留核心土法→中隔壁法（CD 法）→交叉中壁法（CRD 法）→双侧壁导坑法；从施工安全角度考虑，其选择顺序则相反。如何正确选择，应根据实际情况综合考虑，但必须符合安全、快速、质量和环保的要求，达到规避风险、加快进度和节约投资的目的。

（a）全断面法

（b）正台阶法

（c）中隔壁法（CD 法）

（d）双侧壁导坑法

图 2.6　隧道典型开挖方法示意

表 2.2　开挖方式与选择条件

施工方法	示意图	选择条件比较					
		结构与适用地层	沉降	工期	防水	初期支护拆除量	造价
全断面法	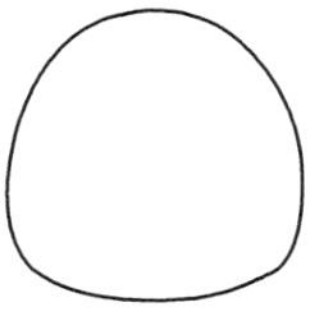	地层好,跨度≤ 8 m	一般	最短	好	无	低
正台阶法	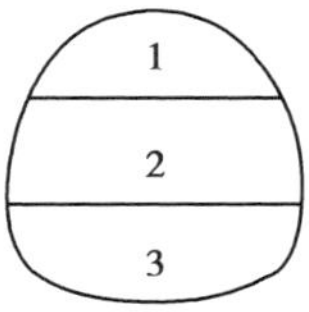	地层较差,跨度≤ 10 m	一般	短	好	无	低
环境开挖预留核心土法	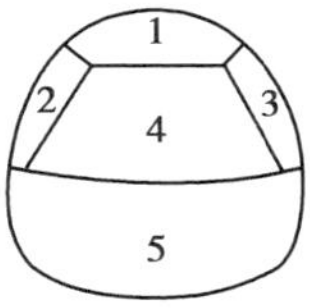	地层差,跨度≤ 12 m	一般	短	好	无	低
单侧壁导坑法	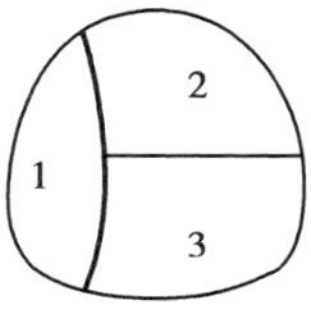	地层差,跨度≤ 14 m	较大	较短	好	小	低
双侧壁导坑法	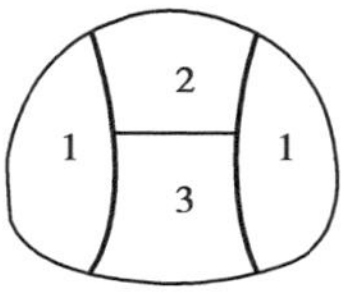	地层差，小跨度，连续使用可扩大跨度	较大	长	效果差	大	高
中隔壁法（CD 法）	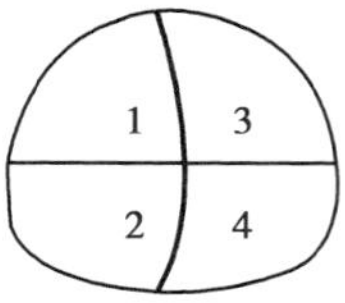	地层差,跨度≤ 18 m	较大	较短	好	小	偏高
交叉中壁法（CRD 法）	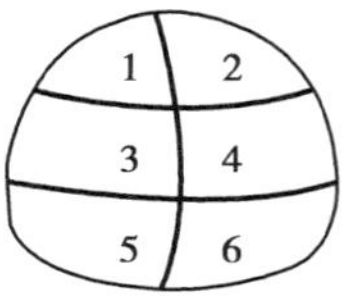	地层差,跨度≤ 20 m	较小	长	好	大	高

（3）隧道支护技术

钻爆法通过各种支护技术、加固技术、预加固技术和辅助施工技术，提高围岩的自承能力，确保隧道开挖和后续作业时结构稳定。目前在钻爆法施工的隧道中通常采用超前锚杆、超前小导管、超前管棚等超前支护方法控制隧道围岩变形和开挖面的稳定，提高施工安全性及高效性。

在施工中，应针对不同的围岩级别，采用相应的支护形式。由初期支护与二次衬砌组合成的复合式衬砌最为常用，它是隧道结构的主要承载单元。目前在隧道工程施工中，初期支护一般由锚杆、喷射混凝土、钢拱架、钢筋网等及其组合组成，使用最多的组合形式是锚杆加喷射混凝土，而二次衬砌常常采用模筑混凝土作为安全储备。

初期支护施作后即成为永久性承载结构的一部分，它与围岩共同构造永久的隧道结构承载体系。当前常用的永久衬砌形式有整体衬砌、复合式衬砌、拼装衬砌、锚喷衬砌 4 种。喷射混凝土技术的发展在隧道工程支护技术发展中占有很重要的地位，目前锚喷支护技术的发展趋势主要集中在全面推行湿喷技术、钢纤维喷射混凝土和聚丙烯纤维喷射混凝土推广及应用、隧道喷射混凝土单层衬砌 3 个方面。

2）盾构法

在我国，习惯上将用于软土地层的隧道掘进机称为盾构，用于岩石地层的称为 TBM。盾构工法是使用盾构机在地下掘进，在护盾保护下防止软基开挖面土砂崩塌和保持开挖面稳定的同时，在机内安全地进行开挖和衬砌作业从而构筑成隧道的施工方法。与传统隧道施工方法相比，盾构法具有地面作业少、自动化程度高、对周围环境影响小等特点。

（1）国内外盾构技术的发展状况

盾构法施工技术最早始于 1818 年，由英国工程师布鲁诺提出并获得了专利。20 世纪中叶，盾构法施工开始逐渐普及到美国、法国、日本、德国等一些发达国家，在加气压施工方法和盾尾注浆技术、衬砌等方面有了突破性进展。盾构设备经历了手掘式、气压式、半机械式、机械式的发展，机械化程度越来越高，对地层的适应性也越来越好。20 世纪 80 年代以来，随着盾构施工技术的革新，盾构进出洞技术、管片拼装、壁厚注浆以及盾尾油脂密封等技术都得到了不同程度的改进和创新。目前日本和德国的盾构施工技术以及在盾构机的性能方面处于世界领先水平。

我国盾构技术的研究从 20 世纪 50 年代开始，由于受到各种因素的制约，未能取得明显进步，长期以来盾构掘进装备几乎全部依赖进口，其中德国和日本的盾构机在中国市场的占有率达到了 90% 以上。直到 20 世纪 90 年代我国盾构技术才取得了一些进展，自主研发了挤压式盾构、气压式盾构，重点开展了土压平衡盾构、泥水加压盾构的研究工作。近几年我国盾构技术发展较为迅速，在盾构机设计制造的关键技术、管片拼装、添加剂以及壁厚注浆等方面取得了突破性进展，加速了我国盾构本土化、产业化的进程。

（2）盾构掘进

盾构机的基本工作原理就是一个圆柱体的钢组件沿隧洞轴线边向前推进边对土壤进行挖掘。该圆柱体组件的壳体即护盾，它对挖掘出的还未衬砌的隧洞段起着临时支撑的作用，承受周围土层的压力，有时还承受地下水压以及将地下水挡在外面。挖掘、排土、衬砌等作业在护盾的掩护下进行。盾构机内部构造见图2.7。

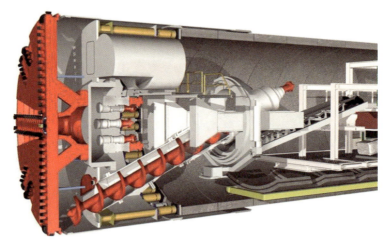

图2.7　盾构机内部构造

盾构掘进过程中，主要施工阶段分为盾构始发、正常掘进、管片拼装与注浆等工序。盾构正常掘进如图2.8所示。

图2.8　盾构正常掘进图

①盾构始发。盾构始发前，采用合适的始发方法，制定洞门围护结构拆除方案，采取合适的洞门密封措施，保证始发安全。始发方法的选择要考虑地层、地下水、盾构类型、覆土厚度、作业环境、洞门密封等条件。

②正常掘进。根据隧道地质条件、埋深、周边环境等条件，确定盾构掘进参数，确保开挖面稳定。根据盾构掘进测量随时调整盾构姿态，使盾构沿着设计线路掘进。

③管片拼装。管片拼装在掘进完成后及时进行，根据盾尾间隙与油缸行程差等，选择合适封顶块拼装位置，按照正确的拼装方式、合理的拼装顺序进行管片拼装，确保管片拼装质量，避免管片破损。

④注浆。根据地层条件、地层含水情况、盾构类型、隧道埋深及周边环境条件，选择合适的注浆材料和注浆方法。最好在盾构掘进的同时进行，应有效填充盾尾间隙，以防止地层松弛和地表沉降。壁后注浆施工是为了在防止地层松动和下沉的同时防止管片漏水，并达到管片环的早期稳定和防止隧道的蛇行等目的，因此应当迅速实施，同时需进行充分的填充。

（3）盾构技术展望

随着地下空间大规模的开发利用以及各种特殊地下工程的施工，工程人员经常遇到复杂多变的地层以及诸多不可预见的因素，因此对盾构掘进装备的地层适应性和施工的安全性要求越来越高，这也是盾构技术面临的重大挑战。因此，随着现代科技的发展，盾构技术应朝着自动化、多样化、高适应性、智能化的方向发展。具体表现在以下 5 个方面。

①开挖断面从常规的单圆形朝着双圆形、三圆形以及复合断面等异形断面的方向发展，这些盾构工法可以适用于不同隧道工程施工的特殊要求。盾构开挖断面的尺寸也正逐渐朝着微小和超大两个方向发展。

②由于对地下空间利用的逐渐加深，盾构施工逐渐向大深度方向发展。因此，要提高盾构机和管片的密封性能，对开挖面的土压平衡控制、盾构机的始发和到达技术提出了更高的要求。

③开发新的施工技术，包括进出洞技术、长距离施工技术、地中对接技术、扩径盾构施工法、急曲线施工法等，以满足盾构的长距离及特殊的工程施工要求。

④管片拼装的自动化并研制隧道衬砌新技术，包括压注混凝土衬砌、管片接头技术、管片接缝防渗技术以及高强、耐久性管片制造等。

⑤盾构技术的科技含量以及自动化程度越来越高，现代控制理论、激光雷达导向技术、GPS 定位技术、遥控、通信等技术已经逐步应用于盾构施工中，盾构机正朝着全自动化、智能化、无人值守的方向发展。

3）TBM 隧道修建技术

岩石隧道掘进机法（Tunnel Boring Machine，TBM）是利用岩石隧道掘进机在岩石地层中暗挖隧道的一种施工方法。通常是利用回转刀盘借助推进装置的作用力从而使刀盘上的滚刀切割（或破碎）岩面，以达到破岩开挖隧道（洞）的目的。

（1）TBM 在国内外的发展

TBM 的推广应用并非一蹴而就，而是工程技术人员饱尝失败后的宝贵成果。表 2.3 概括了国外 TBM 发展过程中的一系列重大历史事件。

表 2.3　国外 TBM 发展重大事件

时　间	人员 / 项目	重大技术革新或历史事件
1851 年	CharlesWilson	制造首台蒸汽机驱动的 TBM，但工程应用并未获得成功
1952 年	JamesRobbins	首次使用滚刀，在软岩地层取得重大突破
1961 年	澳大利亚波蒂那隧道	罗宾斯首次采用浮动式球形铰接撑靴系统，实现 TBM 连续转向能力；同时改进密封，提升大直径轴承寿命
1963 年	巴基斯坦曼格拉大坝	输渣皮带机首次取代渣土运输车
1967 年	德国维尔特公司	制造第一台 TBM 用于奥地利 Ginzling 隧道
1972 年	意大利卡拉布里亚水电项目	为提高掘进速度，罗宾斯与 SELI 合作提出掘进和管片安装同时进行的理念，最终成为护盾式 TBM 雏形
1976 年	瑞士格里姆瑟尔项目	为应对硬岩掘进，罗宾斯相继推出了 15 in[①]和 17 in 滚刀
20 世纪 80 年代	维尔特公司和罗宾斯公司	分别开发斜洞挖的 TBM，装有 2 套水平支撑装置，可实现 45° 上坡斜洞和 18° 下坡斜洞掘进
20 世纪 80—90 年代	维尔特公司	意大利法：先用小直径 TBM 开挖导洞，再用钻爆法扩挖；瑞士法：先用小直径 TBM 开挖导洞，再用扩挖机扩挖
1988 年	挪威斯特瓦提森项目	罗宾斯推出 19 in 滚刀和楔锁式刀具安装法，成为掘进机使用新标准
1996 年	德国海瑞克公司	开始进军硬岩掘进机市场，赢得 Gotthard 隧道 4 台掘进机合同
2006 年	加拿大尼亚加拉水电项目	罗宾斯造出最大直径 14.4 m 主梁式 TBM，并首次应用 20 in 滚刀
2008 年	秘鲁奥尔莫斯调水工程	罗宾斯创新使用 McNally 支护系统，解决 TBM 破碎段施工问题

国产 TBM 研发最早可追溯到 1964 年，具体发展历程可分为以下 4 个阶段。

①自力更生阶段（1964—1985 年）。1964 年，由上海勘测设计院和北京电力学院开

---

①注：1 in ≈ 2.54 cm

始承担 TBM 自主研发任务；20 世纪 70—80 年代，国内多家单位完成样机研发和试制，但所造 TBM 可靠性差、掘进速度慢，使用效果不佳，掘进速度只能达到同期国际水平的 1/5，甚至更低。

②国外承包、国外引进阶段（1985—1998 年）。改革开放后，众多国外承包商中标水利工程，携带先进的 TBM 设备和施工技术进入中国，如意大利 CMC 公司承建的引大入秦（1991 年）、引黄入晋（1994 年）和引黄南干线（1997 年）水利工程均取得了巨大成果，创造出双护盾 TBM 单月最高掘进 1 800 m 的好成绩，震惊国内隧道界，重新燃起了国内对 TBM 的信心。

③自主施工联合生产阶段（1998—2010 年）。1996 年，原铁道部引进 2 台维尔特敞开式 TBM，完成了秦岭隧道、磨沟岭隧道和桃花铺隧道施工，标志着中国开始真正建立了自主施工队伍和专家队伍。此后，国内 TBM 施工队伍迅速成长，基本掌握了 TBM 施工技术并积累了丰富的施工经验，对先进 TBM 技术的引进、消化吸收和推广创新起到了重要的作用。鉴于国内的巨大市场和低廉制造成本，国外众多 TBM 生产商选择和国内盾构生产商合作，但中方只承担了较为简单的结构件制造，液压系统、控制系统和主轴承等关键部件还需由国外完成。

④自主研发创新阶段（2010 年至今）。2010 年后，中国重型装备的设计和制造能力飞速进步，盾构产品率先拥有自主知识产权并实现了国产化，迅速完成了品质与产量的双重提升（见图 2.9、图 2.10）。随着 TBM 在广州、上海、沈阳、大连、德阳、新乡和秦皇岛等地完成组装，国内已有多家企业具备了一定规模的 TBM 设计和制造团队。至此，我国 TBM 产业基础基本形成，TBM 自主设计和创新能力逐步提高，关键部件制造能力也有所突破。

图 2.9　全断面岩石隧道掘进机　　　图 2.10　北方重工护盾式硬岩掘进机

（2）TBM 类型的选择

TBM 主要有敞开式、单护盾式、双护盾式 3 种类型，每种 TBM 类型都有各自的特点和适合开挖的地质条件，详见表2.4。

表2.4 不同类型掘进机的比较

类 型	适用范围	优 势	劣 势
敞开式	用于中等至高硬度岩石地质条件	掘进速度高；转弯半径小；便宜	操作人员更多地暴露在岩石环境中；支撑压力约4 MPa
单护盾	用于最恶劣的地质条件；配合预制管片掘进	相对便宜；操作人员不会暴露在岩石环境中；掘进速度和岩石状况的关联度稍低一些；转向控制性能好；不需要喷射混凝土	掘进速度慢；所需的推力较大
双护盾	用于恶劣至中等硬度岩石的地质条件；可与预制管片配合用	操作人员不会暴露在岩石环境中；支护的安装、掘进和掘进机的推进相互独立；掘进速度高	价格高；埋深大时易卡死；较大的转弯半径；所需的推力较大

敞开式TBM又称为支撑式TBM，依靠撑靴撑紧洞壁，为刀盘推进和旋转破岩提供反力，开挖后立即施作初期支护，如在刀盘护盾后面打锚杆、挂网、喷射混凝土（刀盘后面喷射混凝土是不良地质条件下的处理措施，喷射混凝土的主要工作量在设备桥或者后配套适当位置通过机械手完成）、架设钢拱架等，永久衬砌支护待贯通后施作或者采用同步衬砌技术施工。

单护盾TBM利用了开敞式TBM的破岩机理和出渣方式，又结合了盾构机的衬砌支护方式和推进模式，没有撑靴，依靠推进油缸顶推在已经拼装好的预制管片上，为掘进提供反力，掘进与管片拼装交替进行，从而限制了掘进速度。主要适用于软岩和破碎地层。

双护盾TBM是在单护盾TBM和开敞式TBM的基础上发展而来，既有与开敞式TBM类似的撑靴，在较好围岩状态下撑紧洞壁为掘进提供反力，又利用了单护盾TBM的衬砌支护方式，且兼有单护盾TBM的所有功能。双护盾TBM具有两种掘进模式。

（3）TBM新技术展望

随着TBM技术在中国隧道领域的广泛应用，TBM法以其安全、环保、快速的优点必将得到更广泛的应用，TBM新技术也将不断发展。具体表现在以下5个方面。

①TBM应能更适应不利的地质条件。从发展趋势来讲，TBM的设计将趋向于两极化，即既要设计能适合复杂地质条件使用的、费用高的多功能TBM，又要生产适用于地质条件简单、廉价的TBM。

②目前公路隧洞因多车道的需要，要求大断面，预计今后TBM将更趋向大直径化，因此大直径TBM的设计制造和部件运输组装是其技术上的主要趋势之一。

③随着科技进步，机电液、计算机、变频技术等大量地应用到 TBM 上，给 TBM 的故障诊断等提供了很好的基础，同时也逐步提高设备利用率和完好率，以此不断提高掘进速度。

④全自动化 TBM、微型 TBM 研制和应用技术也是今后发展的方向。

⑤ TBM 导洞超前再扩挖方法，可进行超前地质预报，同时超前导洞形成的掏槽孔还可加快钻爆法扩挖进度、实现光面爆破效果和减少爆破振动速度等。

4）沉管法

沉管法是在水底建筑隧道的一种施工方法。沉管隧道是将若干个预制段分别浮运到海面（河面）现场，一个接一个地沉放安装在已疏浚好的基槽内，以此方法修建的水下隧道。

（1）国内外沉管隧道发展历史

沉管隧道的历史可追溯到 19 世纪初期，随着科学技术的进步及施工经验的积累，沉管施工技术难题逐步被克服，到 20 世纪 50 年代以后，沉管施工成为修建跨越河流和海湾隧道的常用技术。目前，中国、美国、荷兰、丹麦、挪威、日本等 20 多个国家已建成了百余条沉管隧道。沉管隧道在中国的发展起步较晚，香港是中国沉管隧道的发源地，20世纪 70 年代起，我国相继修建了多条沉管隧道。1993 年底建成通车的广州黄沙至芳村珠江水下隧道，成为我国大陆首次用沉管工法建成的第一座大型道路与地下铁道共管设置的水下隧道。得益于中国得天独厚的地理地貌和水域特点，沉管隧道在推进地域间联系与合作方面具有巨大优势，大量沉管隧道工程必将在 21 世纪的中国建成。

（2）沉管法隧道施工及组成

沉管施工主要工序包括干坞开挖、管节及临时封闭结构制作、基槽浚挖、地基处理、管节拖运沉放、管节连接止水及回填覆盖等。

沉管隧道一般由敞开段、暗埋段、岸边竖井与沉埋段等组成（见图 2.11）。沉埋段两端通常设置竖井作为起讫点，竖井起到通风、供电、排水和监控等作用。根据两岸地形与地质条件，也可将沉埋段与暗埋段直接相接而不设竖井。

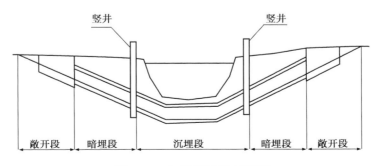

图 2.11　沉管隧道纵剖面图

（3）沉管施工主要研究方向

沉管隧道施工作为典型的预制工法，其施工阶段的平均风险不亚于运营阶段，而随着港珠澳大桥沉管隧道工程、南昌红谷隧道工程为代表的一系列重大项目的相继兴建，系统总结沉管隧道施工技术更是迫在眉睫。复杂海洋环境下超大管节沉管隧道地基处理与基槽开挖、管节制作、测量定位和浮运沉放等多阶段的施工控制是目前的主要研究方向。

5）明挖法

在无支护或支护体系的保护下，将隧道及上覆一定范围内的岩体逐层分块挖除形成基坑或沟槽，然后施作隧道衬砌结构或地下工程主体结构，最后回填覆土，这种施工工法称为"明挖法"。明挖法施工的隧道称为明挖隧道。

明挖法按照施工基坑的形状主要分为敞口开挖和盖挖。敞口开挖分为放坡开挖和垂直开挖；盖挖可分为盖挖顺作、盖挖逆作、盖挖半逆作和多种支护形式、开挖方式组合的方法。

明挖法施工主要工序包括：基坑（边坡）支护、土方开挖、防水工程及主体结构施工等。其中，明挖隧道主体结构的设计理念与其他工法施工的隧道设计理念相似，基坑工程是明挖隧道工程中的关键工序，基坑支护的设计计算是明挖隧道区别于其他工法施工的隧道设计的特色之处。

明挖法具有施工方法简单、技术成熟，施工作业面大、施工进度快、基坑支护结构受力明确和造价低等优点，是地下空间开发初期广泛采用的施工技术。在隧道及地下工程施工技术多种多样的今天，明挖法仍然在浅埋隧道施工领域占据重要地位。明挖隧道多见于山区铁路、公路隧道明洞段，城市区间隧道和道路隧道、越江隧道的出入口段。

2.4 "四山"隧道工程展布及特征

截至 2018 年，工作区内已建、在建各类隧道共计 66 条，另有规划隧道 39 条。按隧道功能划分，主要有公路隧道、铁路隧道、轨道隧道、石油隧道。根据隧道分布，中梁山和铜锣山地区隧道工程最为密集，而近年来缙云山和明月山规划、在建隧道工程也日益增多，其空间分布状况及具体特征与统计数量见图 2.12 与表 2.5。

图 2.12 重庆主城"四山"规划区隧道分布图

表 2.5　重庆主城"四山"规划区隧道统计

山　名	分布情况	编　号	隧道名称	隧道功能划分
缙云山	已建	1	西山坪隧道（兰海高速）	公路
		2	新西山坪一、二号隧道	铁路
		3	渝隧复线铁路隧道	铁路
		4	成渝高速青木关隧道	公路
		5	成渝复线隧道	公路
		6	璧山至大学城公路隧道	公路
		7	成渝高铁隧道	铁路
		8	渝昆高速缙云山隧道	公路
		9	九永高速缙云山隧道	公路
		10	石油隧道	输油管道
		11	轨道 1 号线缙云山隧道	轨道
	规划	1	渝遂支线隧道	公路
		2	至大足铁路隧道	铁路
		3	成渝辅助通道隧道	公路
		4	渝沪高速复线隧道	公路
中梁山	已建	1	三环高速华蓥山隧道	公路
		2	北碚 2# 隧道	公路
		3	遂渝线新龙凤隧道	公路
		4	兰渝铁路龙凤隧道	铁路
		5	渝武高速北碚隧道	公路
		6	绕城高速施家梁隧道	公路
		7	轨道 6 号线北碚隧道	轨道
		8	歇马隧道	公路
		9	渝怀铁路隧道	铁路
		10	新兰渝铁路隧道	铁路
		11	轨道 1 号线隧道	轨道
		12	双碑公路隧道	公路
		13	渝遂高速大学城隧道	公路
		14	襄渝铁路隧道	铁路
		15	成渝客运专线隧道	铁路

山　名	分布情况	编　号	隧道名称	隧道功能划分
中梁山	已建	16	成渝高速改扩建隧道	公路
		17	成渝高速公路隧道	公路
		18	华岩隧道	公路
		19	华福路中梁山隧道	公路
		20	兰花 1 号隧道	公路
		21	渝襄铁路隧道	铁路
		22	重庆二环中梁山隧道	公路
	在建	1	土主隧道	公路
		2	轨道 5 号线西彭隧道	轨道
		3	三环高速三圣隧道	公路
	规划	1	铁路环线 3 号隧道	铁路
		2	东阳隧道	公路
		3	蔡家隧道	公路
		4	轨道 13 号线土主隧道	轨道
		5	井口隧道	公路
		6	西永隧道	公路
		7	白市驿隧道	公路
		8	轨道 2 号线白市驿隧道	轨道
		9	铁路环线西彭隧道	铁路
		10	陶家隧道	公路
		11	铁路环线 2 号隧道	铁路
		12	龙王隧道	公路
		13	木耳隧道	公路
铜锣山	已建	1	统景隧道	公路
		2	温泉隧道	公路
		3	玉峰山隧道	公路
		4	一横线铜锣山隧道	公路
		5	渝利铁路玉峰山隧道	铁路
		6	渝万铁路玉峰山隧道	铁路
		7	G50 高速铁山坪隧道	公路
		8	渝怀铁路铁山坪隧道	铁路

续表

山　名	分布情况	编　号	隧道名称	隧道功能划分
铜锣山	已建	9	渝怀铁路新铁山坪隧道	铁路
		10	慈母山隧道（1号和2号）	公路
		11	轨道6号线铜锣山隧道	轻轨
		12	南山隧道	公路
		13	真武山隧道	公路
		14	向黄隧道	公路
		15	小泉隧道	公路
		16	吉庆隧道	公路
		17	大岚垭隧道	公路
	在建	1	龙兴隧道	公路
		2	三环统景1号、2号隧道	公路
	规划	1	铁路环线1#隧道	铁路
		2	预留铁路1#轨道	铁路
		3	古路隧道	公路
		4	王家隧道	公路
		5	轨道14号线王家隧道	轨道
		6	石坪隧道	公路
		7	轨道11号线石坪隧道	轨道
		8	轨道4号线铁山坪隧道	轨道
		9	唐家沱隧道	公路
		10	南山隧道	公路
		11	轨道6号线铜锣山隧道	轨道
		12	鹿角隧道	公路
		13	轨道12号线燕尾山隧道	轨道
		14	燕尾山隧道	公路
		15	龙洲湾隧道	公路
		16	渝昆铁路一品隧道	铁路
		17	铁路环线一品隧道	铁路

续表

山　名	分布情况	编　号	隧道名称	隧道功能划分
明月山	已建	1	梁忠高速隧道	公路
		2	垫江—邻水隧道	公路
		3	排花洞隧道（渝万铁路）	铁路
		4	排花洞隧道（渝利铁路）	铁路
		5	华山隧道	公路
		6	黄家湾隧道	铁路
		7	新黄家湾隧道	铁路
		8	明月山公路隧道	公路
		9	长冲隧道	公路
		10	佛儿岩隧道	公路
	在建	1	北碚—长寿三环隧道	公路
	规划	1	预留铁路 2# 隧道	铁路
		2	洛碛隧道	公路
		3	郑渝铁路茶园隧道	铁路
		4	江南通道隧道	铁路
		5	渝汉货线 1# 隧道	公路

注：隧道统计截至 2018 年。

2.4.1　缙云山隧道工程及特征

缙云山西侧为重庆西部铜梁、大足、荣昌等区县，东侧为重庆主城的北碚组团、西永组团和西彭组团。缙云山脉阻隔了重庆主城北碚组团、西永组团、西彭组团与重庆西部区县的外部连接，从地下开凿隧道打通缙云山脉成为首选。

缙云山位于重庆主城区西部边界，隧道的分布密度相对"四山"地区的中梁山和铜锣山要低，按山脉南北长约 65 km，建 15 条隧道计，隧道分布密度为 0.23 条 /km。

缙云山地区建成完工运营隧道 11 条，规划隧道 4 条，分布在青木关至拖木槽谷段和嘉陵江左岸。隧道具体分布位置见图 2.13。

隧道类型主要有公路隧道、铁路隧道和轨道交通隧道，分为单线和复线两种，隧道（出）口分布高程为 252 ~ 391 m。缙云山已投入运营的璧山隧道口与轨道交通 1 号线隧道口如图 2.14 所示。

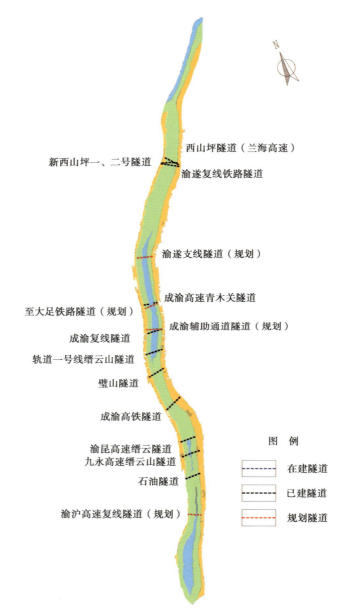

图 2.13　缙云山地区隧道工程分布图

（a）璧山隧道

（b）轨道 1 号线缙云山隧道

图 2.14　缙云山地区典型隧道工程

缙云山地区隧道穿越的主要构造为温塘峡背斜，穿越的地层主要有 $J_2x \sim T_1j$ 地层（见图 2.15）。除青木关隧道仅穿过背斜东翼外，其他隧道均穿越背斜轴部，局部穿切灰岩地层。

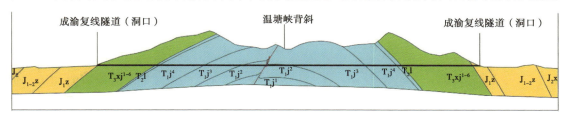

图 2.15　缙云山温塘峡背斜典型剖面示意图

2.4.2　中梁山隧道工程及特征

中梁山西侧为重庆主城北碚组团、西永组团和西彭组团；东侧为重庆主城的核心区域。中梁山脉阻隔了重庆主城核心区与主城西部的直线通畅连接，穿切山脉用隧道相连是最佳选择。

中梁山隧道分布密集，按山脉南北长约 53 km，建 38 条隧道计，隧道分布密度达 0.698 条 /km，以长江—嘉陵江段最为显著，区内 80% 的已建和在建隧道都集中于此，隧道建设密度和强度属世界罕见。

目前中梁山地区建成完工运营和在建隧道 25 条，规划隧道 13 条，隧道布局见图 2.16。其中长江以南（江津区）建成完工运营隧道 3 条；长江—嘉陵江之间（北碚区、沙坪坝区、九龙坡区、大渡口区）有建成完工运营和在建隧道 20 条，规划隧道 9 条；嘉陵江以北的北碚区域在建隧道 1 条，规划隧道 2 条；龙王洞背斜地区（渝北区）有在建隧道 1 条，规划隧道 3 条。

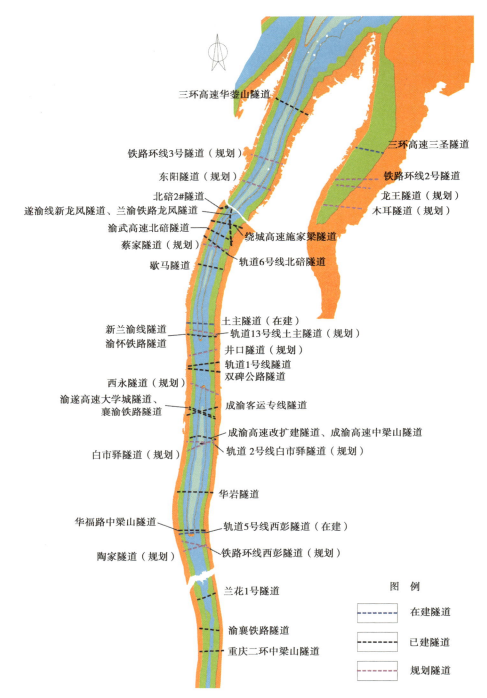

三环高速华蓥山隧道

三环高速三圣隧道

铁路环线3号隧道（规划）

东阳隧道（规划）

铁路环线2号隧道

北碚2#隧道

龙王隧道（规划）

遂渝线新龙凤隧道、兰渝铁路龙凤隧道

木耳隧道（规划）

渝武高速北碚隧道

绕城高速施家梁隧道

蔡家隧道（规划）

轨道6号线北碚隧道

歇马隧道

新兰渝线隧道

土主隧道（在建）

渝怀铁路隧道

轨道13号线土主隧道（规划）

井口隧道（规划）

轨道1号线隧道

双碑公路隧道

西永隧道（规划）

渝遂高速大学城隧道、

成渝客运专线隧道

襄渝铁路隧道

成渝高速改扩建隧道、成渝高速中梁山隧道

白市驿隧道（规划）

轨道2号线白市驿隧道（规划）

华岩隧道

华福路中梁山隧道

轨道5号线西彭隧道（在建）

陶家隧道（规划）

铁路环线西彭隧道（规划）

兰花1号隧道

渝襄铁路隧道

重庆二环中梁山隧道

图　例

———— 在建隧道

---- 已建隧道

---- 规划隧道

图 2.16　中梁山地区隧道工程平面展布图

隧道类型为铁路隧道、轨道隧道和公路隧道，隧道洞口海拔高程在 221 ~ 350 m。中梁山地区典型已建成隧道如图 2.17 所示。

中梁山地区大多数隧道需要穿越观音峡背斜和龙王洞背斜，穿越地层为 J_2x ~ P_2l，而穿越长江—嘉陵江段的观音峡背斜的隧道尤多，每条隧道都要一次或者两次切穿核部嘉陵江灰岩，穿切地质构造剖面见图 2.18、图 2.19；穿越龙王洞背斜仅有三环高速三圣隧道和 3 条规划隧道，穿切背斜核部嘉陵江灰岩宽度较小。该区域隧道工程的入口与出口多分布于背斜两翼近坡脚位置。

（a）成渝客运专线隧道

（b）华福路中梁山隧道

（c）双碑公路隧道

（d）歇马隧道

图 2.17　中梁山地区典型隧道工程

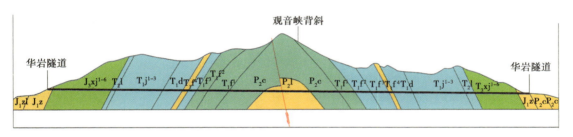

图 2.18　中梁山观音峡背斜典型剖面示意图

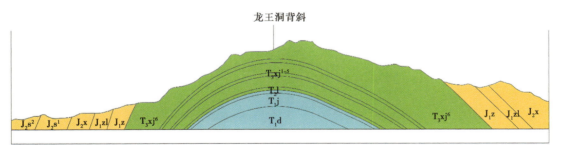

图 2.19　中梁山龙王洞背斜典型剖面示意图

2.4.3　铜锣山隧道工程与特征

铜锣山西侧为重庆主城核心区，东侧为龙兴组团、鱼嘴组团、茶园组团和界石组团。

铜锣山脉阻隔了重庆主城核心区与主城东部组团的内部连接,穿切山脉用隧道相连是最佳选择。

铜锣山隧道分布密集,按山脉南北长约 62 km,建 36 条隧道计,隧道分布密度达 0.58 条 /km,以长江两侧最为显著,区内 70% 的已建和在建隧道都集中于此。

目前铜锣山地区建成完工运营隧道 17 条,在建隧道 2 条,规划隧道 17 条。铜锣山地区所有隧道布局见图 2.20。其中长江以南区域(南岸区、巴南区)建成完工运营隧道 8 条;规划隧道 8 条;长江以北区域(江北区、渝北区)有建成完工运营和在建隧道 8 条,规划隧道 9 条。

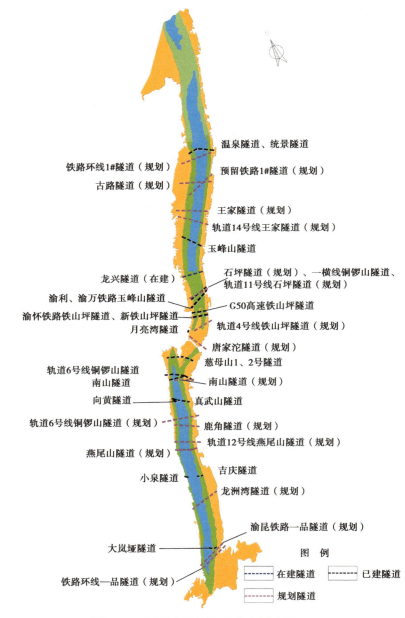

图 2.20　铜锣山地区隧道分布示意图

隧道类型主要有公路隧道、铁路隧道和轨道交通隧道，分为单线和复线两种。隧道洞口多分布于背斜两翼近坡脚位置，分布高程为 214 ～ 405 m。图 2.21 所示是铜锣山已投入运营的渝怀铁路铁山坪隧道、新铁山坪隧道、真武山隧道、一横线铜锣山隧道。

（a）渝怀铁路铁山坪隧道

（b）渝怀铁路新铁山坪隧道

（c）真武山隧道

（d）一横线铜锣山隧道

图 2.21　铜锣山地区典型隧道工程

铜锣山地区除南段向黄隧道、小泉隧道、吉庆隧道、大岚垭隧道仅穿越南温泉背斜单翼，山顶灰岩槽谷段以路基形式通过之外，大多数隧道都需要穿越铜锣峡背斜和南温泉背斜两翼，穿越地层为 J_1zl ～ T_1f，每条隧道都要一次或者两次切穿核部嘉陵江灰岩，穿切地质构造剖面如图 2.22 所示。位于长江两岸的渝怀铁路铁山坪隧道、新铁山坪隧道、慈母山 1号、2 号隧道，穿切背斜核部嘉陵江灰岩宽度较小。

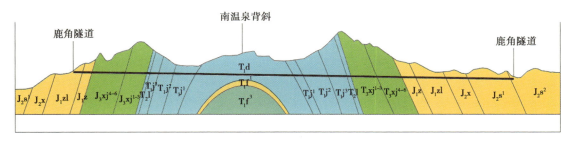

图 2.22　铜锣山南温泉背斜典型剖面示意图

2.4.4　明月山隧道工程及特征

明月山西侧分布有重庆主城区龙兴组团、鱼嘴组团、茶园组团和界石组团等开发区，东侧有垫江、梁平、涪陵等区县。明月山阻隔了主城地区与重庆东部重要集镇的连接。

　　明月山主城区内隧道相对密集，按山脉南北长约 60 km，分布 14 条隧道计，隧道分布密度为 0.23 条 /km；主城区之外 110 km 山脉长度内仅分布 2 条隧道，隧道密度为 0.02 条 /km。

　　目前明月山地区有建成完工运营隧道 10 条，在建隧道 1 条，规划隧道 5 条，明月山地区隧道布局见图 2.23。区内隧道主要集中在御临河两岸以及长江以南地区。长江以南建成完工运营隧道 2 条，规划隧道 3 条；御临河两岸有建成完工运营和在建隧道 7 条，规划隧道 1 条；另外，在梁平区和垫江县各有一条建成完工运营隧道。

图 2.23　明月山地区隧道工程分布示意图

　　隧道类型为铁路隧道和公路隧道，分为单线和复线两种，隧道（出）口分布高程为203～414 m。图 2.24 所示是明月山已投入运营的排花洞隧道、佛儿岩隧道、华山隧道、老黄家湾隧道。

（a）排花洞隧道　　　　　　　　　　　　（b）佛儿岩隧道

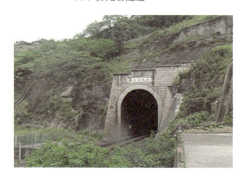

（c）华山隧道　　　　　　　　　　　　（d）老黄家湾隧道

图 2.24　明月山地区典型隧道工程

　　明月山地区大多数隧道需要穿越明月峡背斜，穿越地层为 $J_2x \sim P_2l$，大部分隧道都要一次或者两次切穿核部嘉陵江灰岩，穿切地质构造剖面见图 2.25。隧道工程的入口与出口多分布于背斜两翼近坡脚位置。

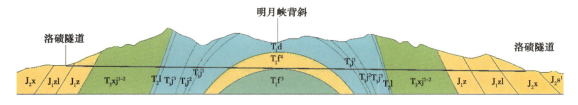

图 2.25　明月山明月峡背斜典型剖面示意图

2.5 "四山"地区隧道工程支持下的交通网络系统

重庆是一座典型的山地组团式城市，在近 70 条隧道工程支持下，重庆主城地区突破了缙云山、铜锣山、中梁山、明月山 4 条山脉阻隔，打通了重庆主城内部以及主城与外部的连接通道，使重庆交通得到了极大的改善；加之多座跨越长江、嘉陵江的跨江大桥，形成了独具重庆山城特色的交通网络系统（见图 2.26）。快速发展的城市交通打破了"山""江"阻隔，促进了重庆城市社会经济发展，大大提高了城市的现代化水平，使重庆成为我国城市交通越岭隧道和跨江大桥领域最具代表性的城市之一。

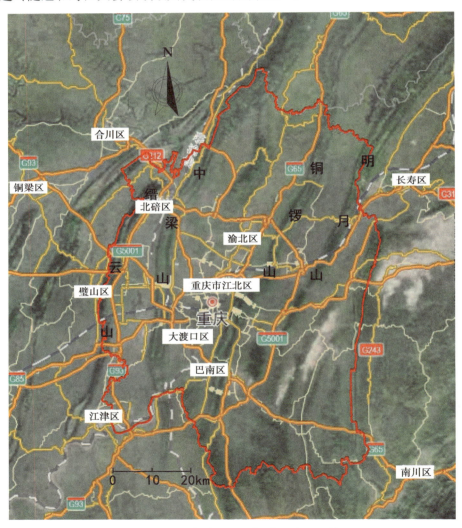

图 2.26　重庆主城"四山"地区交通网络图

2.6　隧道施工可能产生的环境影响及其解决方案

2.6.1　隧道施工可能引发的环境影响

隧道施工建设会不可避免地干扰和破坏周边环境，对环境的负面影响不容忽视。隧道施工可能对环境产生物理和化学两大方面的影响，以下进行简要概述。重庆"四山"地区的具体环境影响内容将在第 3 章作详细介绍。

1）物理影响

物理影响指隧道工程行为对生态系统中非生物组分的影响，表现为隧道（尤其是长大隧道）的施工可能打破地区地下水的动态平衡，致使地下水不正常排放，造成地下水资源大量流失，地下水水位下降，甚至导致地表水和一定深度内的地下水被疏干。例如井、泉、缝洞、暗河等不同程度的水量减少或消失、地表缺水、农作物减产、地面植被破坏等。过度排放地下水也会导致地面沉降、土体或岩洞塌陷等一系列次生环境问题。

2）化学影响

化学影响也是隧道工程行为对生态系统非生物组分的影响，与物理影响不同的是，化学影响的出现是伴随着化学反应的发生以及化学组分改变。根据环境因子的类型，隧道施工可能对水环境和土壤环境造成污染。

水环境污染的主要来源是施工设备漏油、隧道爆破后用于降尘的水、喷射水泥砂浆污染物泄露等，尤其是含有有害成分的加固剂，其泄露液对水环境的影响最为显著。地下水一旦遭受污染，再度净化要比地表水困难得多，污染物可随水入渗，进入地下水和土壤中，导致水土遭到污染破坏，间接影响人们身体健康。土壤污染主要是弃渣及隧道废水造成的，主要影响因素有弃渣成分、土壤吸附降解能力、气象条件等。

2.6.2　可采取的解决方案

目前，隧道工程的大量建设对生态环境存在着一定的影响，要实现隧道工程建设的可持续发展，必须采取有力措施促使隧道工程建设与生态环境保护协调发展。当前，隧道工程行为生态化理念已经越来越得到重视，该理念是在隧道工程设计、施工及运营过程中，将维持生态系统平衡作为指导思想，吸收、融合生态学理论，逐步把隧道子系统镶嵌到整个生态系统中，实现两个系统的结合。

1）全面勘察设计

注重科学规划，根据工程自身特点和工程影响区内的环境地质条件，采取适当的生态环境保护措施。在前期勘察过程中，加强对隧址区生态系统的调查，包括地形地貌、水文地质条件、水体质量、大气质量、噪声振动、生物资源等，为各设计阶段提供依据。在设计过程中，根据工程自身特点和工程影响区内的环境地质条件，在隧道位置选择、洞门设计、施工场地、弃渣场设计等方面都采取适当的生态环境保护措施。

2）注重施工过程

在施工过程中，坚持减少扰动，加强防护措施，建立必要的环境保护管理制度。保护水环境，采取切实有效的防水和防渗措施，对地下水处理采用从"以排为主"转变为"以堵为主、限量排放"的处理原则，对于施工污水可利用隧道洞口外自然地形，设置污水处理设施等。在施工过程中，还应在合理利用弃渣、减少噪声、降低空气污染、加强生物保护等方面采取有效处理措施。

3）加强后期管理

在后期运营过程中，协调隧道建设所带来的经济正面效应与环境影响的负面效应，不断总结经验并加以推广应用。

第3章　隧道工程诱发的环境地质问题

重庆的地质地貌环境制约着重庆市的拓展，而近代工程技术为重庆发展提供了新的思路，即桥隧建设技术为重庆交通拓展给出了新的方向。但对于重庆"四山"地区城市建设与人们生活的改善，开挖更多的隧道往往是交通建设最难的选择。这一选择却带来了十分严重的环境地质问题，包括区域地下水位下降疏干、地表水的漏失干涸、地表塌陷、植被干枯甚至是"四山"地区地热场的破坏。特别是随着重庆战略位置不断提升与成渝地区双城经济圈建设，重庆交通应该更加便利快捷，今后需要的隧道更多，而隧道开挖引起的地质灾害可能更加严重。

根据近 10 余年的资料积累、总结、研究与归纳，下文将对隧道建设引起的主要环境地质问题进行详细列举。

3.1　地下水位下降与疏干

地下水是地质生态环境的重要构成要素，地下水缺乏将对地质生态正常循环产生严重影响。地下水位是衡量地下水储存状态的重要指标。一般来说，地下水位至少是第四纪以来地壳变迁与稳定交互过程中产生的一个天然"标线"，它随季节波动，但其正常波幅不大。

如果周边环境地质突然改变，如矿洞、隧道的开挖、地下工程建设、人为形成更低排泄基准面，地下水位可能发生异常，打破地下水运动的平衡，使区域地下水位突然下降，导致地下水局部疏干。

3.1.1　隧道建设造成的地下水疏干特征

"四山"地区隧道工程分布状况在第 2 章已做详细论述。隧道的开挖，特别是横穿山脉，从地下直接穿越砂泥岩及山体核部灰岩地层，对地下水系统将产生巨大影响，相当于人为给大地"动脉"切了一道口子，让隧道附近范围的地下水迅速疏干，引起严重的地质生态环境问题。现对不同山体隧道疏排特征（隧道数据主要来源于《重庆市"四山"交通通道地质环境调查研究报告》）进行详细讨论。

1）缙云山地区

缙云山地下水丰富，在第 1 章介绍了整个缙云山地下水分布特征（见图 1.31），缙云山地区隧道开挖目前相对较少，共计有 11 条已建隧道，主要分布在青木关至拖木槽谷段和嘉陵江左岸（见图 2.13）。

隧道洞口标高总体在 260 ~ 320 m，分布于背斜两翼近坡脚位置。西山坪隧道（兰海高速）、新西山一、二号隧道主要穿切地层为 J_2s ~ J_2x，璧山隧道、成渝高铁隧道、石油隧道主要穿切地层为 J_2s ~ T_3xj，洞口涌水量 0 ~ 3.8 L/s，随降雨变化较为明显，久旱断流，出水量总体不大。部分隧道如成渝复线公路隧道和璧山至大学城公路隧道穿越 T_2l、T_1j 地层时，出水量明显增大，一般洞口涌水量达 15 ~ 65 L/s。

2003 年开挖建设的璧山至大学城公路隧道西侧洞口海拔 285 m，位于重庆市璧山区璧城街道；东侧洞口海拔 320 m，位于重庆市沙坪坝区曾家镇龙安村。整个隧道枯季流量达 120 L/s（见图 3.1、图 3.2），即每天约 10 368 m³ 地下水被疏干，如果是雨季，地下水流失可能还要增大数倍。

图 3.1　璧山隧道东侧出口　　　　　图 3.2　璧山隧道西侧入口

由于隧道开挖打破了原地下水的动态平衡，造成区域地下水位下降，形成大面积的疏干区。例如影响最为严重的马肚槽—青木关区域（见图 3.3），围绕 4 条开挖的隧道标高

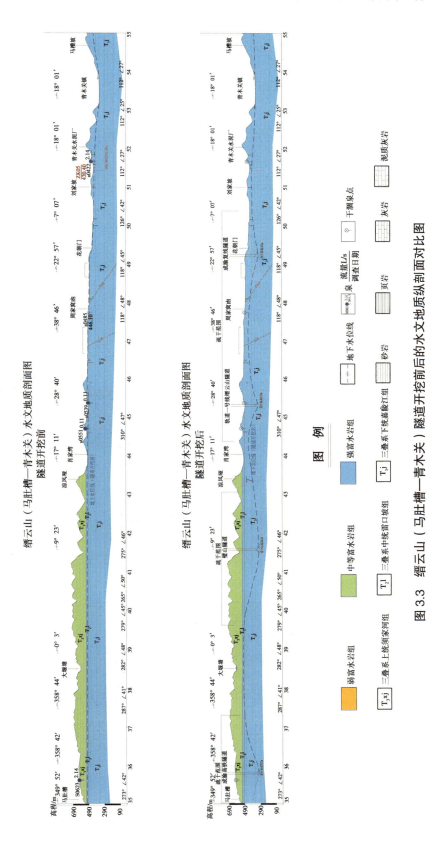

图 3.3　缙云山（马肚槽—青木关）隧道开挖前后的水文地质纵剖面对比图

形成了人工排泄基准面，分割出新的 4 个地下水单元，使得原始 1 个地下水单元变为新的 4 个地下水单元，总体平均地下水位下降 120 m。地下水位下降最大的璧山隧道，其轴线附近地下水位下降达 180 m。该段南北长度 20 km，其中疏干范围达 11.5 km。

2）中梁山地区

中梁山地区在隧道未开挖前地下水丰富，在第 1 章介绍了区内地下水分布特征（见图 1.33）。区内隧道开挖数量为"四山"之首，主要集中在嘉陵江以南—长江以北地区和长江以南的江津区，现分述如下。

（1）嘉陵江以南—长江以北区域（沙坪坝—九龙坡—大渡口）

该区是工作范围内受地下空间工程影响最为严重的区域。纵长 50 km 内分布有已建和在建隧道 17 条，隧道洞口 34 处（见图 2.16），该区域隧道洞口分布高程为 221 ~ 350 m，分布于背斜两翼近坡脚位置，分布地层为 J_2s ~ J_1z，主要穿越地层为 J_2s ~ P_2l，洞口涌水量 0 ~ 49.4 L/s。流量随降雨变化明显，暴雨后流量呈数倍增长。部分隧道出水已被利用作为附近居民生活用水，如华福路中梁山隧道排水（见图 3.4）大部分通过泵房抽取供中梁山槽谷居民使用，洞口排水沟水量较小。

图 3.4 华福隧道洞口出水

图 3.5 双碑隧道洞口出水

图 3.6 大学城公路隧道洞口出水

2010 年开挖建设的双碑公路隧道西侧洞口位于沙坪坝区西永镇香蕉园村,东侧洞口位于沙坪坝区双碑街道,施工期间隧道枯季流量达 282 L/s(见图 3.5),即每天约 24 365 m³ 地下水被疏干,如果是雨季,地下水流失可能还要增大数倍。

2003 年开挖建设的大学城公路隧道西侧洞口位于沙坪坝区土主镇团结村,东侧洞口位于沙坪坝区覃家岗镇梨树湾村,运营期间隧道枯季流量达 61 L/s(见图 3.6),即每天约 5 270 m³ 地下水被疏干,如果是雨季,地下水流失可能还要增大数倍。

(2)长江以南区域(江津区)

该区共分布隧道 3 条(图 2.16),隧道洞口分布高程为 256 ~ 312 m,涌水量为 0.3 ~ 4.02 L/s。流量随降雨变化明显,暴雨后流量呈数倍增长。

2003 年开挖建设的二环线中梁山隧道西侧洞口位于江津区珞璜镇顺江社区凉风村,东侧洞口位于重庆市江津区珞璜镇七星村,施工期间隧道枯季流量达 53 L/s(见图 3.7、图 3.8),即每天约 4 579 m³ 地下水被疏干,如果是雨季,地下水流失可能还要增大数倍。

图 3.7　二环线中梁山隧道西侧洞口　　　　图 3.8　二环线中梁山隧道东侧洞口

由于隧道开挖打破了原地下水的动态平衡,造成区域地下水位下降,形成大面积的疏干区。例如影响较为严重的嘉陵江—中梁镇区域(见图 3.9),围绕 9 条开挖的隧道标高形成了人工排泄基准面,分割出新的 6 个地下水单元,使得原始 1 个地下水单元变为新的 6 个地下水单元,总体平均地下水位下降 160 m。地下水位下降最大的渝武高速北碚隧道,其轴线附近地下水位下降达 260 m。该段南北长度 20 km,其中疏干范围达 14.5 km。

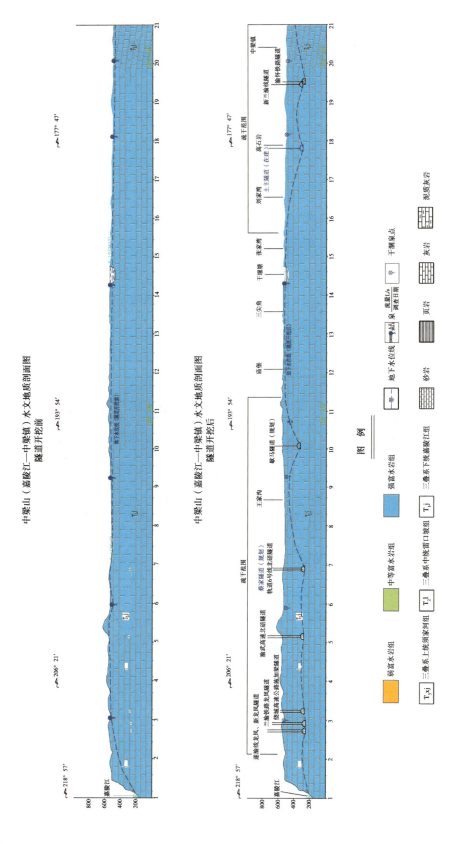

图 3.9 中梁山（嘉陵江—中梁镇）隧道开挖前后的水文地质纵剖面对比图

3）铜锣山地区

铜锣山地区在隧道未开挖前地下水丰富，在第 1 章介绍了区内地下水分布特征（见图1.36）。目前区内共有 16 条隧道（见图 2.20），已建成隧道 14 条，在建隧道 2 条。枯水期对这 16 条隧道进行了调查，区域内隧道洞口分布高程为 213.0 ~ 405.5 m。除月亮湾隧道外，各隧道的洞口均分布于背斜两翼半坡和近坡脚位置，主要穿越地层为 J_1zl ~ T_1j。调查期间洞口有涌水的隧道有 13 条，涌水量较大，一般为 2 ~ 44 L/s，最大是玉峰山隧道，为 267 L/s（见图 3.10、图 3.11）。根据走访及长期观测资料，流量常年较稳定，随降雨变化明显，暴雨后流量增长较大。

图 3.10　渝利铁路玉峰山隧道排水　　　图 3.11　外环高速玉峰山隧道排水

由于隧道开挖打破了原地下水的动态平衡，造成区域地下水位下降，形成大面积的疏干区。例如影响较为严重的余家湾—长江区域（见图 3.12），围绕 3 条开挖的隧道标高形成了人工排泄基准面，分割出新的 3 个地下水单元，使得原始 1 个地下水单元变为新的 3 个地下水单元，总体平均地下水位下降 90 m。地下水位下降最大的轨道 6 号线铜锣山隧道，其轴线附近地下水位下降达 180 m。该段南北长度 20 km，其中疏干范围达 7.5 km。

4）明月山地区

明月山地区在隧道未开挖前地下水丰富，在第 1 章介绍了区内地下水分布特征（见图1.39）。目前区内共有 10 条隧道（见图 2.23），已建成隧道 9 条，在建隧道 1 条。枯水期对这 10 条隧道进行了调查，区域内隧道洞口分布高程为 203.0 ~ 414.0 m。主要分布于明月山以下几个区段。

（1）长江以南区域

本区域位于背斜南端，地层主要为 J_2x ~ T_3xj。重点讨论 2 条隧道：长冲隧道、佛儿岩隧道。其中长冲隧道长 2 528 m，标高 320 ~ 340 m，枯水期隧道排水量约 6.2 L/s（见图3.13）；佛儿岩隧道为双向隧道，隧道长 2 382 m，标高 311 m 左右，枯水期隧道排水量共计 26.5 L/s（见图 3.14）。

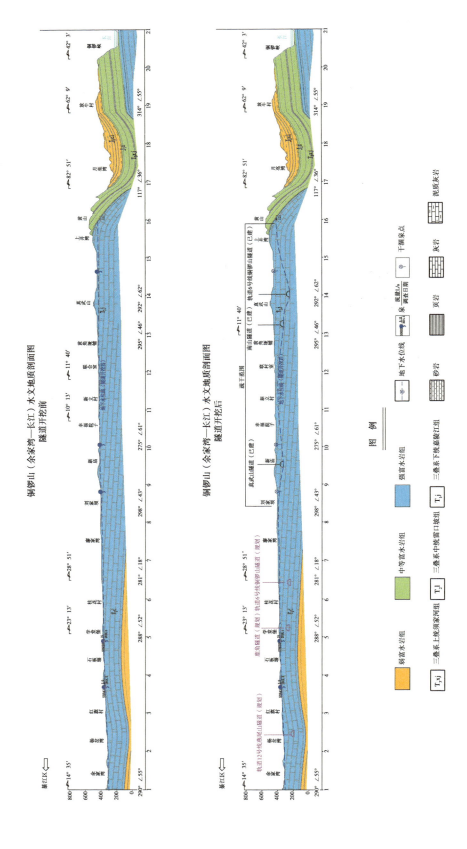

图 3.12 铜锣山（余家湾—长江）隧道开挖前后的水文地质纵剖面对比图

图 3.13　长冲隧道排水情况

图 3.14　佛儿岩隧道入口排水情况

（2）长江以北、御临河以南区域

本区域地层主要为 $J_2x \sim T_3xj$，北端有部分 T_2l、T_1j 地层。重点讨论 4 条隧道：明月山公路隧道、老黄家湾隧道、新黄家湾隧道、华山隧道。其中明月山公路隧道长 2 415 m，标高 274 ～ 326 m，枯水期隧道排水量约 13.5 L/s；新、老黄家湾隧道基本平行，紧邻御临河南岸，相距约 20 m，隧道长 3 100 多米，标高 220 m 左右，枯水期隧道排水量不大，均小于 4 L/s（见图 3.15、图 3.16）。

图 3.15　新黄家湾隧道排水情况

图 3.16　老黄家湾隧道排水情况

（3）渝北区排花洞—张关镇一带

该区域地表主要为一槽两岭地貌，在背斜山顶为 T_1j、T_2l 地层，往往形成灰岩槽谷，丘间灰岩洼地槽沟甚是发育，在条状低山两侧，坚硬的 T_3xj 长石石英砂岩构成脊状山。重点讨论 3 条隧道：华山隧道、渝利和渝万铁路排花洞隧道，并排分布于排花洞北岸约 3 km 范围内，紧邻地区最低排泄基点（排花洞暗河：190 m），隧道标高为 255.61 ～ 287.21 m，枯水期排水量一般为 0.3 ～ 3.5 L/s（见图 3.17、图 3.18）。

图 3.17　渝利铁路排花洞隧道排水情况　　**图 3.18　渝万铁路排花洞隧道排水情况**

（4）长寿区葛兰镇大井顶—垫江县新民镇一带

本区域地层主要为 $J_2x \sim T_2l$，南端有 T_1j 地层出露，分布有垫江—邻水隧道（见图 3.19）、梁忠高速明月山隧道（见图 3.20）两条隧道。其中垫江—邻水隧道长 6 562 m，标高 444 m 左右，上部为灰岩槽谷区，地形标高一般为 600 ~ 700 m，隧道对地下水疏干影响程度较大。梁忠高速明月山隧道两侧洞口排水量为 14.8 ~ 23.2 L/s。

图 3.19　垫江—邻水隧道　　　　　**图 3.20　梁忠高速明月山隧道右洞口**

由于隧道开挖打破了原地下水的动态平衡，造成区域地下水位下降，形成大面积的疏干区。例如影响较为严重的长江—老屋湾区域（见图 3.21），围绕 5 条开挖的隧道标高形成了人工排泄基准面，总体平均地下水位下降 50 m。地下水位下降最大的明月山公路隧道，其轴线附近地下水位下降达 110 m，地表疏干范围达 8.4 km。

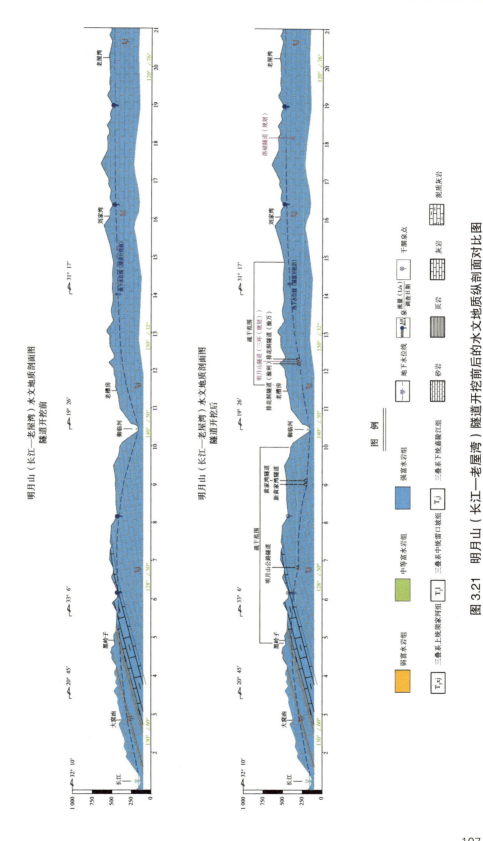

图 3.21　明月山（长江—老屋湾）隧道开挖前后的水文地质纵剖面对比图

3.1.2 人工井及天然泉等地下水疏干、断流特征

工作区内井、泉是区域地下水的地表表征，是判断区域内地下水水量及变化特征的一个重要依据，也是隧道工程建设疏干地下水的主要表现。现对工作区内因隧道修建致使井、泉干涸或减少的情况分述如下。

1）缙云山地区

根据《重庆市"四山"交通通道地质环境调查研究报告》（以下简称《报告》），缙云山地区分布主要井、泉、暗河出口等地下水点135个，其中灰岩区泉点总数70个，须家河组28个，侏罗系地层井、泉点37个（见表3.1）。分布高程最高605 m，为工作区北侧中部基岩裂隙水；最低高程219.6 m，为工作区南侧江津德感镇上家村长江北岸。主要井、泉暗河分布位置见图1.31。

表 3.1　缙云山地区井、泉分布地层统计表

分布地层	J₂s	J₂x	J₁₋₂z	J₁z	T₃xj	T₁j
点　数	8	9	5	15	28	70

缙云山地区隧道工程引起流量严重衰减（已不能满足当地居民正常使用）和干涸的井、泉点共计55处。该类泉点多分布在灰岩地层内，如：a. 青木关丁家龙洞大泉基本已断流；b. 青木关南侧至水天池一带（包括沙坪坝区青木关镇、璧山区璧城街道天池村）受隧道施工开挖影响大部分泉点已干涸；c. 江津区德感镇红豆村一带受煤矿采空区影响，部分泉点早已断流干枯。

在灰岩区干涸的井、泉点仅在雨季或者暴雨后有水流出，雨后3 ~ 10天迅速干涸。如已断流的青木关镇丁家龙洞大泉仅在暴雨期有水流出（见图3.22），但雨后5 ~ 10天流量迅速衰减并断流（见图3.23）。

图 3.22　暴雨期的丁家龙洞大泉　　　　图 3.23　暴雨后丁家龙洞大泉断流

须家河地层中隧道两侧 0.5 ~ 1.5 km 范围内,以及地下矿山范围内,部分泉点尚未完全干涸,但水量也大幅减少,一旦连续干旱,一段时间以后就会造成当地居民饮水困难。此类泉点共计 28 处,为影响中等点。

而分布在缙云山两侧侏罗系地层中的部分井、泉点流量较之历史流量,基本变化不大,或有少量的减少,但对当地人民生活生产用水问题影响较小。此类泉点共计 37 处,为影响一般点。

2）中梁山地区

根据《报告》,中梁山地区分布主要井、泉、暗河出口等地下水点 278 个,其中岩溶区泉点调查总数 179 个,须家河组 44 个,侏罗系地层井、泉点 55 个(见表 3.2)。分布高程最高 1 105 m,为工作区北侧二叠系岩溶水;最低高程 162 m,为嘉陵江右岸暗河出口。主要井、泉暗河分布位置见图 1.33。

表 3.2　中梁山地区井、泉分布地层统计表

分布地层	J_3s	J_2s	J_2x	$J_{1-2}z$	J_1z	T_3xj	T_2l	T_1j	T_1f	P_1-P_2
点　数	14	19	3	14	5	44	7	131	33	8

其中,流量严重衰减(已不能满足当地居民正常使用)和干涸的井、泉点共计 94 处。该类泉点多分布在岩溶地层内,主要分布在:

①嘉陵江以北西槽谷天府镇—杨柳坝一带,东侧槽谷影响较小;

②嘉陵江南岸—华福隧道一带,包括北碚区、沙坪坝区歌乐山镇、中梁镇以及受中梁山煤矿影响的九龙坡区部分村镇;

③江津区兰花 1 号隧道、渝襄铁路隧道、重庆二环中梁山隧道两侧 1 ~ 1.5 km 范围内。

以上区内的井、泉点流量大多完全干涸,仅在雨季有水流出,雨后 3 ~ 15 天迅速干涸。分布泉点有水流出,但流量小于以往的 20%,已不能满足当地居民正常使用。如沙坪坝区余家湾水库北岸泉点,为该水库主要水体补给源,2010 年水量充沛(见图 3.24),以后陆续修建了轨道一号隧道和双碑隧道,流量迅速衰减,2013 年 7 月已完全干涸(见图 3.25)。

图 3.24　余家湾暗河(2010 年水量充沛)

图 3.25　余家湾暗河(2013 年干涸)

区内部分泉点尚未干涸，但水量减少过半，连续干旱一段时间以后就会造成当地居民饮水困难，本次工作共调查此类泉点 44 处，该类井、泉点为影响中等点。多分布在岩溶槽谷区水体疏干严重的区域两侧 1 ~ 3 km 范围，须家河地层中隧道两侧 0.5 ~ 1.5 km 范围内，以及地下矿山范围内。部分井、泉点流量较之历史流量，基本无变化，或有少量的减少，但对当地人民生活生产用水问题影响较小。此类泉点 140 处，该类井、泉点为影响一般点。

3）铜锣山地区

根据《报告》，铜锣山地区分布主要井、泉、暗河出口等地下水点 180 个，其中岩溶区泉点调查总数 127 个，须家河组 21 个，侏罗系地层井、泉点 32 个（见表 3.3）。分布高程最高 692 m，为工作区北侧嘉陵江组岩溶水；最低高程 220 m，为巴南区箭滩河北岸暗河出口。主要井、泉暗河分布位置见图 1.36。

表 3.3　铜锣山地区井、泉分布地层统计表

分布地层	J_3s	J_2s	J_2x	J_1zl	J_1z	T_3xj	T_2l	T_1j	T_1f
点　数	13	8	3	6	2	21	9	111	7

其中，流量严重衰减（已不能满足当地居民正常使用）和干涸的井、泉点共计 6 处。该类泉点多分布在岩溶地层内，主要分布在：

①渝北区玉峰山镇关兴场所在的玉峰山隧道两侧 1 ~ 3 km，其中北侧较为严重，且影响范围较大，包括旱土村以及石船镇大田村、石壁村、关兴村等；

②南岸区南山街道慈母山隧道、南山隧道、轨道 6 号线铜锣山隧道等隧道两侧 0.5 ~ 2 km。

这些区域内的井泉点大多完全干涸或流量极低，仅在雨季大雨后才能短期出水，且在 3 ~ 10 天内水位恢复到降雨前的较低水平，已不能满足当地居民正常使用。

以上区内的井、泉点流量大多完全干涸，仅在雨季有水流出，雨后 3 ~ 15 天迅速干涸。分布泉点有水流出，但流量小于以往的 20%，已不能满足当地居民正常使用。如渝北区石船镇关心村干打丘处水井，在 2006 年之前水量丰富，四季不干，玉峰山隧道修建后水量逐渐减少，目前已完全干涸（见图 3.26）；再如南岸区南山街道联合村龙文社水井，2012 年之前水量丰富，之后由于南山隧道修建水量开始减少，目前已干涸（见图 3.27）。

图 3.26　关心村水井已干涸　　　　　　图 3.27　龙文社水井已干涸

区内部分泉点尚未干涸，但水量减少过半，连续干旱一段时间以后就会造成当地居民饮水困难，此类泉点 11 处，该类井、泉点为影响中等点，分布在岩溶槽谷区隧道两侧 3 ～ 6 km 范围。

部分井、泉点流量较之历史流量，基本无变化，或有少量的减少，但对当地人民生活生产用水问题影响较小。此类泉点 163 处，该类井、泉点为影响一般点。

4）明月山地区

根据《报告》，明月山地区分布主要井、泉、暗河等地下水点 207 个，其中 T_2l、T_1j 地层 126 个，T_3xj 地层 29 个，J_2s ～ J_1z 地层 52 个（见表 3.4）。主要井、泉暗河分布位置见图 1.39。

表 3.4　明月山地区井、泉分布地层统计表

分布地层	J_2s	J_2x	$J_{1-2}z$	J_1z	T_3xj	T_2l、T_1j
点　数	14	8	17	13	29	126

其中水量严重减小甚至干枯，不能满足当地居民正常生活用水的地下水点 79 个，主要分布在：

①南岸区五宝镇—御临河一带。该范围内主要分布地下水点 18 处，包括灰岩泉点及基岩裂隙水泉点。这些泉点以前均常年不干，雨时略干，现在大部分已经干枯，或水量小于 0.035 L/s。

②御临河—渝北区洛碛镇太洪村陈家沟一带。该范围内主要分布地下水点 32 处，包括灰岩泉点及基岩裂隙水泉点。这些地下水点以前均常年不干，流量较稳定或雨后增大数倍，现在大部分已基本处于干枯状态，或水量较小，连晴一周即断流。

③垫江县澄溪镇—垫江农场一带。该范围内主要分布地下水点 29 处，均为灰岩泉点。这些地下水点以前均常年不干，流量雨后增大 1 ～ 2 倍或数倍，现在大部分已处于干枯状

态，其余地下水点水量都减小 70% 以上。

水量减小明显，但尚能满足当地居民正常生活用水的地下水点 61 个，主要分布在：

①渝北区洛碛镇太洪村陈家沟—土新村夏家凼一带。包括灰岩泉点及基岩裂隙水泉点，这些泉点以前均常年不干，流量较稳定或雨后增大数倍，现在流量减小 30% ~ 50%；

②长寿区—垫江县—梁平区范围内。主要为基岩裂隙水泉点。这些泉点以前均常年不干，流量雨后增大数倍，现在久旱时水量有所减小。

水量基本不变或减小不明显，不影响当地居民生活用水的地下水点 67 个，大多终年不干，随季节变化不大，雨后流量可增大几倍。主要分布在背斜两翼红层中或未受人类工程活动影响的槽谷区。

3.2 地表水漏失、干涸

地表水漏失疏干主要指原始水量丰富的天然池塘、沟溪或人工水库，其储水或流水突然消失，甚至永远干枯，也就是说天然池塘、沟溪或人工水库中的水大量地渗入地下，彻底失去储水或流水功能。"四山"地区以灰岩与砂泥岩互层为主，嘉陵江组灰岩为该地区主要缝洞含水层。须家河组砂泥岩为裂隙孔隙相对富含水层。在 1.2 和 1.3 节中已较为详细地讨论了"四山"地区的地下水"补、径、排"条件，划分出了各含水地下水单元与展布系统。第 2 章则介绍了"四山"已建、在建及拟建地下隧道工程。现对"四山"地区漏失情况进行系统讨论。

3.2.1 缙云山地表水漏失

缙云山地区在人工隧道未开挖建设前，该区地表水系发育。据统计，区内重要池塘、水库点 59 个，溪沟点 31 个，共计地表水点 90 个（见图 3.28）。分布高程为 234.6 ~ 531.4 m。地表水水点大多（60% 左右）在不透水的侏罗系砂泥岩地层中，少部分（30% 左右）分布在表层缝洞系统被松散砂泥物质填堵严实的灰岩区。各水点分布的具体地层见表 3.5。其中灰岩喀斯特地貌地区地表水点有 32 个，须家河组 10 个，侏罗系地层地表水点 48 个。

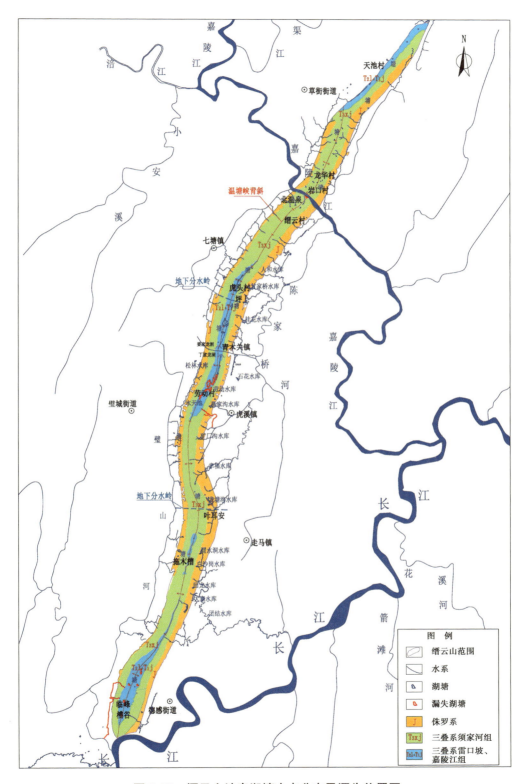

图 3.28　缙云山地表湖塘水点分布及漏失位置图

表 3.5　缙云山地区地表水点分布地层统计表

分布地层	J_2s	J_2x	$J_{1-2}z$	J_1z	T_3xj	T_2l	T_1j
点　数	11	6	23	8	10	0	32

根据现场访问调查与对比相关专业历史资料，缙云山地区曾有的地表天然与人工湖塘水量严重衰减，已不能满足当地居民正常使用。现已干涸的池塘水库点有 5 处，溪沟点 3 处。该类水库湖塘多分布在灰岩发育的槽谷中，以灰岩泉、井为主要补给源，在地势低洼地段形成，主要分布在靠近青木关南侧成渝复线隧道一带，以及缙云山南侧临峰槽谷内的江津区德感镇红豆村一带。其中，在江津德感镇红豆村，地表水体因 20 世纪 80 年代采煤诱发大规模地面塌陷，造成水库湖塘漏失，区内水库实际上早已干涸。只有时间持续较长的雨季，特别是暴雨季节，湖塘水库中才有少量水储积，一般雨后 3 ~ 10 天内迅速干涸。

目前仍存在的地表水体，比如沙坪坝区青木关镇劳动水库，其储水量也大大减少，仅能维持原有储水量的一半左右（见图 3.29、图 3.30）。

图 3.29　青木关镇赖家槽水库，现已干涸

图 3.30　青木关劳动水库，现蓄水量大量减少

3.2.2　中梁山地表水漏失

中梁山地区在人工隧道未开挖建设前，该区地表水系发育。区内重要池塘、水库点 58 个，溪沟点 40 个，共计地表水点 98 个。分布高程 230 ~ 845 m。其中灰岩区地表水点有 26 个，须家河组 37 个，侏罗系地层中地表水点 35 个。各地表水点具体分布地层见表 3.6。分布位置见平面图 3.31。

表 3.6　中梁山地区地表水点分布地层统计表

地　层	J_3s	J_2s	J_2x	$J_{1-2}z$	J_1z	T_3xj	T_2l	T_1j	T_1f	P_1-P_2
点　数	1	18	3	11	2	37	0	24	1	1

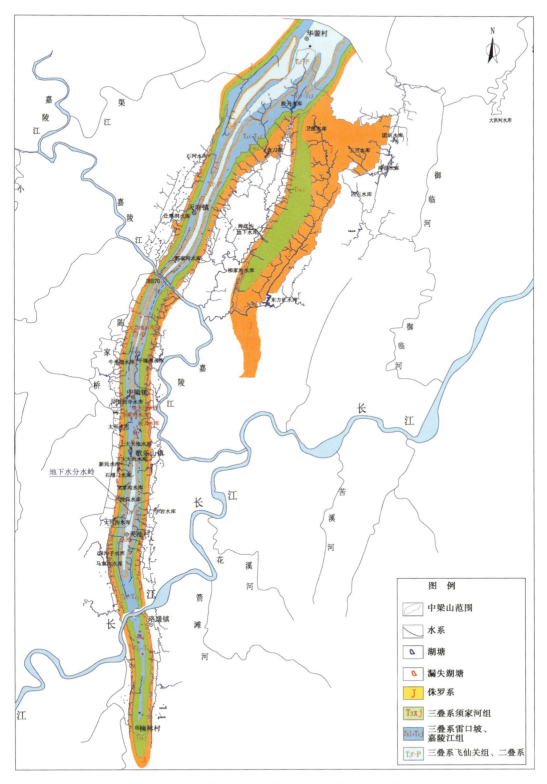

图 3.31　中梁山地表湖塘水点分布及漏失位置图

　　根据研究统计及对比历史水文地质资料，中梁山地区的地表水体漏失比缙云山地区更为严重。经核实，水量严重衰减且已不能满足当地居民正常使用，直接干涸的池塘水库点达16处，溪沟点3处。这类地表水体多依靠地下水补给，多分布在灰岩槽谷厚层黏土覆盖区。如嘉陵江以北的西槽谷天府镇—杨柳坝一带，其中东槽谷影响较小；嘉陵江南岸—华福隧道一带，人类工程活动最为密集，不但受早期中梁山煤矿开挖影响，而且更有近期横切直穿地下灰岩的隧道开挖建设，为地表水体漏失疏干提供了地下通道。地表水体漏失重点涉及范围有北碚区、沙坪坝区歌乐山镇、中梁镇以及仅受中梁山煤矿影响的九龙坡区部分村镇。另外，临近江津区兰花1号隧道、渝襄铁路隧道、重庆二环中梁山隧道两侧1 ~ 1.5 km范围内的地表水体均受严重影响。在以上范围的湖塘水库等地表水体大多完全干涸，部分湖塘水库仅在持续降水的雨季有少量水能短时间储存，雨后3 ~ 15天迅速干涸。

　　地表水体漏失比较典型的事例应该是沙坪坝区余家湾水库。水库建成后主要储集来自嘉陵江南岸灰岩区的缝洞管道水，水从上游灰岩洞口泄出，水量达10 ~ 30 L/s，为歌乐山镇槽谷区内一重要水源地，供当地居民灌溉、生活用水。2010年之前该水库水量充沛，如图3.32（a）、（b）所示。2010年因轨道一号隧道和双碑隧道先后修建，区内地下水被不断疏干，灰岩区缝洞管网水水位急速下降，不但造成水库源头补给区断流，而且还造成水库底部陆续出现多处塌陷，致使已储存的库水也严重漏失。目前水库已基本干涸〔见图3.32（c）、（d）〕。

（a）2006年余家湾水库水量充足，未　　　　（b）2009年余家湾水库水量充足，未发
　　　发生漏水情况　　　　　　　　　　　　　　　生漏水情况

（c）2011年12月余家湾水库发生3个　　　　（d）2013年3月余家湾水库发生塌陷共计
　塌陷坑，并发生漏水，水位下降明显　　　　　18个，水库几乎干涸

图3.32　余家湾水库历史对比

另一典型水库漏失案例则是凌云水库。它位于沙坪坝区歌乐山镇一带的东槽谷内，根据歌乐山高风险城镇调查项目提供资料显示，该水库 2006 年储水性能良好，水量充足，从未发生过漏水现象。但因双碑隧道、轨道一号线、新兰渝线等隧道的建设，2011 年 4 月凌云水库后缘开始发生塌陷，通过塌陷坑，水体开始漏失。2011 年至 2012 年水库后缘产生的塌陷坑坡不断坍塌、扩大、加深，至 2013 年凌云水库几乎干涸，目前仅剩坝下少量积水，但总水量不到原水库容量的 1/20（见图 3.33）。

（a）2006 年凌云水库水量充足

（b）2011 年 4 月凌云水库水库发生塌陷，水体漏失严重

（c）2013 年水库内塌陷坑不断垮塌

（d）2013 年水库内原来常年水淹的地方已成为旱地

图 3.33　凌云水库历史对比

除了以上地表水体严重漏失点外，还有 8 处湖塘水库、8 处溪沟点属于中等漏失区。因部分补给源头泉点尚未完全干涸，水库仍可部分存储，但储存水量减少过半，连续干旱一段时间以后就会造成当地居民饮水困难。

目前地表水体几乎不漏失的湖塘水库仍有 34 处，溪沟点 29 处。水体补给源区的井、泉点流量较之历史流量，基本无变化，或有少量的减少，对当地民众生活生产用水问题影响较小。

3.2.3 铜锣山地表水漏失

铜锣山地区在人工隧道未开挖建设前，该区地表水系发育。区内重要湖塘、水库点 43 个，溪沟点 10 个，共计地表水点 53 个。分布高程 200～580 m。其中灰岩区地表水占 27 个，须家河组 5 个，侏罗系地层地表水点 21 个。各地表水点所在地层见表 3.7。

表 3.7 铜锣山地区地表水点分布地层统计表

地 层	J₃s	J₂s	J₂x	J₁zl	J₁z	T₃xj	T₂l	T₁j	T₁f	P₁–P₂
点 数	3	8	3	3	4	5	0	27	0	0

结合当地民众反映以及历史水文地质资料记载，铜锣山地区水量严重衰减（已不能满足当地居民正常使用）和干涸的池塘水库点共计 2 处。分布在黏土层覆盖较厚、堵塞严实的灰岩地层区，早期储水性能良好。但因公路隧道的密集开发，改变了原始地下水流场，致使发生严重漏失。如渝北区玉峰山镇关兴场所在的玉峰山隧道影响严重，范围可达隧道两侧 1～3 km，其中北侧更为严重；慈母山隧道、南山隧道、轨道 6 号线铜锣山隧道、大岚垭隧道等对隧道两侧 0.5～2 km 范围产生严重影响。以上区域内的地表水体大多完全干涸或长期保持极低水位，仅在雨季大雨后才能短期蓄水恢复水位，但在 3～10 天内水位下到降雨前的较低水平，已不能满足当地居民正常使用。

铜锣山较为典型的漏失水库则是南岸区涂山湖水库（见图 3.34）。该水库位于轨道 6 号线铜锣山隧道南侧 1.0 km 处，水库面积约 6.6 万 m²，水面高程约 430 m，蓄水约 52 万 m³；库区下覆地层为三叠系下统嘉陵江组灰岩，边缘有暗河，底部有落水洞。2013 年以前水量充沛［见图 3.34（a）］，6 号线铜锣山隧道修建后，涂山湖水库于 2013 年 2 月出现漏水现象，水库底部陆续出现 6 个塌陷坑，现北半部已完全干枯［见图 3.34（b）］，南半部分通过堵水，尚有部分库容，但水位相比之前明显下降。目前该水库已进行了相应的水库堵水工程，其蓄水能力逐渐恢复。

（a）2013 年前涂山湖水库水量充足，未漏水　　　（b）2013 年后涂山湖水库严重漏水，水库干涸

图 3.34 涂山湖水库历史对比

另一较为典型的水体漏失点是玉峰山镇关兴场塘湾水天池。它位于背斜轴部嘉陵江组地层中，在 2008 年以前水量充沛，常年水量稳定（见图 3.35），是附近居民生产生活的重要水源地，自 2008 年外环高速玉峰山隧道竣工后开始出现严重漏失，据走访当地群众，水天池近两年来已基本干涸，仅大雨后短期蓄水，并迅速干涸。

（a）2008 年前，水天池水库水量充足　　　　（b）2011 年 4 月水天池后缘发生塌陷，水体漏失

图 3.35　水天池水库历史对比

区内部分泉点尚未干涸，但水量减少过半，连续干旱一段时间以后就会造成当地居民饮水困难，此类池塘、水库点发现 1 处，为影响中等点。例如位于铁山坪的新坪水库是周边居民的饮用水水源地，2000 年前后受铁山坪隧道施工影响，水位开始下降，雨季难蓄水，水库水位随季节变化，但水量较为稳定（见图 3.36）；2011 年开始，受渝万铁路隧道施工影响，水位进一步下降，降幅达 2 ～ 3 m，局部基岩出露，已对周边居民生产生活用水造成了一定影响。目前，该水库经过人工修复，逐渐恢复部分蓄水功能。

（a）2000 年前的新坪水库　　　　（b）2013 年新坪水库水位下降明显

图 3.36　新坪水库水库历史对比

铜锣山隧道开挖对水体影响一般点有池塘水库点 40 处，溪沟点 10 处。部分井、泉点流量较之历史流量，基本无变化，或有少量的减少，对当地人民生活生产用水问题影响较小。

3.2.4 明月山地表水漏失

在人工隧道未开挖建设前，该区地表水系发育。区内重要地表水点 67 个，其中水库 28 个、堰塘 7 个、溪沟 32 个。分布高程 210 ~ 690 m。其中灰岩区地表水占 37 个，须家河组 9 个，侏罗系地层地表水点 21 个。它们之中水量减少严重，基本干枯或断流的地表水点有 20 个。各地表水体所在地层见表 3.8。

表 3.8 明月山地区地表水点分布地层统计表

地 层	J_3s	J_2s	J_2x	J_1zl	J_1z	T_3xj	T_2l	T_1j	T_1f	P_1-P_2
点 数	0	11	2	4	4	9	0	27	4	6

（1）江北区五宝镇—御临河一带

该范围内调查地表水点 9 处，其中溪沟点 7 个、堰塘点 2 个。溪沟主要为地表水及山坡上基岩裂隙水汇聚合流而成，由大气降雨补给，流量稳定，雨后可增上百倍，并且常年不干。堰塘也主要由降雨及冲沟零散基岩裂隙水汇集而成，以前常年不干，供灌溉或附近居民使用。自从隧道建设后，溪沟数量骤减，干旱一周至半个月后即断流，堰塘基本处于干枯状态。

（2）御临河—渝北区洛碛镇一带

地表水点 9 处，其中溪沟点 3 个、堰塘点 2 个。溪水主要为地表水及山坡上基岩裂隙水汇合而成，受大气降雨补给，据访问以前常年不干，雨后可增大数百倍。堰塘主要储存基岩裂隙水，地下水受大气降雨补给，以前可正常蓄水。隧道建设与运营期间溪沟水量小，基本处于干枯状态，而堰塘已不能蓄水。

（3）垫江县澄溪镇老鹰寨—垫江县新民镇竹林湾一带

水库 7 个，均为附近场镇生活用水、农田灌溉及工矿企业用水的水源地，据调查访问，现在水库水位普遍下降 2 ~ 5 m。

（4）长寿区—垫江县—梁平区

尚能满足当地居民正常生活用水的泉点 7 个，水量明显减少。这些溪水主要为降水及山坡上基岩裂隙水汇合而成，以前常年不干，流量稳定，雨后可增大数百倍。堰塘主要由降雨汇集及冲沟零散基岩裂隙水补给而成，以前常年不干，供灌溉或附近居民使用。

水量基本不变或减少不明显的地表水点 40 个，主要分布在背斜两翼红层中或未受人类工程活动影响的槽谷区。

3.3   地面塌陷与地面工程的破坏

地表水漏失、地下水疏干是地面塌陷产生的原动力,是自然历史过程中形成的天然地下水"补、径、排"平衡条件彻底打破的结果。"四山"地区地下水"补、径、排"平衡条件的打破经历两个阶段:第一个阶段是 20 世纪 40—80 年代的大规模煤矿及其他地下矿产的开挖,第二阶段则是更为严重的穿切背斜核部灰岩地层的穿山隧道的密集,且无预处理措施的开挖与建设。已造成了几乎不可逆的地质生态环境的破坏。

从总体塌陷分布图(见图 3.37)可以看出,塌陷区主要分布在"四山"地区的构造核部的灰岩地区。"四山"除中梁山清凉庵东侧发现一处基岩塌陷,应属底部基岩灰岩洞穴塌陷直接导致顶层须家河组砂岩塌陷之外;其余数百个塌陷均为土体塌陷,应属埋藏灰岩洞穴中的填充物吸蚀后致使填充土下陷。"四山"地区具体塌陷特征将在下文分别讨论。

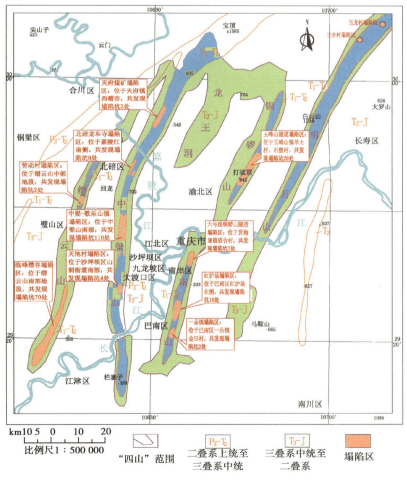

图 3.37   总体塌陷分布图

3.3.1 缙云山地面塌陷

缙云山地区存在的塌陷全为土体塌陷，没有引起建筑物破坏，主要集中在灰岩槽谷中，大多表现为槽谷中覆盖在灰岩顶面的"土体陷落"，即土体塌陷，一般土体覆盖较厚。据统计，较明显的塌陷点（带）共计 69 处，形成的塌陷坑超过 75 处，主要分布在以下两个区域（见图 3.38）。

①劳动村塌陷区。该区主要受成渝复线隧道建设诱发，发现塌陷坑 2 处，呈椭圆形，直径为 2 ~ 4 m，可见深度为 2 ~ 3 m。

②临峰槽谷塌陷区。该区主要受两侧煤矿越层开采和北侧石油隧道建设诱发，塌陷主要分布于江津德感镇红豆村及临湖村，发现塌陷坑 70 处，大部分呈圆形或椭圆形，直径为 2 ~ 8 m，可见深度为 2 ~ 6 m。

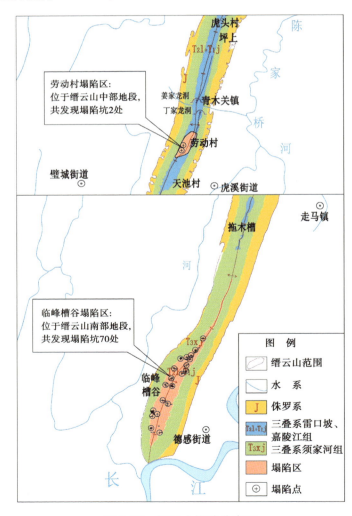

图 3.38　缙云山塌陷分布图

以上塌陷坑的大规模塌陷时间主要从 20 世纪 80 年代初开始，主要分布在缙云山临峰槽谷两侧的挖槽沟煤矿、花土沟煤矿及丁家沟煤矿附近。在 20 世纪 70 年代末，煤矿大量开采建设，引发地表水漏失、地下水疏干。随着煤矿在 2000 年左右逐年关闭，近几年时间新增出现的塌陷较少，仅在原塌陷集中处新增塌陷 3～5 处，且新塌陷规模较小，一般直径为 1～2 m，深 1～3 m。在青木关槽谷中也有分布，仅见 2 处。塌陷多分布在土层分布较厚的区域，直径多小于 5 m，可见深度一般为 2～5 m，以背斜西翼为主，它们与地下水疏干有对应关系（见图 3.38）。

地面塌陷除与煤矿开采、隧道开挖有关外，还与矿坑隧道内部环境变化有关，如矿坑隧道的突水、涌水、涌泥等。另外它也与气候条件的突变有关，如长期干旱与暴雨突发，都会引起强烈的塌陷。一旦塌陷形成，在大多情况下塌陷逐渐变为弱稳定，继续扩大和发展的很少。

3.3.2　中梁山地面塌陷

中梁山地区是地质环境影响最严重区，地表水漏失、地下水疏干最严重，导致其塌陷也最严重。

该地区土体塌陷较为复杂，虽然类似缙云山塌陷分布在厚层土体覆盖的灰岩区，但塌陷规模程度存在很大区别。例如嘉陵江以南的北碚区、沙坪坝区歌乐山镇、中梁镇一带的灰岩槽谷中，截至 2018 年，土体塌陷区 17 处，塌陷坑超过 130 个。而北碚区天府镇较少，塌陷区 1 处，塌陷坑仅 3 个（见图 3.39）。

区内土体塌陷原因除了历史上的煤矿开采外，主要为近数 10 年的隧道开挖与建设对地下水大范围的疏干。例如歌乐镇和中梁镇是区内隧道分布最为密集的地段，地下水的疏干尤为严重。因为歌乐山东西灰岩槽谷开阔，面积巨大，灰岩纯，处于构造背斜核部，刚性纵横向及 X 形构造裂隙节理十分发育，对水流冲刷、溶蚀十分有利，加之汇水条件好，为灰岩早期地下缝洞管网系统的发育创造了极佳条件。因而早期的灰岩中大型落水洞、缝洞管网及地下管道暗河应该十分发育。经后期地表水流带来的土砾大量充填，导致灰岩槽谷中的落水洞、洼地、漏管大量堵塞，致使在灰岩槽谷能有天然与人工地表水体存在，如位于歌乐山镇的凌云水库、七水田、余家湾水库、普照寺水库等。但这些地表水体却因地下隧道的开挖而漏失疏干，进而导致地下水位区域性下降与土体塌陷产生。

这些塌陷主要集中分布在与横向冲沟交汇地带和槽谷中地势低洼地带，这些地带也是地表水或地下水集中汇集的重要节点位置。塌陷又进一步导致地表水漏失，甚至完全失去储水功能，导致地下水位进一步疏干，恶性循环加剧。

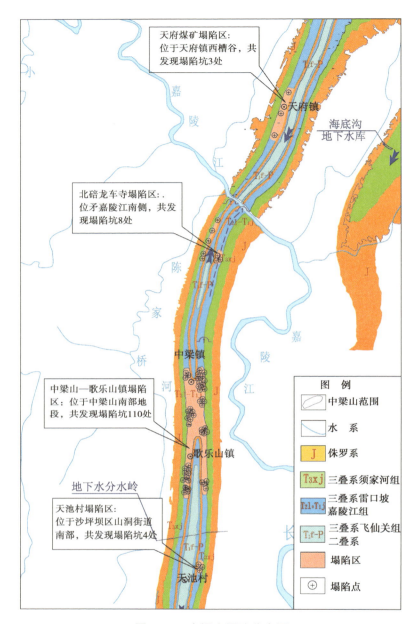

图 3.39 中梁山塌陷分布图

根据进一步的分类研究表明，地表塌陷主要分布在嘉陵江组一段、二段，其次分布在嘉陵江组三段、四段和飞仙关组三段可溶岩分布区，详见表 3.9。

表 3.9 中深山地区塌陷与地层分布情况一览表

分布地层	T_1j^1	T_1j^2	T_1j^3	T_1j^4	T_1j^3—T_1j^4	T_1f^3	合计／个
个　　数	42	32	25	26	1	5	131

在地面土体塌陷的灰岩区附近，地表覆盖的土层较厚，多为红黏土或次生红黏土。这种现象说明槽谷区在地质历史上有过长期水流作用与地表暴露的风化作用，而使洞缝管道系统十分发育的灰岩在表层大面积堵塞覆盖，降雨汇水下渗缓慢，地表土层不但不被迅速冲蚀与剥蚀，而且还不断加厚，形成生态环境地质的良性循环。但由于历史上的矿产地下开发，特别是密集的公路铁路隧道建设，打破了地质生态环境的平衡，进而导致了早期被堵塞的灰岩缝洞管网系统的节点处覆盖填充的土体陷落形成塌坑。

地质历史记录资料表明，中梁山地面塌陷的发生发展与区内的人类地下工程活动，尤其是隧道建设密切相关，具体表现在以下几个方面：

①自 1971 年 1 月襄渝铁路隧道动工，1971 年 10 月调查评价区内开始出现水位下降、井泉流量减少及干枯现象，1972 年 1 月开始出现地面塌陷现象，大量的地面塌陷一直持续到 1974 年，因随后进行了治理（填埋），现能调查访问到的该段时间内发生的地面塌陷有 23 处。

② 2004 年 1 月遂渝高速公路大学城隧道动工，2004 年 9 月至 2005 年 1 月，区内干枯及流量减少的井泉进一步增加，同时发生 5 处地面塌陷。

③ 2009 年 3 月 14 日轨道一号隧道动工，2010 年 10 月 20 日以来，歌乐山镇金刚村龙塘坎也发生 6 处直径 3 ~ 6 m 的地面塌陷灾害。

④2011 年 4 月以来，歌乐山镇凌云水库发生 4 处直径 5 ~ 18 m 的地面塌陷(见图 3.40)。

⑤ 2012—2018 年，随着双碑隧道、成渝客运专线中梁山隧道、歇马隧道等大量隧道的修建，歌乐山镇和中梁镇的塌陷数量和密度明显增加，甚至出现了部分室内地面塌陷的情况（见图 3.41）。

总之，随着隧道的不断建设，地面塌陷也不断发生，形成了区内的主要地质灾害问题。

图 3.40　凌云水库沟槽状塌陷

图 3.41　室内地面塌陷

土体塌陷坑形态和大小各异，坑体平面形态多呈椭圆形和似圆形，一般直径为 3 ~ 6 m，最大直径为 20 m。空间形态多呈漏斗形状，一般可见深度为 2 ~ 5 m，最深达 30 m。按塌陷土体直径大小分为 3 类：

①塌陷直径 > 10 m：调查区域内发育有 6 处，直径为 13 ~ 20 m，约占总数的 7%。

②塌陷直径 5 ~ 10 m：一般直径为 5 ~ 8 m，区域内发育 40 处，约占总数的 49%。

③塌陷直径 < 5 m：一般直径为 2 ~ 3.5 m，区域内发育有 36 处，约占总数的 44%。

3.3.3 铜锣山地面塌陷

铜锣山地区地面塌陷 13 处，塌陷坑 40 余个（见图 3.42）。塌陷主要集中分布于铜锣山槽谷地带，出露地层均为嘉陵江组灰岩地层。塌陷分布较为集中的主要有以下 3 个区域。

①长江以北玉峰山塌陷区。该区为外环高速玉峰山隧道修建诱发，塌陷点位于玉峰山镇旱土村、石壁村、关口村，分布区面积约 5 km²。

② 6 号线铜锣山隧道通过区（南山森林公园和南山街道）。该区为槽谷汇水区，下覆嘉陵江组灰岩。塌陷点主要分布于涂山湖水库、黄桷垭镇联合村。

③铜锣山岩溶槽谷区及巴南区南泉镇至一品镇区域。该区灰岩洞缝较为发育，地下径流、暗河纵横交错。在自然状态下，地下水位下降导致土体下陷发生，形成落水洞，构成地下暗河天窗。

铜锣山地区地面塌陷主要集中于洼地农田处，覆土较厚。其形态和大小各异，塌陷平面多呈椭圆形、圆形、U 字形，空间多呈 V 形、漏斗状。平面面积主要为 5 ~ 100 m²，可见深度为 1 ~ 6 m；少数塌陷坑规模较大，如巴南区一品镇金田村塌陷坑（见图 4.43），塌陷剖面呈 U 字形，长轴约 40 m，短轴约 18 m，深约 15 m。

塌陷形成之初在塌陷底部可见灰岩基岩出露，有的甚至可见灰岩中的竖向缝沟、洞穴，及地下暗河。多数人类工程活动诱发塌陷现基本已回填或用土体覆盖。部分塌陷坑集中分布，形成塌陷群，例如玉峰山镇梁家小堡塌陷点（见图 3.44）和涂山湖水库塌陷点（见图 3.45）。前者塌陷坑约 20 处，集中分布于低洼汇水区，集中分布面积约 0.05 km²；后者集中分布塌陷坑 6 处。

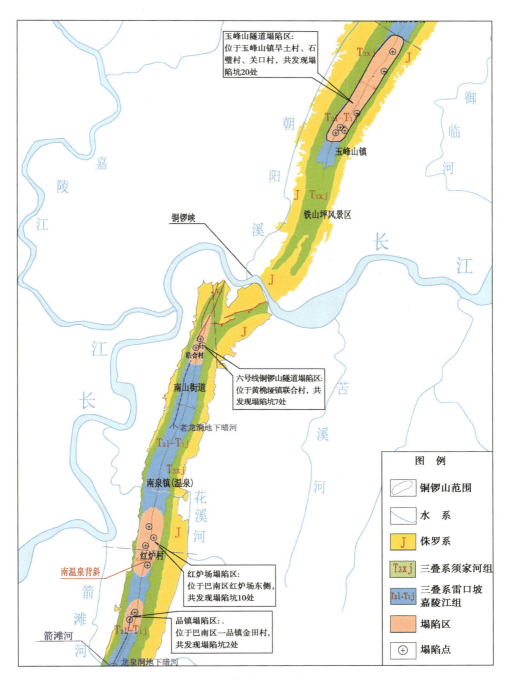

图 3.42　铜锣山塌陷分布图

图 3.43 巴南区一品镇金田村塌陷

图 3.44 梁家小堡塌陷

图 3.45 涂山湖水库塌陷

地质历史记录资料显示，铜锣山地区的地面塌陷诱发因素主要为地下工程活动，尤其与公路和铁路隧道的建设密切相关。此外，自然因素也有一定关系。具体表现在：

①自 2006 年 4 月外环玉峰山隧道动工起，玉峰山镇一带开始出现井泉干涸、河流断流、水库堰塘水体漏失等现象，之后陆续出现地面塌陷。隧道于 2008 年 7 月正式贯通，而区域内的地面塌陷现象一直持续到 2010 年，部分塌陷坑在后期进行了回填处理。目前可见的塌陷点仍有 7 处，共计 20 余处，塌陷坑主要分布在隧道轴线两侧 1 ~ 2 km，最远可达 3 km。

② 2010 年 6 月轨道 6 号线铜锣山隧道动工，于 2013 年 1 月正式贯通，之后隧道南侧 1.0 km 处涂山湖水库于 2013 年 2 月出现漏水现象，现已完全干枯。水库内形成 6 个塌陷坑，其中 3 个塌陷坑形成于水库漏失发生后，另外 3 个塌陷坑形成于 2013 年 5 月 20 日。

③除人类工程活动影响外，自然因素与塌陷形成也有一定影响，如巴南区南泉镇红星村、红炉场龙眼睛水库、一品镇金田村一带无在建和已建隧道，2010 年至 2017 年发生了 5 处以上的地面塌陷，与暴雨等自然因素有着密切联系。

3.3.4 明月山地面塌陷

该地区地面塌陷现象不明显，仅在长寿区洪湖镇发现两处小规模的地体塌陷（见表 3.10），明月山地面沉降、塌陷整体较不发育，主要原因是该地区隧道等人类地下工程相对较少，且已建隧道大部分集中分布于长江和御临河两岸，邻近地下水排泄区，对地质环境的影响相对较小。

表 3.10　明月山地面塌陷调查表

编　号	位　置	高程 /m	发育层位	长 /m	宽 /m	深 /m
Y001	五龙村黄家窝凼	615	T_1j	20	16	5
Y006	三合村冲顶湾	620	T_1j	50	25	1.2

3.4　地热（温泉）系统的影响

重庆"四山"地区隧道建设造成的环境地质破坏，还表现在对地区地热（温泉）系统的影响。

正如前文所述，"四山"地区的地热水均赋存于三叠系下统嘉陵江组（T_1j）和中统雷口坡组（T_2l）热储层中，由裸露于地表的灰岩、白云质灰岩接受大气降水的补给，经远距离径流和深循环在河谷横切背斜轴部的峡谷地带以天然温泉或在翼部以钻井温泉的形式排泄出地表。其成因以大气降水溶滤型为主，经深部循环加热而成。水化学类型一般为硫酸盐型，矿化度为 2 ~ 3 g/L，天然温泉的水温一般在 35 ~ 45 ℃，最高可达 46 ℃，钻井温泉的水温一般在 37 ~ 59 ℃，最高可达 63.5 ℃。

在"四山"地区现有 51 眼热水井，均属承压井。其中自流井有 37 眼，水头标高为 1.8 ~ 280 m；非自流井有 14 眼（浅钻井 7 眼，深钻井 7 眼），水位埋深标高一般为 2.85 ~ 85.00 m。根据各个热水井抽（放）水和观测资料，在抽（放）水试验过程中，对相邻热水井进行了同步观测，其水位、水温、水量尚无影响，各井间处于相对独立的水文系统。通过超过 1 完整水文年的长期动态观测，获取了"四山"地区热水井的基本动态特征（见表 3.11），热水出水量变化率在 0.50% ~ 14.45%，水温变幅在 0 ~ 2.0 ℃，静水压力在 0 ~ 0.34 MPa，水质动态变化表现为基本稳定状态。

表 3.11　"四山"地区热水井动态特征表

动态特征热储构造	出水量变化率 /%	水温变幅 /℃	静水压力变幅 /MPa	水质动态
温塘峡背斜	1.04 ~ 14.45	0.5 ~ 1.0	0 ~ 0.09	基本稳定
观音峡背斜	0.50 ~ 7.83	0.5 ~ 2.0	0 ~ 0.34	基本稳定
铜锣峡背斜	1.00 ~ 6.87	0.5 ~ 2.0	0 ~ 0.11	基本稳定
明月峡背斜	6.62	0 ~ 1.0	0 ~ 0.10	基本稳定

注：上述数据源于《重庆——中国温泉之都研究报告》。

"四山"地区多条高隆背斜形成了相对独立的"地热田"，每个"地热田"围绕背斜核部成"环带"分布。"环带"的中心部分为热储裸露区，即浅埋层；而"环带"的外围则是向斜热储深埋区；"环带"中心与外围之间，构成了热储中埋区，也就是"地热田"所在之处。而根据这种平面分布形态，使得每个地段有着其各自的富水特点，如下：

（1）热储裸露区

分布在背斜核部，呈现为条带状展布，地层岩性为三叠系中统雷口坡组（T_2l）和下统嘉陵江组（T_1j）的碳酸盐岩，为两侧翼部地热水的补给区。而河流深切地段则成为地段地热水的主要排泄区，常见有温泉在河流两岸或河床底部出露，出露范围在 0.50 ~ 2.00 km²，高程在 200 ~ 220 m，水温一般为 27 ~ 45 ℃。

（2）热储中埋区

分布于背斜翼部，埋深 500 ~ 2 500 m，呈"环带"状，横向上两翼地热田因背斜轴部有飞仙关组页岩所隔基本无直接水力联系，仅在背斜倾末端两翼地热田汇合。

（3）热储深埋区

分布于广大向斜地带，埋深大于 2 500 m，岩层倾角平缓，裂隙不甚发育，地热水多为盐卤水。

而在垂直方向上看，本区平均地热增温梯度为 2.5 ℃ /100 m。热储层上部浅层（埋深＜ 500 m）为重碳酸型低矿化低温热水或冷水，温度一般小于 25 ℃；中部埋深 500 ~ 2 500 m，为硫酸盐型低温微咸地热水，温度一般为 37 ~ 63.5 ℃；深部埋深＞ 2 500 m，为高矿化盐卤热水。

而隧道在穿越"四山"时，将通过热储隔热保温盖层和地热水径流补给区，客观上对局部地下水补给、径流和排泄条件造成改变，表现在对地下水造成疏干，致使地下水位下降，水压衰减，成为人工减压泄水通道。

上述现象在观音峡背斜中段最为明显，现已形成以大学城隧道为中心，南北长约 30 km，东西宽约 4 km 的地下水疏干降落漏斗，疏干地热水资源量高达 25 000 m³/d。这种现象是由于隧道（隧道群）横穿地热水含水层，造成热储层的储水条件、水动力条件发生变化，致使水压力减小，水位下降，弹性储存量消耗，钻井自流量减小（甚至有的地热水钻井不再自流），水温下降，水质发生变化，可再生程度降低等一系列连锁破坏。

上述破坏情况在 2000 年以后时常出现在隧道建设中，如轨道 6 号线中梁山隧道施工中，揭穿深层地热水，日排水量达 1 万 m³，测得水温为 42 ℃，造成北碚区龙凤桥镇龙车寺附近多处地面塌陷，地表泉水干涸，同时还造成了水天花园温泉水位下降、水压降低和流量减小。

根据工程人员对观音峡背斜东翼的沙坪坝区梨树湾温泉井的长期观测，发现该井在 2003 年时，井口自流量约 6 149.5 m³/d，井口静水压为 2.21 ～ 2.28 MPa，井口水温为 54 ℃。受到渝遂高速大学城隧道（2007 年竣工）施工影响，在 2007 年井口自流量降至 5 901 m³/d，静水压降至 2.08 MPa；时至 2011 年，三横线双碑隧道动工，在东翼掘进至 1 300 m 左右揭露雷口坡组（T_2l）地层时，突遇大量突出地热水，突水水量大于 20 000 m³/d（最大涌突水量为 32 870 m³），水温 37 ～ 40 ℃，而梨树湾温泉井水压迅速衰减，测得其静水压力 0.52 MPa，井口自流水量 2 920.80 m³/d；至 2013 年 5 月，静水位已降至 0.49 MPa，自流水量降至 2 820.96 m³/d，水温仍保持 54 ℃未发生变化。详见表 3.12、图 3.46、图 3.47。

表 3.12　梨树湾温泉井受破坏变化特征一览表

序　号	参　数	2003 年	2007 年	2011 年	2013 年
1	井口自流量 /（m³·d⁻¹）	6 149.5	5 901.0	2 920.8	2 820.96
2	井口静水压 /MPa	2.25	2.08	0.52	0.49
3	水温 /℃	54	54	54	54

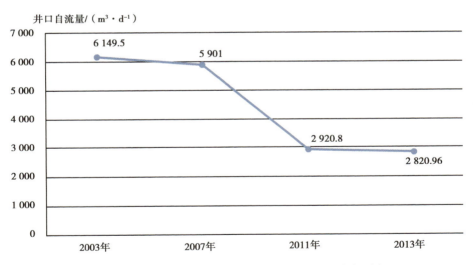

图 3.46　梨树湾温泉井受隧道影响井口自流量变化特征图

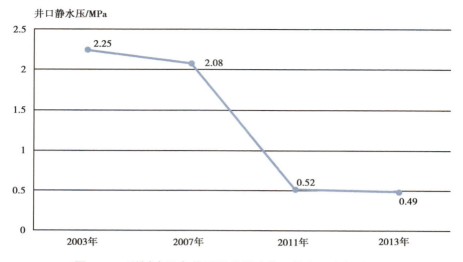

图 3.47 梨树湾温泉井受隧道影响井口静水压变化特征图

而在观音峡背斜北段北碚区静观台农园 ZK3 地热井，静止水位 +62 m，井口涌水量为 3 849 m³/d，水温 58 ℃；而在 2016 年 8 月，该井静止水位 +45 m，井口涌水量为 763 m³/d，水温 59 ℃，水量出现了较大的衰减，这与此井北侧 2 ~ 3 km 处的华蓥山隧道施工有直接关系。

从以上信息可以推断，"四山"地区隧道施工将破坏原始天然缝洞管网系统，疏通含水层其他裂隙，从而改变早期地热水的补给与循环条件，主要影响地热井出水量、静水压力和水位等，而对地热井水温、水质影响不大。

第 4 章 隧道工程环境地质问题触发机理分析

环境地质问题的出现主要取决于环境地质本身及外部对其作用的形式，要解决出现的环境地质问题必须准确掌握环境地质问题的环境背景与触发机理。重庆"四山"地区地质条件相对复杂、岩性组合变化多样，因而找准其产生机理非常必要，这就必须从"灰岩的沉积—构造运动—后期改造—人为活动"等过程做系统研究。

4.1 地质构造及地质运动变形机理

如第 1 章所介绍，重庆地区地史十分复杂，其沉积过程与后期构造运动都经历了陆海变迁、强烈升降与构造挤压，因而造就了今天重庆"四山"地区的特定地质地貌组合。这种组合也是地球运动的整个过程中的非常微小的局部，因而它也具有地球形成史的某些共性，特别是具有地球上的碳酸盐岩沉积、破坏再形成的特殊变迁史。

4.1.1 沉积过程中形成的孔缝洞系统

在地球上存在喀斯特地貌的只有碳酸盐岩区，特别是灰岩区，而其中代表典型喀斯特地貌特征的则是岩石中的孔缝洞系统。这些孔缝洞为何"独宠"碳酸盐岩或灰岩，必须从碳酸盐岩或灰岩的本身特有"基因"着手研究，也就是它的"出身、血统、体质、经历、爱好"去探讨，即探讨灰岩的海相沉积过程及与其伴生的地层、沉积间断、后期所经历的溶蚀、地质构造的破坏改造及最终的水岩相互作用。

1）灰岩的海相沉积

本书第 1 章对重庆及四川盆地嘉陵江灰岩沉积模式作了简单介绍，实际上灰岩的化学沉积过程十分复杂，但沉积初期有两种形态，一种是边沉积、边硬化、边结晶，沉积物十分致密，如果伴有膏盐、石盐，沉积则更为致密。正如日常用水盆或碗长期盛放 pH 值大于 8 以上的水，盆或碗边与底部也能生长出较为致密的"垢"。如果沉积十分快速并伴有钙质砂，则可能十分疏松，且存在孔隙。这种快速沉积的最直观的例子就是日常烧开水形成的"锅垢"，每烧一次开水它就"沉积"一次，其锅垢比较疏松。如果长期反复结垢，它会自己破碎，甚至大面积脱落。这是日常生活中看见的碳酸钙的化学沉积，是温差作用下的沉积过程。海洋中碳酸盐岩的化学沉积过程与此十分相似。图 4.1、图 4.2 所示分别为海洋水平沉积薄层层理，以及每沉积一层厚 0.5 ~ 1.0 cm 便产生的泥裂纹。

图 4.1　灰岩沉积的水平薄层层理　　　图 4.2　灰岩沉积的泥裂纹

2）灰岩沉积序次与层序组合

灰岩属碳酸盐岩类，其主体成分是碳酸钙，伴生有镁、铁、硫等元素。绝大多数是海相化学沉积物，伴有生物沉积与碎屑沉积。正因为它以化学沉积为主体，因而其成岩规模、厚度、成分相对比较均一，在地球表面分布也十分广泛。

根据沉积学理论及沉积相研究，海相碳酸盐岩的沉积极为复杂，同时类型繁多。但有一重要沉积环节容易被水文地质学者特别是研究灰岩"溶蚀"作用的学者忽略，这就是灰岩沉积过程中可能伴有厚层膏盐或岩盐，甚至是钾盐或光卤石的沉积。它们对灰岩成岩后期改造起着十分关键的作用。

按照各共生盐类的溶解度，在自然界存在一个沉积系列，决定沉积先后次序的是其化学溶解度。难溶的先沉积，易溶的最后沉积；反之，易溶的先溶解，难溶的最后溶解。

在自然界海水中岩石沉积的先后顺序是碳酸盐岩、硫酸盐岩、钠盐，最后是钾盐。但这种沉积在地质历史阶段可能交替存在，这取决于当时的水质状况、气候条件，地壳抬升等因素。因而在每个灰岩沉积轮回阶段都可能有灰岩、膏岩与盐岩同时出现，但一旦出露地表，绝大部分盐岩（NaCl 层）消失，而膏岩层也只有局部可以被发现。这是因为遇水条件下，盐岩首先溶解而被带走"消失"，膏岩则紧跟其后被溶蚀带走。

实际上与灰岩共存的膏盐、岩盐在浅部地表已经不可多见，少数地区地下水不活跃的干旱区保留有少数的膏岩层，但岩盐层几乎绝迹。但在地壳深部还有不少保存完整的膏盐或岩盐层。

这里特别举出两例：一是鄂尔多斯盆地深达 4 000 ～ 6 000 m 的奥陶灰岩马 5 ～ 6 段存在保存完整的石盐层厚达百米，膏盐层也有近百米。物探测井资料有着准确的埋深、厚度等各种物性及导电指标（测井图见图 4.3），也有可以证实测井曲线解释结果的实物岩芯取样。二是四川盆地埋深也达 4 000 ～ 6 000 m 的三叠系嘉陵江组中的膏盐与石盐层，石盐出露的部分在钻孔测井曲线中均用红色或紫色矩形框标出（见图 4.4、图 4.5）， 石盐的上下有更厚的膏盐层"包裹"，在原始成岩状态下，其膏盐层十分致密、成为"隔气、隔油、隔水"的封隔层。虽然膏盐易溶，但在特定的环境地质中，它却保护着更易溶的石盐层以固体形态夹在灰岩中。

从这个意义上讲，现有教科书中提到的 "岩溶"概念存在一定的误区。它把"岩溶"几乎等同"溶蚀"作用的同义词，并定义"岩溶作用"是"对可溶性岩石的破坏与改造作用"。这个定义里没有指明哪类岩石为"可溶性岩石"，是物理破坏与改造作用还是化学破坏与改造作用，其中的物理破坏与改造是否也称为"岩溶作用"。与岩盐与膏岩相比，碳酸盐岩溶解度极低，把碳酸盐岩定义为"可溶岩"，缺乏科学严谨性。按"岩溶作用"的定义，它很难解释"膏盐层十分致密，成为'隔气、隔油、隔水'的封隔层"这一现象。膏盐岩比灰岩更易溶，但它在地壳深部却是"隔气、隔油、隔水"，形成不了灰岩中类似暗河的管道系统。因而把极微溶性灰岩定义为"可溶岩"也不能科学地解释碳酸盐岩能"成洞、储水甚至成河"的现象，更解释不了膏岩、盐岩、硅质岩、砂岩泥岩不能"成洞、储水、成河"的现象。

因而灰岩缝洞管网系统含水丰富的现象并不能由碳酸岩的"可溶性"或"岩溶作用"所解释，在后面内容中将分别讨论。

图 4.4 和图 4.5 是四川盆地内的嘉陵江灰岩中的 4 口深井（平落 4 井、丰卤 1 井、大深 1 井与大参井）的测井曲线。

从以上 4 口井中的 NaCl 石盐层分布特征来看，川西雷口坡组在地质历史上曾有过很长时期的盐盆（膏岩与钠岩）甚至钾盐盆阶段，结合大参井中的肉红色杂卤石和大深 1 井中的灰色、肉红色杂卤石，可以推断出杂卤石与石盐的共生绝非偶然出现或次生形成，而应该是原生产物。在川西构造地段用以上数口井的连线剖面可以看出：膏岩层、石盐层及杂卤石丰富，并大面积分布（见图 4.6）。

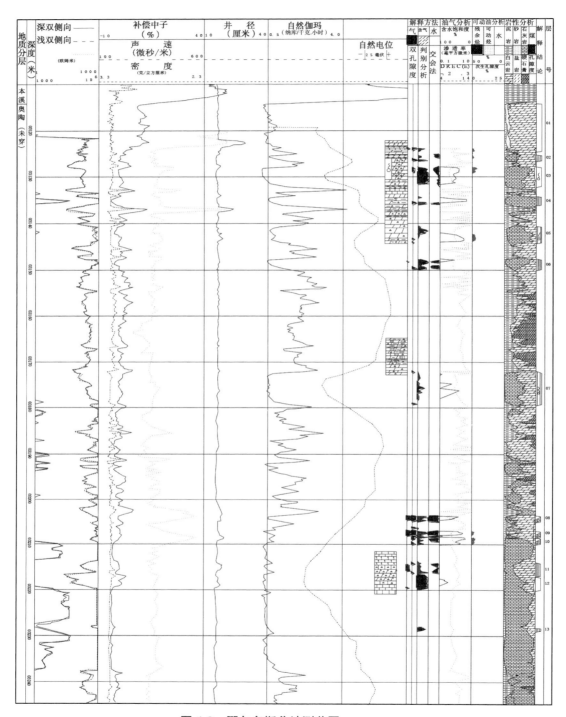

图 4.3　鄂尔多斯盆地测井图

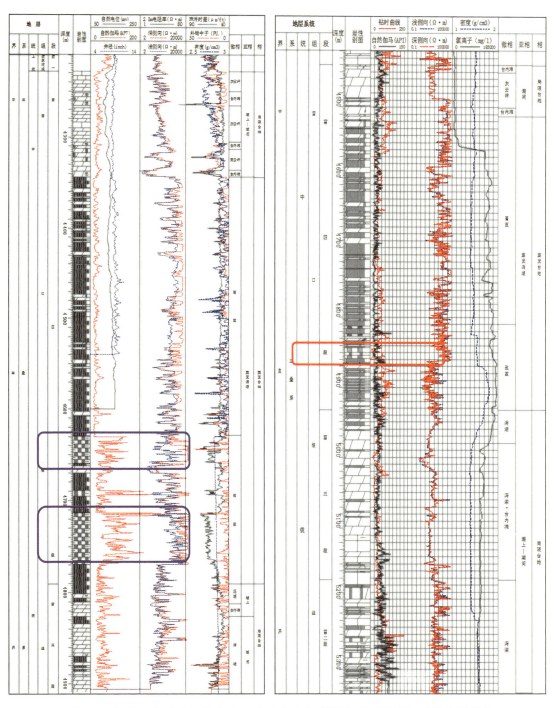

图4.4　平落4井（左）与丰卤1井（右）灰岩层中所夹膏岩与石盐出露部位
（紫色或红矩形框为石盐）

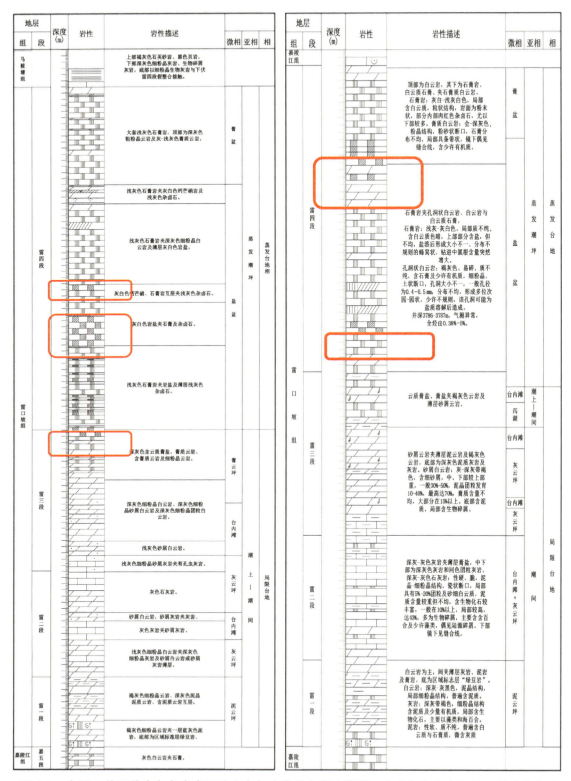

图4.5　大深1井石盐含灰色杂卤石（左）与大参井灰岩中膏岩、含肉红色杂卤石的石盐（右）出露部位（矩形框内）

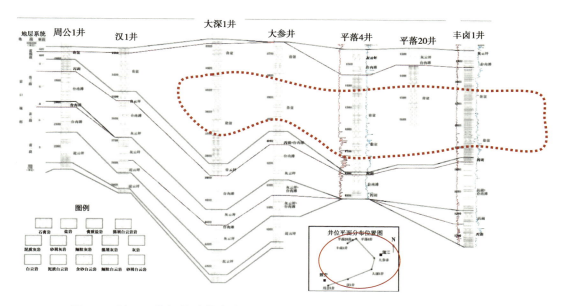

图 4.6　川西平落坝构造带膏岩、钠岩推测范围的剖面位置与平面分布示意图

在沉积空间上，与灰岩共生的膏盐、钠盐在平面和垂向上都广泛分布。在地质演化史上，强烈的构造作用对膏盐、盐岩、灰岩从外到内进行整体"构造破坏"，改变了封闭的原岩结构，促使降水向地层深处"入侵"，首先对盐岩进行溶解、搬运与迁移，进而对膏盐溶解搬运，使本来完整的灰岩在虚脱条件下变得不那么"铁板一块"而发生破裂坍塌，改造整个岩层裂隙孔隙系统。

这里存在一种有趣的现象是膏岩与盐岩在灰岩各层中重复出现，这是否说明打破了沉积顺序？显然没有，这只说明了三叠纪沉积环境是震荡性环境，沉积期内海平面存在震荡性上升下降的现象，这与气候干热蒸发、湿热交替变化的沉积旋回模式是不同的。

　　3）沉积间断及"膏溶、盐溶"

灰岩在成岩初期的压实过程中，岩石本身进一步释水、加固与密实。但随着地壳的升降，海平面也随之升降，下降时接受沉积，抬升时出露地表，不再接受沉积，而代之的则是侵蚀、剥蚀与溶蚀。

灰岩在沉积过程中会遇上地质历史时期的沉积间断及间断期的地质构造运动，每次沉积间断期间，灰岩都会暴露在地表接受大气降水的冲刷与淋滤，当然也会发生"溶蚀"作用。这种作用主要不是针对灰岩，大部分首先发生在灰岩的夹层石盐层、膏盐层甚至是钾盐层中，另一部分发生在灰岩暴露大气或水的表面，如干裂缝中。前者溶蚀很快，后者溶蚀很慢，它们的水岩相互作用都会为后期再沉积保存复杂且巨大的层间空隙与干裂空隙空间。

灰岩在成岩之后，其中的夹层石盐层、膏盐层甚至是钾盐层如果存在降水透入通道，则地表的任何淡水都可进入其中，对石膏或石盐进行快速溶解，甚至产生巨大的"溶蚀空间"，最终造成顶层灰岩体大范围"悬空"，进而在重力作用下先后产生层面间的大面积垮塌、破碎，并在水的参与下对破碎岩层进行泥质充填与钙质再胶结，形成目前文献中所称的"膏溶角砾岩"，它具有很大的孔隙裂隙空间。

但若淡水不能进入内部，则微弱的"溶蚀"只能在暴露于地表的水平沉积层的表面进行，形成古风化壳，灰岩之下的石盐层、膏盐层包括钾盐层甚至都将完整无缺地保留下来。

从四川盆地三叠纪的沉积与沉积间断过程中就可发现这种层间古水岩相互作用过程。四川盆地的三叠纪沉积间断在地质演化过程中曾多次发生，如飞仙关组与嘉陵江组之间，嘉陵江组 1 段与 3 段之间，嘉陵江组与雷口坡组之间，雷口坡组与须家河组之间。特别是雷口坡组沉积以后经过长时期的沉积间断，与上、下地层形成了平行不整合接触，这次沉积间断奠定了四川盆地层面间初期孔缝洞系统的分布格局。

研究表明，在嘉陵江组 5 段早期（T_1j^{5-1}），全区海浸，为海水淹没，主要沉积碳酸岩，古海水浓度正常，约 33 g/L；在嘉陵江组 5 段晚期（T_1j^{5-2}）到雷口坡组 1 段早期（T_2l^{1-1}），海水退出，川中、川东北一带形成蒸发台地盐湖，宣汉及其以北地区形成石盐、杂卤石分布的沉积岩相古地理环境。强烈蒸发作用下，残余海水迅速浓缩，局部地区还沉积了无水钾镁矾（$K_2SO_4 \cdot MgSO_4$）和钾盐镁矾[（$KCl \cdot MgSO_4$）$_{11}H_2O$]等，尤其在宣汉及其以北地区，可能形成一定规模的固体钾盐层。其残余海水浓度至少已超过 330 g/L，并已富集了相当含量的 Br^-、Li^+、Rb^+、Sr^{2+} 等稀有组分。这种震荡的海侵海退环境与极度高温干旱蒸发气候环境为古水文地质条件分析奠定了基础。

在四川盆地三叠系雷口坡组 1 段到雷口坡组 4 段岩地质历史阶段时期，海侵范围不断缩小，陆地从东往西扩展，并遭受强烈剥蚀。其剥蚀区最早位于川东南，与嘉陵江组末期剥蚀范围基本一致，随后剥蚀逐渐进一步向川东北扩大，继而局部扩大到川东，最终导致整个川东（含今重庆地区）与川中大部进入了剥蚀区，保留了川西极小一个地块成为蒸发盆。

上述分析表明，在雷口坡组沉积后期，除川西极小块地段外，全盆地基本进入了处于陆地的由地表降雨（淡水）形成的侵蚀、剥蚀、溶蚀过程。其地表与地下水流向，开始由南东呈放射型收敛状汇入北西方向，最终成汇流进入西部低洼湖盆区。

在中三叠系雷口坡组末期，特别是雷口坡组沉积完成后的沉积间断期，整个四川盆地碳酸盐岩基本裸露，其地表冲刷、地下溶蚀与地表剥蚀作用经历了相当长时间。在沉积间断期，由于膏盐最易溶蚀，因而雷口坡组沉积末期是地表与地下的溶蚀期，在须家河组碎屑岩形成之前生成了一种系统的地下溶蚀空洞与地表沟道，并在这些空间中存储矿化度较高的硫酸钙型陆源水，而不是海水，形成了以川东区（含重庆）为补给区，川西区为排泄区，川中区为径流区的地下水及地表水运动格局。

当地壳再次下降，在晚三叠世须家河组碎屑岩开始沉积之前，整个四川盆地已经都成陆地，蒸发盆地也已经消失。即使存在局部膏盆，当须家河期以海陆相砂泥岩开始沉积之际，当时膏盆中的高浓度矿化水或高浓度海水也可迅速稀释、扩散、按浓度梯度均化而接受新的沉积，这些原生水绝不可能独立封存在某一个低洼处。因为中三叠与晚三叠纪地层呈假平面整合接触，中间具有地质史上的相当长的间断，其间断时间估计达 15 ～ 20 个百万年，相当于现今的 2 ～ 3 个第四纪。从而形成当时较为发育的"膏溶、盐溶"与伴生的石灰岩孔洞缝隙系统。

晚三叠世须家河组碎屑岩开始沉积以后，原存在于雷口坡组孔隙裂隙与溶洞、溶孔或溶隙中的 $SO_4-Ca \cdot Na$ 型较高矿化度的陆源水（包括未交替完的早期部分沉积水）被封存起来，并在上覆地层不断沉积加厚情况下，砂泥岩未固结前的沉积孔隙水与下覆岩层被封存的洞缝隙古地下水发生交替。

在晚三叠世须家河组碎屑岩沉积过程中，四川盆地也经历多次地壳的抬升与下降的震荡，并多次形成较长久的沉积间断，特别是须家河组煤系地层的形成，其表现为陆地阶段延续时期，它相当于数个现在的第四纪时间间隔。这为中三叠雷口坡组中的溶蚀孔洞的改造、溶蚀裂隙空间的进一步形成创造了良好条件。

在晚三叠世须家河组碎屑岩沉积完成后，其地层压实水最终还要与雷口坡组—嘉陵江组碳酸盐岩中的地下水进行再一次彻底交换与分配，最终完成雷口坡组—嘉陵江组碳酸盐岩中的地下水首次平衡储存。

在原始孔缝洞系统形成时期，灰岩体还处于近水平层状态下，同时不存在大规模构造挤压破坏条件，在今天的钻孔中甚至看不出水流对其的改造作用（见图 4.7、图 4.8）。

通过图 4.7、图 4.9 还依稀可以看到灰岩、膏盐与石盐的沉积甚至交互叠置，也可看到膏盐、石盐在沉积间断期的早期，地下水对灰岩夹层的初期改造、溶蚀、流失，致使上下灰岩层的成洞或坍塌与重新胶结生成膏溶角砾岩。

（a）

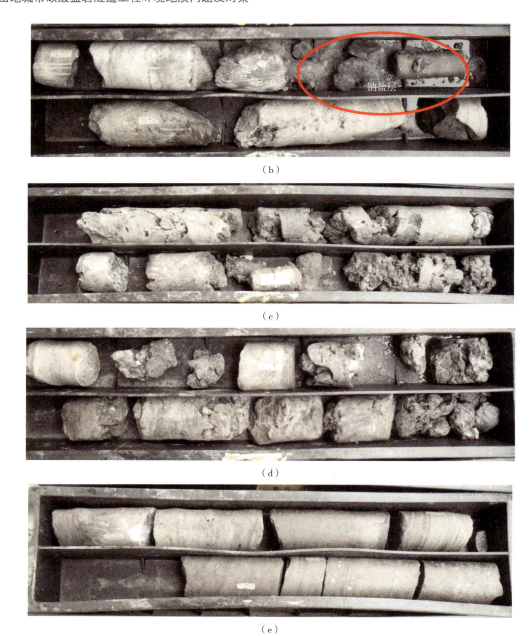

（b）

（c）

（d）

（e）

图 4.7　盆地中部磨 5 井岩芯中石盐分布及溶蚀特征

图 4.8　磨 5 井中石盐特征

图 4.9　成渝中线高铁缙云山隧道勘察钻孔中揭露的膏溶角砾岩

图 4.8 所示是四川磨 5 井的岩芯中看到的石盐层,它出露在深达近 3 000 m 的地下深处。据石油深钻区域资料显示,川中地区的遂宁、南充等地沉积了 51.3 m 厚的岩盐层,而且可以找到古地下水及现地下水对盐岩溶蚀的岩芯证据。

在现实中几乎只有深钻才能看到膏岩与盐岩,这是因为它封存在地壳深部,没有循环的地下水"光顾"。一旦有地下水"光顾"的地段,一定有盐泉现身。例如自贡盐泉、开县盐泉、人工开发的盐井都是让地下水"光顾"沉积的盐层,形成卤水。目前在地表深达百米甚至千米地段都见不到盐层与膏岩,仅极少数地区仍见得到膏岩。说明由于地壳运动,褶皱断裂使夹有盐岩膏岩的灰岩出露至地表,地表水与地下水可以直接渗入对盐岩膏岩溶蚀"洗劫",致使现今灰岩露头处发现不了盐岩、膏岩的身影。这也说明易溶者首先消失,难溶者留存最后。

4）灰岩沉积过程中的化学分异

灰岩沉积过程中本身还存在化学分异作用,它也能增加形成孔缝洞系统的概率。典型的分异有二叠系灰岩硅质团块、硅质条带、奥陶系宝塔灰岩的网纹(见图 4.10)、寒武系的叠层灰岩、奥陶系豆孔灰岩等(见图 4.11)。

图 4.10　奥陶系宝塔灰岩层的网纹结构

原生孔隙中充填的石膏部分被钙质矿物
充填，部分已溶蚀脱落

**图 4.11 鄂尔多斯盆地 6 000 m 深钻
中奥陶系豆孔状灰岩岩芯**

化学分异作用还能形成完整的孔缝洞系统，这不是化学溶蚀形成。图 4.11 所示是埋藏于地下近 6 000 m 的奥陶系豆状膏盐充填灰岩的成岩孔洞系统。孔洞直径为 2 ~ 5 mm，大部分呈球形，孔洞之间大多独立，部分相邻，孔洞内部分被原生石膏充填，部分被钙质交代，部分全部脱落成空，还有部分半充填。在构造作用挤压破坏下，构造裂隙使孔洞之间发生串通。因而在石油地质上被划为富气层，此层没有地下水活动。

另外，沉积过程中的火山喷发对灰岩体中的孔缝洞系统的形成也有着巨大的改造、变质作用，如二叠系峨嵋玄武岩。

5）灰岩沉积的生物作用与其生物孔缝洞系统

除了地质史上的"膏溶、盐溶"对灰岩层产生整体性或局部性破坏进而产生孔缝洞系统外，在海洋碳酸盐岩化学沉积过程中，还伴生一种"生物沉积"作用或"生物沉积"过程，也会对灰岩的原始孔缝洞系统产生关键影响，如海绵礁、贝壳大量繁殖形成生物碎屑层（见图 4.12）。目前世界上的油气资源大部分出现在生物碎屑层。

图 4.12 生物碎屑灰岩中的孔缝洞

在沉积初期大部分死亡贝类被后期的"钙质"完整"包裹"起来，使其有机肉体不会在沉积初期就腐烂液化进入海洋水体中。而在沉积不断加厚的过程中，有机肉体原空间有的被保存，有的被转移，成为灰岩体的一种原始"生物沉积"空隙。在地球运动的构造挤压过程中，这种空隙又被进一步改造成为局部或大范围连通性孔缝洞系统。

4.1.2 大地构造运动对灰岩原生孔缝洞系统的改造

地壳垂向上升下降或水平强烈挤压的大范围构造运动、火山喷发、强烈地震等作用都将影响灰岩最终的孔缝洞系统格局，对古地下水运动起着控制作用。

对于四川盆地与重庆地区的三叠系灰岩孔缝洞系统的形成，虽然沉积与成岩过程中产生了原始孔缝洞系统，但在后期重力作用下的"压实、释水、再胶结、重结晶直至成岩"的过程中，这些孔缝洞系统可能被系统改造甚至部分闭合。但真实有效的灰岩孔缝洞还是在大地构造运动的过程中开启、重塑，并最终形成。

实际上本书第 1 章简介了四川盆地的地质演化史，其中印支旋回是四川盆地内重要的地质事件。在印支期，秦岭、松潘—甘孜洋盆于中三叠世晚期至侏罗纪初期封闭；班公湖—怒江洋开始扩张；上扬子板块和华北板块之间发生俯冲碰撞，拼接造山，形成雄伟山系。山前的川北区发生沉降，形成巨厚的山前坳陷沉积，西侧川西区受古特提斯海关闭的影响，龙门山及康滇区褶皱造山形成山系，而其东侧下降形成山前坳陷和前陆盆地等，使扬子西缘迅速由海相碳酸盐岩沉积转化为前陆盆地陆相沉积。同时，扬子地台由于大陆边缘隆起带形成早期的推覆构造作用，致使中三叠统雷口坡组顶部的古风化剥蚀面既是沉积层序的一个造山升隆不整合界面，又是盆—山转换的构造面。该界面标志着扬子西缘开始进入前陆盆地沉积构造演化历史阶段。此时，太平洋古陆开始裂解，中国东南部印支褶皱形成，成为上扬子陆相含煤盆地的边缘，并为盆地提供大量陆源碎屑沉积。

燕山早中期，四川盆地经历了强烈的造山运动，整个上扬子区块向北运动，南秦岭向南逆冲、推覆，形成了川北坳陷。早白垩世后的燕山晚期，川北、川东（含重庆）结束了陆相沉积，开始进入风化剥蚀时期，并形成了走向北东的构造和四川盆地东南部的边缘雏形。随着印度板块与欧亚板块的碰撞拼合，上扬子区西部产生广泛的盖层褶皱，形成了走向南北的构造，并结束了大范围的陆相沉积，四川盆地基本形成。之后四川盆地进入陆内盆地强烈挤压褶皱构造变形和风化剥蚀改造时期。

燕山晚期，齐跃山以东形成褶曲与冲断，至喜马拉雅早中期，四川盆地东部（含重庆）川东隔挡式褶皱带基本定型。盆地边缘在长期的挤压应力作用下，先后崛起成山，并渐次向盆内迁移，进入全面的构造变形和隆升改造阶段。

褶皱隆升改造阶段，四川盆地及周缘地区在喜马拉雅期发生了强烈的隆升运动。川西坳陷自晚白垩世后一直处于隆升阶段，强烈隆升阶段是新近纪，隆升速率超过 100 m/Ma，隆升幅度超过 4 200 m。其隆升的阶段性明显，可分成 3 个阶段。第 1 阶段：晚白垩世至古近纪，差异隆升阶段，大部分地区处于隆升状态，但隆升的速率有差异；第 2 阶段：整体隆升阶段，全盆地都处于隆升状态，整体隆升幅度大，速率一般大于 40 m/Ma，隆升幅度超过 1 000 m; 第 3 阶段: 快速隆升阶段,全盆地的隆升速率除川西坳陷外均大于 100 m/Ma，隆升幅度超过 1 500 m。

在强烈隆升挤压过程中，出现大量区域性逆冲断裂带和褶皱。因而原水平层、裂隙，包括原始水平层中的孔缝洞系统不十分发育的海相沉积灰岩，遭遇强烈的刚性破坏，形成贯穿性区域或局部裂隙与剪切裂隙。这些断层或裂隙可沿地层背斜或向斜轴部发育（见图4.13），也可垂直轴线发育并形成与其交集近45°夹角的一组或多组剪切裂隙，级数越多，说明地层受力方向在地质构造活动中受过不同方向的应力挤压或拉张的次数越来越多，进而形成大面积的网状线性构造（见图4.14）。

图4.13 挤压背斜构造　　　　　　　　图4.14 网状线性构造

四川盆地北东区域的大巴山挤压构造带在宣汉百里峡就能见到非常强烈的构造挤压现象（见图4.15、图4.16），在强烈挤压端，如背斜向斜核部，一般存在较破碎的部位，易形成沟槽或洞穴。

图4.15 宣汉百里峡大型背斜与向斜

图 4.16　层间振荡波浪式褶皱

如果岩层挤压近直立（见图 4.17），则可能存在垂向大裂隙，便于深大暗河或灰岩大泉形成。

图 4.17　强烈挤压直立式背斜转折端

其中有一部分张开性较理想的线性构造与经构造作用重启的原生孔缝洞系统，它们就成为降水渗入的最佳初始途径，进而成为地下水活动的主场所，为"化学刀、钻"发挥作用提供初始有利地质条件。如果没有该初始条件，灰岩中的网状暗河管道系统则无法形成。其中构造作用重启的原生孔缝洞系统对后期管道系统的形成起着十分重要的作用，这是其他岩层（砂岩、泥岩、火成岩）不具有的特殊"基因"。4.1.4 节中灰岩的物理性质可说明此点。

4.1.3　以"百年单位"计的地震或火山喷发作用对灰岩孔缝洞的改造

除了大地构造作用，类似于 2008 年 "5·12" 汶川大地震的小型地球活动也可能将已经"固化"的灰岩孔缝洞系统再次破坏，产生连通性断层裂隙，或者堵塞原始孔缝洞网络系统，使地下水在新的缝孔网系统中找到新的平衡，开辟新的运行通道。

总之，无论是以"百万年"为单位，还是以"百年"为单位计的地质构造运动都将影响地质原生孔缝洞网络系统。比如黄龙钙华景观、神仙池钙华景观及其水流变化特征，都在地震作用下发生明显改变。其地下水通道有的被改变，有的被扩大。比如神仙池在叠溪大地震（1930 年）时，地下水排泄点下移致使高地钙华池群大面积干枯（见图 4.18）。而 2017 年 "8·3" 地震却使黄龙（见图 4.19）、九寨沟及神仙池等钙华含水层地下水大增，致使延续多年的黑色钙华变成金黄色，由漫流保养。虽然九寨沟总体水量大增，但下海水量补给充沛的火花海却由于地震破坏而漏失干枯。可见，构造运动、地震等都能为地下水活动提供新的机遇或被迫改道或开拓新途。这是碳酸盐岩包括钙华含水层的特色。

图 4.18 地震后干枯的钙华池

图 4.19 黑色风化多年的黄龙钙华滩重泛金色

4.1.4 自然条件下的灰岩物理性质及水的改造

1）灰岩的物理性质

灰岩的物理性质主要指其孔隙度、透水性与力学强度等。原生没经过风化或力学破坏的结晶灰岩孔隙度极小，甚至不如细砂岩。据有关研究，完整的灰岩其孔隙度小于 2%，渗透率几乎等于零，也就是不透水。大多灰岩为浅海相台地化学沉积，结构为泥晶结构、颗粒泥晶结构、亮晶颗粒结构与致密生物碎屑结构，因而对水来说趋近"无孔可入"。白云岩孔隙度略大，大部可达 4%，自然渗透率也略高。而粗砂岩的孔隙率有的就相对很高。一块完整的砂岩块，放入水中，几分钟后就可饱水增重，而完整的灰岩块却不能饱水增重。

石油地质人员对天然深埋藏碳酸盐岩储层结构作过系统研究，认为"凡是孔隙度大于 2%，孔隙喉道大于 0.1 mm 的孔隙结构，都具有流体（主要指气体）快动的渗流特征。若孔隙度小于 2%，孔隙喉道在 0.1 mm 至 0.2 μm 之间的孔隙结构，具有流体慢动的渗流特征。孔隙度小于 2%，同时孔隙喉道小于 0.2 μm 的孔隙结构，属流体不动特性，也称无效孔隙。"由此，有的文献推论：白云岩大部具有孔隙含水特征，含水性比较均匀；而灰岩的孔隙大部属无效孔隙，不可能有水在其中流动。通常一些水文地质教科书与文献，特别是《岩溶》专著中称灰岩为"裂隙和溶洞"含水，含水性极不均匀。但这种说法似乎有悖于自然现象，因为水都不能流动，何来"溶洞"。没有溶洞，何来"含水性极不均匀"。所以"岩溶理论"无法很好地解释石油地质上"无效孔隙"的学术论断。

灰岩抗压力学强度为 1 127 ~ 1 331 kg/cm²，抗拉强度为 34.0 ~ 36.8 kg/cm²，白云岩略小，分别为 1 139 kg/cm² 与 32.7 kg/cm²。抗风化能力也很强。其力学指标几乎与石英砂岩、花岗岩强度相当，因而可以作为建筑材料。完整灰岩大石块也可被凿成水槽、水坛盛水储水。图 4.20 所示为明月山二叠系灰岩裸露岩块，其槽沟在绝大多数岩溶学书籍里通常被称为"溶蚀沟槽"。

图 4.20　明月山二叠系表层灰岩中的降雨冲刷沟系

2）水的改造作用

水岩相互作用表现的是水对灰岩表面及内在的改造。图 4.21 所示是地道的水流冲蚀槽沟，降雨时整个水流方向如白色箭头所指，由上游至下游汇水面积增大，由上游形成两条主干道后，下游部分则以某个交角向主干道形成支沟，汇水向主干道聚集。这就是水流冲刷作用下的部分微弱"溶蚀"（腐殖酸的作用，而不是侵蚀二氧化碳）。因为小"水池"常年积水，对灰岩产生近于静态的"溶蚀"作用，因而池底部下

图 4.21　中梁山三叠系灰岩中的地表雨水冲刷沟系

凹成"池"而积水，积集时间一长则为酸性水。或者在底部湿润处有苔藓生长发育，以助植物溶蚀破坏发生。如果没有积水，它则是一套完整的冲刷沟系。

为何本书不称其为"溶蚀槽沟"，这是因为降雨的化学成分属中性偏碱性，对灰岩不会有任何"化学"的溶蚀。因而这只能是"水流冲蚀槽沟"，而不能将灰岩区的所有水流形成的现象统称为"溶蚀"或"岩溶作用"。因为只有在酸性或弱酸性水的条件下才会发生化学"溶蚀"。

根据灰岩孔隙度及自然界的灰岩真实特征，学术界曾提出了这样的观点："在岩溶发育的不同阶段，化学溶解和物理破坏所起的作用程度不同。初期以化学溶解作用为主，早期两者兼而有之，中晚期则以物理破坏作用为主，化学溶解往往是渐变过程，而物理破坏是突变过程，一次瞬间的崩塌可胜过数千年的溶解。"

这种"溶蚀与物理破坏"的初期、中期及中晚期的三期划分，学术严谨性不够，因为

初期、中期、中晚期无法用数值来衡量。"溶蚀"需要前提条件，包括酸或微酸性水的存在，大气降水绝大多数是中性水，无溶蚀能力，所以早期"化学溶解"缺乏准确定义。该观点肯定了喀斯特地貌形成过程中"溶蚀"的次要性与物理破坏的主体性，即"一次瞬间的崩塌可胜过数千年的溶解"，这是对"岩溶学"的否定。可实际研究中却以"岩溶"为主，很少涉及物理破坏这一课题，存在一定矛盾。从石油地质理论研究"完整灰岩不透水"的论断，"溶蚀"更不可能在其内部发生。

4.2　灰岩的化学溶蚀机理

目前水文地质学术界习惯用"岩溶"来代替化学溶蚀机理，认为灰岩地区的地下水暗河管道系统和大型灰岩洞穴的形成是灰岩的溶蚀造成，因而有"溶洞""溶道、溶孔"及"岩溶理论"之说。但从目前对灰岩洞穴的研究，以上观点值得重新讨论与审视。本书将根据新的地质发现提出一些看法仅供讨论。

4.2.1　降水与地下水在灰岩中的"入渗"

如果原始灰岩十分致密，无缝隙与孔隙可以进入，降水与地下水无法进入内部，更不会在灰岩中发生入渗、因而灰岩内部的"溶蚀"作用也就无法进行。何况一般的大气降水基本是中性水，无化学溶蚀能量。即使是提出了"侵蚀二氧化碳气体加入到降雨中增加其酸性"的假说，却也难圆其"溶蚀"理论。因为大气中常压条件下的二氧化碳很难溶于雨水与地表流水形成"碳酸水"。但在植被丰富的条件下，腐殖酸却能发挥其"酸"的作用而产生"局部溶蚀"，它只能在岩石表面进行，而难以甚至不可能"入渗"（见图4.22），形成的是表层流水侵蚀槽谷，而不是现今习惯称呼的"溶蚀"槽谷。

灰岩区的降水或地下水的入渗，需要灰岩本身存在裂隙、孔隙通道，然后以此为起点进行物理的冲刷扩大、延伸，进而在获得"酸"的条件下再溶蚀，加速裂隙、孔隙通道的光滑、扩大、延伸，同时在重力作用下进行物理坍塌破坏，最后形成地表地下连通的区域性缝洞管网系统。图4.22和图4.23中形成的地貌显然不是"溶蚀槽沟"，而是pH值为7的降雨形成的"水流冲刷槽"。特别是湖北恩施三叠系薄层灰岩滚石（见图4.23）中的水流冲刷沟系，穿切了地层层面，它是以降雨形成水流的最大水力坡度方向冲刷，层面裂隙方向只成为汇水"支沟"，是pH值为7的中性雨水直接冲刷的结果，而不是"岩溶"作用的产物。

图 4.22　恩施奥陶系宝塔灰岩水平层垂直降雨冲刷形态

图 4.23　湖北恩施三叠系薄层灰岩滚石中的水流冲刷沟系

4.2.2　灰岩"溶与析"的可逆特殊化学特性

灰岩地区的化学"溶蚀"与化学析出"沉淀"是个可逆过程，这是灰岩本身的化学性质所决定的，而其他盐类，如石膏或盐岩均不具有此化学特征。可逆过程发生的化学方程式为：

$$CaCO_3+H_2O+CO_2 \rightleftharpoons Ca(HCO_3)_2$$

其可逆性与水温、pH 值、生物等外部因素有密切关系。

化学溶蚀不是绝对的，是酸性水流流动侵蚀下的"溶蚀"，可在灰岩表面均匀进行，也可在低凹地段进行，特别是高温高压酸性水流"找到"的裂隙通道，其溶蚀在裂隙通道中进行，且在其长期流通过程中流道不断扩大，直至找到深层隐伏的构造裂隙或被构造裂隙重启的原生裂隙、洞隙。在"溶蚀"反应过程中酸性水的 pH 值却向中性靠近，当新的通道被"开拓"，pH 值将升高至 8～10。在温差条件下，酸性水不但失去"溶蚀"能力，而且开始在饱和条件下出现钙析出的现象。

4.2.3　水流作用下的"化学刀、钻"作用

静水条件下灰岩溶蚀速率很低，溶解仅限灰岩表面，其溶蚀速率取决于水的酸度和水直接与灰岩表面的接触面积。在一定酸度条件下，水流与岩石表面接触的面积越大，溶蚀绝对量则越大。而目前溶蚀试验只讨论岩块在各种条件下的溶蚀，它只代表人工实验条件下的理论溶蚀率。自然界水流对灰岩的溶蚀是有苛刻限制的。首先，灰岩内部存在部分连通的裂隙孔隙系统，其次是水流能够进入裂隙孔隙系统，最后是进入的水流能尽快"酸化"，达到持续的酸性甚至是强酸性（否则就会很快中和而失去溶蚀能力），并在动力作用下可

图 4.24　海拔 4 000 m 灰岩裂缝中植被的蚀裂

以流动与交换。因此这种特殊的酸性水流就成为对坚硬灰岩进行切割与分化的"软刀"或"软钻"。这种"刀、钻"并非现代切割机或金刚钻头，而是在裂隙孔隙中作用十分缓慢的酸性水对灰岩的化学溶解。这里不能忽视的是植被腐殖酸在灰岩"溶蚀"中的重要作用。图 4.24 所示是四川凉山喜德县小相岭海拔 4 000 m 左右的灰岩区，植被沿灰岩裂隙生长发育且饱水现象，植物生长产生的植物酸与腐殖酸将对灰岩原始裂隙产生长期的酸性溶蚀。水流一旦具有高温高压作用，那么这种"溶蚀刀、钻"的动力将大大加强，特别是在含有高浓度硫化氢气体的地热水存在的条件下就更是如此。

对于运动的酸性水，以水劈、溶蚀、侵蚀搬运综合切割为主。静止的水则可能与其相左，最终变成碱性水或过饱和富含钙离子的强碱性水，无法再溶蚀，碱性水或强碱性水中的钙开始析出、沉淀，形成钙华对缝洞进行填充与封堵。

水流不会永远沿某一裂隙或孔隙"溶蚀"下去，而是寻找岩体内部存在的所有不同方向的构造裂隙、成岩裂隙，穿叉切割，形成孤立的岩块体。岩块体在重力作用下发生坍塌，坍塌空间逐渐连通最终形成洞穴。

"化学刀、钻"作用伴随喀斯特地貌发育的全过程，但它只负责把已存在的灰岩原生的孔缝洞与构造再扩充或新形成的孔缝洞"扩大"，而不能在不存在任何孔缝洞的灰岩体中进行"切割与钻孔"。即不同于早期"岩溶理论"中提到的对灰岩全方位的"溶蚀作用"，它是选择性的溶蚀与侵蚀。因而"溶蚀"还是"沉淀"则依降水渗透入地下的水化学特征而定，不存在严格的"早期的溶蚀、中晚期坍塌"的界线。如果一定要划分"化学刀、钻"的阶段性，那么小泉或季节性缝洞泉是"化学刀、钻"切割的初期阶段，大泉是"化学刀、钻"切割的中前期阶段，以扩大缝洞空间为主。暗河是"化学刀、钻"切割的后期阶段，其"化学刀、钻"作用失去了主功能作用，以重力坍塌为主。实际上这种划分也并不十分确切，它是很难划分期次的一种混合交替过程。

4.2.4　"化学刀、钻"的垂直切割与水平切割

峰丛、峰林是伴随"化学刀、钻"作用的崩塌式垂直切割。在成岩垂直构造裂隙较为发育的地段，如果该地区有着热带雨林式的湿热气候与茂密的森林植被条件，则富含腐殖

质与腐殖酸的生态水层将十分发育，酸性渗水的"化学刀、钻"作用将能充分发挥，不断扩大切割原生已有的成岩垂直构造裂隙，使之利于重力作用的垂直坍塌，坍塌的大量堆积物则留给水流的冲刷搬运来清除，带向大河大江。峰丛与峰林进一步演化的极限则是石林与岩柱群（见图 4.25）。灰岩中的竖井、天窗、漏斗也都属于伴有"化学刀、钻"作用的崩塌式垂直切割，只是地形表现为正负不同。

　　暗河则是伴有化学垂直切割的水平切割。这两种切割很难区分先后，化学切割过程中也伴生有不同规模、不同地段的岩体重力崩落与塌陷。显然，这里也很难区分是"化学刀、钻"作用在前，还是重力坍塌在前，因为这取决水岩相互作用的方式。

图 4.25　恩施岩柱群

比如在膏溶角砾状灰岩中，如果构造活动强烈，在水的作用下，一定是水的机械破碎作用为主，而"化学刀、钻"作用为辅。如果在致密结晶较为完整的灰岩区，则必须是"化学刀、钻"作用沿构造裂隙或成岩裂隙先行，进行化学溶蚀扩大裂隙空间，使形式上整体的灰岩体被"支解"，再在重力作用下坍塌破坏，扩大洞体内径，延长暗河长度，扩展汇水范围，演化为暗河体系。

　　正因为"化学刀、钻"作用是有条件限制的，因而在灰岩区的缝洞管网发育极不均一。如果按"岩溶理论"，那么缝洞管网系统应该相对均一，而不是极不均一。

　　上述分析表明灰岩区的水文地质特征，受构造裂隙、成岩裂隙与自身原始孔缝洞系统主控，而不是受"化学溶蚀作用"的控制。

　　其实这种垂直或水平切割的划分也只是为了研究方便而已，这两种切割形式也应是综合交替进行，它与灰岩中的原始裂隙网络特征、降水强度和汇流形式紧密相关。

4.3　喀斯特地貌形成的一些特殊问题

　　在早期的"岩溶理论"中，为了使"溶蚀理论"得到系统表述，相关人员对灰岩洞穴管道的形成基本归结为"溶蚀作用"，近期也只用少量的文字表达了物理垮塌对喀斯特地貌形成过程中起着辅助作用。强调的是仍是溶蚀与化学作用，而对于重力垮塌、热胀冷缩等物理风化作用只作为喀斯特地貌形成的附属作用，因而在"碳酸盐岩的溶蚀理论"中绝大多数一笔带过，甚至只字不提，缺乏一定的完整性与科学性。

4.3.1　重力坍塌与灰岩洞缝

在灰岩洞穴管道特别是大型洞穴与管道（见图 4.26）的形成过程中，实际上溶蚀只是局部触发因素，而重力坍塌破坏却是主要因素。重力作用对灰岩地貌形成至关重要，现实中有非常多的实例。例如湖北恩施清江上游的废弃暗河通道"腾龙洞"暗河系统，由一系列管状大洞穴组成，一直延续到现今清江边上的伏流出口处。在不同大型管状洞穴中，可见到洞顶巨型坍塌堆积体形成的"洞中大山"（见图 4.27），如重庆奉节的天坑地缝、武隆天生桥。

图 4.26　大型洞穴与管道　　　　　　　图 4.27　洞顶坍塌、洞底大山

恩施腾龙洞与奉节天坑地缝都处于长江与其支流清江的分水岭地带，植被茂密，降雨量十分丰富。降水与地表水都近于中性或弱碱性水，几乎对灰岩没有直接的"溶蚀"作用。只是通过植被发育使降水在下渗过程中可获得可观的腐殖酸，从而使水能有"化学刀、钻"作用。

除此之外，天坑地缝、漏斗、洼地的形成都离不开基岩的坍塌。

4.3.2　"岩溶"与"喀斯特"的区别

早期的"岩溶理论"是建立在"侵蚀二氧化碳"假说的基础之上，后来在实践中发现侵蚀二氧化碳不足以形成巨大的灰岩洞穴，2000 年末提出了"深部二氧化碳"及"全球碳循环"概念。在国内，灰岩研究专家大规模投入深部二氧化碳及全球碳循环对碳酸盐岩的"岩溶作用"影响的基础理论研究。而且有专家提出，利用全球的灰岩自然条件，抑制、调控全球碳循环，达到二氧化碳"减排"问题。实际上"岩溶理论"是基于碳酸水对碱性灰岩的"化学溶蚀"发展出来，是解释喀斯特地貌形成演化的一种学说。

但"岩溶"与"喀斯特"是有本质区别的。前者是含有成因概念的，"岩溶地貌"易被误认为是"灰岩岩石被水化学溶解"而成的地貌类型。后者是一个不含任何意义的抽象地名,喀斯特(Karst)地貌只是表达前南斯拉夫 Karst 高原的地貌形态。比如"张家界地貌""丹霞地貌"，不存在有任何成因暗示。正因为如此，国内学者在国外发表论文时，若遇到中文习惯称为"岩溶"二字时通常以"Karst"代替，而不是直译成"Rock Solution"。也就是说，国内专家也意识到"岩溶"一词在学术上欠缺严谨性，而且不能在国际上通用。更大的问题是可能会误导学者只从"化学的溶蚀"机理研究灰岩地貌成因及地下水运动模式。因而本书建议在学术研究领域与国际学术界一致规范化使用"Karst"（喀斯特）地貌的称谓，或者称为碳酸盐岩地貌或灰岩地貌。

4.3.3 塌陷、"溶蚀"与洞体规模

在早期的研究中，灰岩地区的地面塌陷称为"岩溶塌陷"，归结为对岩石的"化学溶蚀"而产生的塌陷。塌陷本身是物理过程，而不是化学过程，因而强调"溶蚀"造成塌陷在学术研究上有片面之处。在灰岩地区塌陷有两类，一类是灰岩本身的塌陷，另一类是灰岩上覆的砂泥松散覆盖层的土体塌陷。因而灰岩区的塌陷统称为"岩溶塌陷"在学术上不够严谨，易引起误解与误判。

其实坍塌、塌陷是洞穴、洼地、暗河形成的重要过程，没有水流的常规侵蚀与搬运作用，"溶蚀"或"岩溶"过程几乎不可能完成，因为化学过程非常缓慢。并且由于"溶蚀"的逆过程，即钙华沉积与堆积，而使刚形成的溶洞、溶孔与溶隙堵塞，而不能形成大的洞穴通道。例如在较纯的白云岩地区，无特大型暗河与溶洞。其原因很简单，就是溶蚀破坏与沉淀堵塞的争夺，在白云岩地区后者战胜了前者，故阻止了白云岩洞体的发育。四川汉源县发育在寒武纯白云岩的洞穴，几乎是一条"狭窄的裂隙"，大部分地段都只能容纳一人低头爬行而入，就是因为洞体底部被白云质砂泥质物堵塞。

温度为 18 ℃ 时，碳酸钙（灰岩主要成分）理论溶解度为 9.327×10^{-3} g，溶度积为 2.9×10^{-9}，而碳酸镁（白云岩主要成分）的理论溶解度为 0.011 g，溶度积是 3.5×10^{-8}，说明在水中碳酸镁的溶解度更大。按"溶蚀理论"推知，因为白云岩（碳酸镁）溶解度大，

则应该在白云岩中发育特大溶洞，但在云贵、广西或川南出现的纯白云岩中不见特大溶洞或暗河管网。四川汉源老鹰洞发育在寒武叠层石白云岩中，洞体非常狭窄。这点严重有悖"溶蚀理论"。另外，溶解度更好的膏盐或石盐层中同样也不能形成如灰岩区特大溶洞或暗河管网。这只能说明一点：存在可溶岩并不一定能形成完美的"岩溶地貌"。因而可溶岩是形成岩溶的必要条件缺乏严谨性，"岩溶"一词用来代替"喀斯特"，或用"岩溶理论"来研究灰岩地貌，甚至研究灰岩区地下水流场，值得重新探讨与认识，以避免误导。

4.3.4　灰岩的特殊"基因"

之所以只有灰岩地区能形成孔缝洞系统，应归结为灰岩的特殊化学性质、特殊力学强度、特殊的地质结构与特殊的水理性质。也就是说它具有其他岩类没有的特殊"基因"。

1）特殊的化学"基因"

灰岩在常温或高温下具有适中的弱溶蚀性及一定环境与浓度下的沉淀成岩性，这种化学上极强的可逆性是其余真正的可溶岩所不具备的，甚至是性质极为相似、可溶性还略大的白云岩也不明显。正因为这种在自然环境下的"化学可逆性"，决定了灰岩地貌的特殊与地下水活动的神奇之处。

2）特殊的力学"基因"

完整灰岩的力学强度仅次于石英岩及强度较高的石英砂岩，如果属于完整没有任何裂隙孔隙的岩块或岩体，其力学强度很高，并具有自身的刚性与脆性，在构造挤压作用下，它易于碎裂。因而降水易于通过碎裂面渗入内部。

3）特殊的地质结构"基因"

碳酸盐岩区成岩裂隙、孔隙、构造断裂、构造节理十分发育，特别是在强烈构造挤压褶皱的核部，发育有穿切地层的宽大且贯通性裂隙（见图 4.28），为降雨的渗入提供有利的储存空间与活动空间。

例如重庆的北温泉则出露在背斜核部，它是由灰岩地下水补给，从砂岩核部张裂隙出露的构造裂隙大泉。补给区具有地下暗河特征，排泄区却是须家河砂岩裂隙。

图 4.28　垂直地面 X 形剪裂隙

4）特殊的水理性质"基因"

降水、渗水或地下水能否溶蚀灰岩则取决于该水能否从中性水变成弱（强）酸性水。从中性水变成酸性具有溶蚀性水的途径有 3 种：a. 植被的腐殖酸；b. 溶解空气中的二氧化碳；c. 从地球深部获取具有高含量的 H_2S–CO_2 的酸性水。

第 1 种途径在植被发育区最易获得，在常温下降雨通过植被根系层则可淋滤稀释腐殖酸，使运动的水带有弱酸性而进入灰岩的原生裂隙或构造裂隙，对其进行"溶蚀"，扩大裂隙空间。在植被发育极好、降雨量丰富的灰岩区，降雨获取丰富的腐殖酸是灰岩区开启"溶蚀"过程的最易最便途径。

第 2 种途径则是把游离二氧化碳变成"侵蚀二氧化碳"，这种途径是可行的，但也是可逆的，因而是一种艰难的途径。

第 3 种途径从理论来说是对"溶蚀"贡献最大的过程，但实际上却与表层灰岩"溶蚀"的过程相悖。地壳深部不但富含高温二氧化碳，而且富含高温硫化氢气体，它们对深部碳酸钙有极强的腐蚀作用，它能产生高压自喷富含 H_2S–CO_2 气体的酸性水（pH 值在 3 ~ 5），因这种深部地下热水钙含量极高，进入地表后，水中的高钙迅速析出，形成雪白的钙华层，沉积速率可达 10 ~ 15 mm/a。例如泸定石油钻探井喷出的地下水生成雪般的钙华层（见图 4.29），迅速包裹新鲜草秆。这种高温 CO_2 与高温 H_2S 气体对地表灰岩的"溶蚀"不但无促进作用，更是一种负作用。这种类似现象更有黄龙洞中的古钙华，牟尼沟地表古钙华层与近代九寨黄龙钙华层为证。在重庆缙云山地表也有类似古钙华沉积，厚度可达 30 ~ 40 m，单层厚度 1 ~ 2 cm，层理清晰（见图 4.30）。因而"深部二氧化碳"到底是为灰岩"溶蚀"起关键作用，还是为钙华沉积起决定作用值得深入探讨。

图 4.29　泸定喷水形成的钙华层

图 4.30　缙云山古钙华层

另外，在常温条件下，日常生活中大多见到的是"水垢"，即碳酸钙沉淀，天然条件下的灰岩区所测积水或地下水的 pH 值大多大于 7，可达 8 ~ 9，因而灰岩区的"溶蚀"

如何发生也值得进一步探讨。

因为灰岩原生裂隙与构造裂隙呈交叉网状存在，当裂隙空间扩大到一定程度，就使看似完整的岩体开始破裂，在重力作用下部分岩块完全脱离岩体出现坍塌，而运动的水则发挥水的冲击、破碎与搬运作用。

以上 4 个特殊性相互制约、相互支撑、相互补充，是形成灰岩喀斯特地貌与地下深部缝洞管道系统的关键，如果其中一个性质被改变，则喀斯特地貌形态将很难形成。比如灰岩变质后，其化学性质仍保留，而力学性质、岩体自身的地质结构与水理性质都将发生改变，即使改变不十分大，但其形成喀斯特地貌的"基因"仍被破坏。因而在大理岩或浅变质灰岩中就很难存在典型喀斯特地貌，特别是缝洞管道系统，如洼地、暗河、天坑与地缝等。

又如溶解度比灰岩更大或更小者，也形不成典型的喀斯特地貌，如膏盐岩盐地层。有的学者也只能提出一个新名词，称其为"假岩溶"，也就是说大面积膏盐、石盐地区的可溶岩形不成"岩溶"地貌，也就是本书称的"喀斯特地貌"。这也意味着喀斯特地貌不是可溶岩被溶蚀就可以形成，它需要一个复合条件，也就是碳酸盐岩才能形成，硫酸盐岩、盐酸盐岩这些溶解度较大甚至极大的岩类都形不成"岩溶地貌"，即本书称的喀斯特地貌或灰岩地貌。同样，比碳酸盐岩更难溶的硅质岩或砂泥岩也形不成喀斯特地貌。

如果地质结构非常完整，灰岩地层中不存在构造裂隙、成岩裂隙，那么灰岩内部的洞穴就无法形成。这就是常规书上解释的"灰岩的极不均匀性"。实际上这种不均匀性并非由溶蚀的不均匀性造成，而是由灰岩地层在成岩过程中或后期构造运动过程中形成内部的裂隙、孔隙的极不均匀性造成的。

4.3.5 非"可溶岩区"的大型暗河系统

有些岩类也可形成类似灰岩中的"管洞"或大洞，如四川均连县小鱼洞暗河系统上游有一个直径达 5 m 左右的巨大玄武岩洞与其相通。无独有偶，福建省漳州一个叫南碇岛的孤岛上，发现了多个玄武岩长洞，洞长数百米，洞宽 2 ~ 3 m，洞高 5 ~ 15 m，十分壮观，洞底发现磨圆度极好的鹅卵石，显然是水流磨圆的结果，属玄武岩中发育的洞穴暗河。

在少数非喀斯特地貌区（也称"非可溶岩区"）早期也可以发现大型"岩溶"洞穴暗河。例如四川资中圣灵洞暗河系统，洞体总体平面所涉范围东西直线长 2 300 m，南北宽 250 m。目前已测量开发的洞体累计长度达 4 458 m，从发育规模推断，实际可通行长度可达 7 000 ~ 8 000 m。根据洞体延伸长度与空间展布规模，圣灵洞应属中型甚至大型洞穴。若相对该处的薄层地层与简单构造的环境地质而言，则应属超大型洞穴。

该洞主洞曲折交错，近东西向展布，西高东低，西端硝硐子处洞底海拔高 436.23 m，东端龙王宫附近高 368.47 m，垂直高差为 67.76 m。平均坡降为 0.015，与地层倾斜坡降基本一致，总体比较平缓。

圣灵洞发育地层为侏罗系自流井组大安寨泥灰岩（$J_{1-2}z^3$），厚 13 ～ 46 m。主要由灰色及少量紫灰色薄中厚层状泥灰岩、灰岩或生物灰岩，夹紫红、紫灰色钙质泥岩、页岩组成，顶部为厚 3 m 左右的绿红、灰黄色泥岩，与新田沟组砂泥岩分界。灰岩中泥质不均，呈疙瘩状，泥岩具钙质网纹。总体可细分为灰泥相间的 8 个小层（见图 4.31）。灰岩单层厚 2.1 ～ 4.5 m，砂泥岩单层厚 0.23 ～ 0.6 m 不等，不利于"溶蚀"。按"溶蚀理论"是不可能发育如此长的大型洞穴的。

（a）

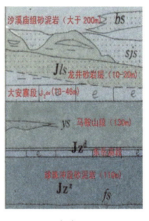

（b）

图 4.31　大安寨淡水灰岩的灰泥互层结构

该洞道具有喀斯特洞穴的基本特征，但也有异于常规大型纯灰岩洞特征，主要有以下特点。

①自然洞道整体长而狭小，多处洞宽仅几十厘米，高也仅一米多。

②洞的横切断面形态大多为矩形状，特别是洞顶绝大部分为岩层面，岩面平整，少水流冲刷及溶蚀特征；局部也有较为宽大的厅堂，但规模较小，直径约 5 m。

③洞道的河道式集水网络特征明显，主通道上在立体空间上有多处支洞管道相联，展现为水流冲刷、坍塌、搬运的特征。

以洞体断面大小而论，该洞规模较小，但以洞内的

图 4.32　淡水泥灰岩洞穴中的石鞭

石钟乳形态、大小与展布特征而论,它具有大型喀斯特岩洞特征。洞中的天然石钟乳,大小柱、幔、瀑不下数百根,具有一定规模者可达30根,以石笋、石钟乳为主体(见图 4.32),洞内有不少洞顶崩塌物。从溶蚀概念来说,这是溶蚀度很低的泥灰岩。以上事例完全打破了所谓的"可溶岩中才能发育暗河与溶洞"的学术定论。

总之, 一旦以上 4 大特殊基因被满足,只要有水参与,喀斯特地貌就可能出现。所以水的活动是产生喀斯特地貌的关键,也就是说气候是喀斯特地貌发育的重要控制因素。例如湿热气候是喀斯特地貌的催生剂,而干旱与高寒气候则是喀斯特地貌发生的阻化剂。因为干旱与高寒都意味着没有水对灰岩的动力雕琢破坏,实施不了"化学刀、钻"的"外科手术"。因而喀斯特地貌在干旱与高寒地区较难发育。

4.3.6 "高寒"喀斯特地貌形成机理初探

现实中在四川西部海拔 3 000 m 左右及以上的高寒地区却可能发现发育完整的喀斯特地貌类型,称为"高寒喀斯特地貌",也称为"高原岩溶"或"高原岩溶地貌"。

高寒喀斯特地貌有两种类型,其中最常见的是以寒冻风化为主的尖棱状高山及大面积寒冻崩塌碎石体,有少量小型灰岩洞孔类。例如九寨长海沟、日则沟、则查沟的灰岩非常完整,很少可见大的缝洞系列。松潘的红心岩处海拔 4 000 m 灰岩有高山冰川湖泊,灰岩寒冻风化严重,但不见漏斗、洼地及管网系统存在。

另一种高寒喀斯特地貌则类似南方喀斯特地貌:以流水作用为主的峰林峰丛、槽谷、穿洞、钙华堆积体。而钙华却是这类地貌中必不可少或缺的伴生形态,但现今看不到任何流水痕迹。

这是灰岩或其他岩层浅层或中深层地下水与深部地下高温气体相遇而产生的热液作用形成的"热水喀斯特地貌"。很多岩溶书籍文献称为"高海拔 – 高寒喀斯特地貌",并推测该地区地质历史上曾属低海拔江南湿热气候,进而形成了江南型喀斯特地貌,后因地壳抬升演化为当今的高海拔高寒环境,形成了现在的高寒岩溶地貌。有的也称为"高原喀斯特地貌"或"高原岩溶地貌",即类似南方喀斯特地貌,并不是高寒地区存在类似南方长期流水溶蚀的结果。

比较典型的高寒高海拔喀斯特地貌如西藏革吉县龙马尔地区,可以发现世界罕见的泉涌钙华柱林,柱高 2 ~ 3 m,最高可达 7 m,直径达 0.5 ~ 1 m,有的仍在涌水生长,柱中热水温度 40 ~ 70 ℃,最高温度达 82.8 ℃,为海拔 4 500 m 处的热泉,泉口的上部是高 25 m 的钙华台,台上分布有 2 ~ 5 m 高的钙华柱,显然属早期热泉上涌溢出而成。在有的泉水钙华沉积物中发现了 7 000 年前的石器。

西藏纳木错湖海拔 4 718 m，东西长 70 km，南北宽 30 km，面积达 1 920 km²，是中国第 2 大咸水湖。纳木错湖东南方向有一扎西半岛伸入湖中，半岛水边出现高出湖面 200 m 与 130 m 的两个白垩系灰岩石峰（见图 4.33）。

图 4.33　西藏纳木错白垩系喀斯特地貌

除了西藏以外，四川西部也有不少高寒喀斯特地貌区，如海拔 3 500 m 左右的阿坝州巴塘、海拔 4 200 m 的凉山州喜德小相岭，前者已转化为寒冻风化地貌，而后者正在形成。

目前对这种高寒高海拔喀斯特地貌的成因有不同观点，其中有部分学者用"地壳抬升说"来解释。其实以"地壳抬升说"来解释此地貌类型本也有一定的合理性，但不可解释的是在同一海拔、同一高寒地带却存在实质上的寒冻风化喀斯特地貌与南方型的高寒喀斯特地貌。这是"地壳抬升说"无法越过的事实。

因为喀斯特地貌是世界所有灰岩地区经历同一时间、不同环境下的水岩相互作用下的类同产物，因而它具有共性，也有差异性。其"共性"的解释不能与"差异性"相左，也不能牵强。正因为如此，把同一个地区的两种截然不同的喀斯特地貌，一种解释为"地壳抬升"，另一种却解释为"无需抬升"直接由寒冻风化形成，这似乎缺乏合理的科学统一性。

从目前所观测到的现象分析，不管是海拔 4 000 ~ 5 000 m 还是 3 000 ~ 4 000 m 的高寒喀斯特地貌，其共同特点是具有南方湿热环境下的喀斯特地貌基本特征，如穿洞、槽沟、孤峰、石林、天生桥、地下水、大泉及钙华堆积等。

但很少人注意到，高寒喀斯特地貌还有个显著的特点是其伴生有不同程度的地表钙华大量堆积，有的还伴随着温泉群，如藏南措美县古堆乡有一系列呈线性排列的热泉出露涌水。南方喀斯特地貌则没有这一现象。它充其量也只在洞穴中伴生钙华堆积，大量的地表钙华堆积比较少见。具有大量地表钙华堆积的地区有"温泉之都"——重庆的北温泉、四川泸定深钻涌水区、四川巴塘县热水喷泉、四川渠县老龙洞附近、黄龙、九寨、神仙池等，特别是牟尼沟—扎卡瀑布一带的厚层钙华层。

最近在海拔高程为 700 ~ 1 000 m 的重庆假角山几个横切沟谷处发现了大型古"钙华瀑布"，高达百米，宽 300 余米，钙华层纹厚约 15 mm，部分已成岩，硬度与磨光度都可达到致密灰岩程度。还发现一近几年"喷发"的白色钙华流瀑（见图 4.34、图 4.35）。

图 4.34　假角山百米高古钙华瀑　　图 4.35　假角山新喷 5 m 高钙华瀑

以上分析均指向同一形成机制：地下深部酸性热气体和富含硫化氢与硫的酸性气体上升与浅或深循环的常态地下水混合，形成酸性水，对灰岩"溶蚀"，成为富钙热水或"热气化水"上涌或上喷，遇冷后在地表形成大面积钙华流沉积层及沉积层纹（见图 4.36）。

图 4.36　假角山"成岩"钙华层纹理

4.4 隧道工程引发环境地质问题的复合机理

4.4.1 埋藏条件下的碳酸盐岩与深部溶蚀改造

喀斯特地貌的形成受很多因素控制，如地质构造、气候与长期的地球内部的热气物理化学运动等，它的外部形态千变万化。

重庆"四山"地区三叠系嘉陵江组灰岩与雷口坡组灰岩在海洋沉积后期，由于须家河砂泥岩及侏罗纪砂泥岩的后续沉积覆盖，并不断发生推覆挤压运动，伴生地下水对灰岩夹层中的膏盐、盐岩溶蚀（区内大量钻孔揭露的灰岩岩芯中均有发现），发生层面塌陷，产生灰岩中的膏溶角砾岩层、甚至是灰岩或云岩塌陷柱。膏溶产生的塌陷先在灰岩成岩过程中首次自我进行原生孔缝洞的改造，后由于重庆地区地质构造运动，经历强烈推挤褶皱、断裂，再次改造灰岩内部的孔缝洞系统。

重庆"四山"地区受降水的地表剥蚀、地下渗透作用，对侏罗系砂泥岩及须家河砂泥岩进行大规模的剥离破坏，对仍埋藏于须家河砂岩以下的灰岩进行深部加热，深部二氧化碳、硫化氢气体、渗漏降雨或须家河组的越流地下水混合作用，进行暴露地表前的深部热液溶蚀改造。最终处于山脊及构造核部的灰岩暴露出地表，开始了地表直接的冲刷、搬运，地下的渗透、水劈及"化学刀、钻"的破坏，扩展了地下空间。

"四山"地区沿背斜核部延伸方向形成了完整的灰岩孔缝洞系统，完成了原始的"一槽两岭"或"两槽三岭"的原始格局。竖向洞隙、横向沟槽甚至管网不断推进、扩大、延长并形成地下水流管网体系（见图 4.37）。

图 4.37　彭水摩围山顶二叠系灰岩区在暴雨冲刷后露出的灰岩表面

4.4.2　暴露地表的碳酸盐岩进一步改造与第四纪覆盖

图 4.38　泥砂土对垂直通道的充填

槽谷形成过程中，时刻伴随着热胀冷缩、风化剥蚀、植被根裂、雨水冲刷、腐殖酸的溶蚀、岩体表面成壤、洞孔生成与破坏堵塞、局部成湖的过程，不断更新地表形态与地下管网缝洞系统。最终大面积的石槽、岩坑、乱石被冲洪积物覆盖，填平补齐成为目前适用耕作居住的宽阔槽坪（见图 4.38）。

除非发生极大暴雨，槽坪中基本不会洪涝或干旱。因为地下有灰岩巨大的储水降洪系统，地上有涓涓泉流甚至天然湖塘，从而达到降水与排水的自然平衡。除特旱或特大暴雨年，其地表形态也维持着相对稳定。

4.4.3　暴雨、干旱与地下工程的干扰

在碳酸盐岩原始喀斯特地貌中除了基岩冲沟外，还有与地下管道相通的大量漏斗、竖井、孔洞与洼地，它们被后期砂泥土填平覆盖后，这些开放畅通的洞缝井口被泥砂封堵。在正常的自然暴雨或干旱条件下，灰岩缝洞管道中的黏土堵塞物可能失水坍塌产生地表局部塌陷，但时间长了也可自然修复。而人类工程包括隧道工程、地下采矿巷道等引起的地面塌陷却无法自然修复。这是因为人类工程引起了"四山"地区各山系统的区域性环境地质的改变。

如前所述，重庆"四山"地区的特殊地质地貌桁架限制了重庆灰岩喀斯特地貌不能如同广西桂林或贵州、云南那样"无边界"地拓展，也限制了重庆"四山"地区水岩相互作用的空间、方向、速度与形态。

首先，重庆"四山"地区的灰岩处于背斜核部且属地形的山脊部分，接受降水的面积十分有限，汇水条件较差，因而形成了特殊的岭槽复合喀斯特地貌类型。例如缙云山双岭单槽地貌就是一种特殊的水岩相互作用的产物。以缙云山为例，缙云山水岩作用概括起来可划分为 3 个阶段：

①降水形成地表径流对砂泥岩及灰岩表面的冲刷剥蚀改造阶段，在这一阶段相当于先削平须家河砂泥岩盖层，让核部雷口坡嘉陵江灰岩"能见天日"暴露于地表。

②降雨汇成的地表水对灰岩表面进行物理与化学双重剥蚀溶蚀冲刷搬运作用，同时借助地质构造为灰岩留下的原始沉积构造作用留存的孔缝洞系统，地表水溶汇植物的腐殖酸直接渗入原始缝洞与构造裂隙中。

③进行"化学刀"的切割或"化学钻"的钻进，不断扩大孔缝洞空间，破坏灰岩的整体性，以利于被分离的岩块在地下坍塌、破碎与搬运，开辟地下水在地下运动的空间，形成地下缝洞管网系统。

经过以上 3 个阶段后，槽谷及地下管网系统已经形成，丰水期局部横向排泄，枯水期纵向运移，形成横纵并列排泄与搬运模式，并不断在灰岩基面堆积风化泥砂物质。最终又把水流"制造"的落水洞、竖井充填堵塞，形成现今的隐伏喀斯特地貌形态。也就是说原始灰岩的起伏地面的竖井、漏斗已被砂泥物质覆盖。降雨与形成的地表水流通过表层砂泥松散孔隙层缓慢渗入地下补给灰岩含水层，形成细水长流的生态环境地质，保持水土稳定和生态平衡。

一旦出现某个突发因素的改变，这种平衡就将被打破。例如特大暴雨将改变灰岩上覆松散砂土体的物理性质，甚至液化，减少摩擦力，增加流动性，致使原始稳定的"土-岩"关系被破坏，使土体沿原始被堵塞的竖井、漏斗或缝洞系统流失而发生塌陷。

长期干旱也有类似效果，因为长期干旱，土体失水收缩破碎，在管网地下水活动的负压条件下则会不断垮塌，而发生突发的土体整体塌陷。

地下工程如隧道工程或矿山工程则是人工作用下改变地下水流场的动态平衡，引起区域地下水位下降，而使灰岩基岩地下水流场与砂土松散物的地下水流场失去有机过渡与转换，产生突发性塌陷。

土体塌陷大致分两种。一种是基岩埋深大，见不到基岩界面的渐进式塌陷（见图 4.39），其影响范围大，随着时间推移塌陷直径向外扩大，其治理难度大。另一种是能见到基岩界面的塌陷（见图 4.40），其影响范围有限，易于治理。

图 4.39 未见基岩界面的土体渐进式塌陷

图 4.40 能见到基岩界面的土体塌陷

4.4.4 "土体塌陷"机理分析

由于人类工程对环境地质的系统改变，主要是地下水位区域性下降，打破了地下气压与水压的平衡，在地下局部位置形成地下真空负压，造成"真空吸蚀"坍塌。曾有视频记录了一次发生在沙坪坝区中梁镇龙泉村的塌陷过程，2019年10月11日，龙泉村村民富国江家屋后玉米地中出现了一直径2 m，深2 m的近圆形塌陷坑，发现之初底部未完全贯通，存在少量积水和泥浆（见图4.41），在下部空洞产生的真空吸蚀作用下，泥浆中出现旋涡（见图4.42），水位逐渐下降（见图4.43），最终形成了一个直径达0.5 m的空洞（见图4.44），整个过程持续了大约12 min。

图4.41 "真空吸蚀"坍塌之初

图4.42 坑底泥水中出现旋涡

图4.43 水位不断下降

图4.44 形成空洞

第 5 章 解决隧道工程环境地质问题的对策

重庆"四山"地区因为隧道的密集建设，区内环境地质问题十分严重。环境地质问题的形成主要在于重庆特殊的喀斯特地貌组合，灰岩体中形成的洞缝暗河管道，人为改变岩体的平衡结构，进而造成原生态地下水系统紊乱，地下水疏干、地表水漏失，致使由土体天然填堵的灰岩落水洞、天窗等重新活动，并最终导致土体塌陷。因而"四山"环境地质问题应从地质本身角度去解决。

5.1 拟建隧址区的适宜性分区

截至 2018 年，重庆"四山"地区已建成且运营和在建的隧道达 66 条，规划隧道 39 条。随着未来重庆城市发展甚至可能还要增加多条隧道建设，为此必须对重庆"四山"地区进行科学的分区，指导未来隧道规划与建设，减少对环境地质的进一步破坏。

新建隧道的选址应遵循隧道与环境地质"相互适应、和谐共存"的原则，选址应充分考虑隧道建设的适宜性。针对"四山"规划区，本书将总结已建隧道存在的问题与获取的经验，采用定性与定量相结合的综合分区方法，进行隧道建设适宜性分区。

5.1.1 隧道建设适宜性分区依据

1）适宜性定义及分级

隧道建设适宜性是指在工作区一定范围内（地段）进行相关隧道规划、设计和建设时，隧道本身与环境地质之间相互适应的程度，以适宜性为量度，分为适宜性差、基本适宜和适宜 3 个级别。具体情况见表 5.1。

表 5.1　隧道建设适宜性分级表

适宜性等级	具体情况
适宜性差	该区原则上应进行保护,禁止在该地区进行任何隧道建设规划。而对于确实需要规划建设的重点型、枢纽型隧道,必须在规划前进行专项水文地质论证,评价隧道对环境的影响范围和影响程度,若论证隧道建设将对环境造成严重的影响,还是建议禁止建设;若论证可以采用一定工程措施后,对环境影响相对较小时,可进行规划建设,同时应做好专项的工程地质、水文地质、环境地质详细勘察
基本适宜	区内基本适宜进行隧道规划及建设,在规划前应做好专项的水文地质调查工作,对现有水资源和环境地质问题进行详细勘察,制定详细的施工防护措施,尽可能降低对生态环境的破坏
适宜	区内适宜进行隧道规划及建设。该区原则上规划不受限制,但从保护环境地质和地下水资源的角度考虑,应加强规划建设前水文地质调查评价工作

2)适宜性分区的因子选择

(1)定性分区的评判因子

①环境地质条件脆弱性(脆弱、较脆弱、不脆弱)。

脆弱:环境地质条件脆弱,地区环境地质耐受能力弱,平衡性差,在外力作用下,极易产生环境地质问题,一旦遭受破坏,一般难以恢复。

较脆弱:在外力作用下,较易产生环境地质问题,受到破坏,进行防治具一定难度。

不脆弱:环境地质条件良好,性质稳定,分布相对广泛,不易产生环境地质问题。

②保护对象重要性(重要、较重要、一般)。

重要:人口分布密集的集镇和聚居点、大型厂矿、大型水利设施、国家公园、国家级旅游保护区、风景名胜区、自然保护区、生态保护区。

较重要:人口较密集的聚居点、耕地和农田大规模分布区域、中型水利设施。

一般:除重要和较重要以外的区域,如人口零星分布区,森林、荒山等无人区。

(2)定量分区的评判因子

①保护对象价值重要性因子。包括人口价值系数、产业价值系数、生态价值系数、重要设施建筑系数。

②地下水疏干影响因子。包括过水通道影响系数、距隧道轴线水平距离影响系数、水资源丰富程度系数、水资源依赖性系数。

③塌陷影响因子。包括地表塌陷危害程度系数、塌陷易发性影响因素。

④爆破振动等其他影响。

3）适宜性分级定性与定量评价方法

（1）定性评价方法

地下空间工程建设可分为适宜性差区、基本适宜区和适宜区 3 个分区，其评价标准主要根据环境地质条件脆弱性、保护对象重要性这两个条件初步确定，再结合现状影响程度进行调整。具体评价方法见表 5.2。

表 5.2 隧道建设适宜性分区判定表

环境地质条件脆弱性 ＼ 保护对象重要性	脆 弱	较脆弱	不脆弱
重要	适宜性差	适宜性差	基本适宜
较重要	适宜性差	基本适宜	适宜
一般	基本适宜	基本适宜	适宜

（2）定量评价方法

定量分区评价方法主要参考《报告》的 7.3 节，通过分析计算隧道工程建设可能造成的最低价值损失进行定量分区。主评价因子主要选取保护对象、地质环境影响（水疏干、地面塌陷、爆破振动）、防治难度等，再对每个主评价因子进一步细分并赋值，最终计算出隧道工程建设可能造成的最低价值损失值（Z），并按照表 5.3 划分评价单元的适宜性。

表 5.3 考虑采取工程防治措施后隧道工程建设适宜性分区

定 性	适宜区	基本适宜区	适宜性差区
Z 值	＜ 20	20 ~ 50	＞ 50

注：1. 国家或地方有特殊规定禁止地下工程建设的，划为适宜性差区；
    2. 国家或地方重要自然保护区、保护对象特殊且重要区域，以及规定禁止或限制建设区域可根据具体情况结合区内地质环境条件提高不适宜等级；
    3. Z 值为折减后最低影响价值，工程建设时必须采取可靠防治措施。

5.1.2 "四山"隧道工程适宜性分区

1）适宜分区总体特征

根据 5.1.1 节定性分区和定量分区两种方法，参考《报告》相关内容和数据，重庆"四山"地区隧道建设适宜性分区结果具体情况详见表 5.4。

表 5.4 隧道工程建设分区总体统计表（按分区面积统计）

分区 ＼ 片区	适宜性差区（A 区）		基本适宜区（B 区）		适宜区（C 区）	
	面积 / km²	小区总数 / 个	面积 / km²	小区总数 / 个	面积 / km²	小区总数 / 个
缙云山地区	48.43	5	74.97	14	196.60	9
中梁山地区	157.73	8	210.97	18	426.30	15

续表

分区	适宜性差区（A区）		基本适宜区（B区）		适宜区（C区）	
片区	面积/km²	小区总数/个	面积/km²	小区总数/个	面积/km²	小区总数/个
铜锣山地区	71.43	7	69.82	16	321.75	8
明月山地区	266.70	2	61.47	7	469.83	16
总　计	544.29	22	417.23	55	1 414.48	48

根据表 5.4 可知，工作区总面积 2 376 m²。其中，适宜性差区（A 区）总面积 544.29 km²，占工作区总面积的 22.91%，主要分布于工作区内背斜两翼岩溶槽谷及溶蚀残丘、孤峰位置；基本适宜区（B 区）总面积 417.23 km²，占工作区总面积的 17.56%，主要分布于工作区内背斜两翼中低山地区一带，分布地层主要为三叠系上统须家河地层，局部位于地势较高的二叠系山脊、孤峰区域；适宜区（C 区）总面积 1 414.48 km²，占工作区总面积的 59.53%，主要分布于工作区内背斜两翼低山、丘陵地貌区，分布地层主要为侏罗系地层。具体分布情况详见图 5.1，各山隧道建设适宜情况及所占比例见图 5.2。

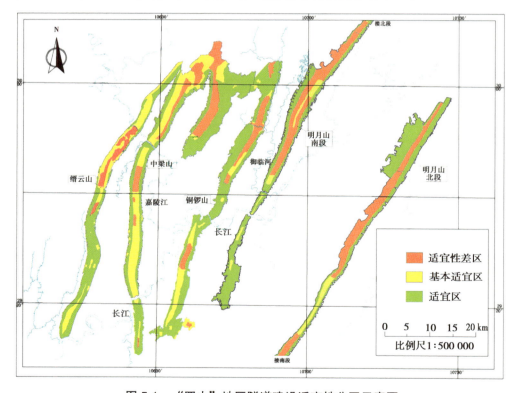

图 5.1　"四山"地区隧道建设适宜性分区示意图

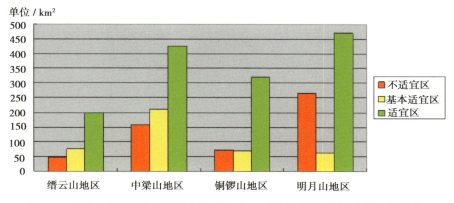

图 5.2　"四山"各地区隧道建设适宜情况对比分析图（按分区面积计）

2）缙云山适宜性分区及生态环境地质特征

缙云山隧道建设适宜性差区（A 区），面积共计 48.43 km²，占缙云山地区总面积的 15.13%；基本适宜区（B 区）面积共计 74.97 km²，占缙云山地区总面积的 23.43%；适宜区（C 区）面积共计 196.60 km²，占缙云山地区总面积的 61.44%。其分布情况见图 5.2。

缙云山地区受现状人类地下空间工程活动影响相对较小，其适宜性差区（A 区）主要是受其自身环境地质条件脆弱性以及重要保护对象影响。该地区进行规划隧道选址时，应尽量选择环境地质条件较好且保护对象一般地段进行建设。

3）中梁山适宜性分区及生态环境地质特征

中梁山隧道建设适宜性差区（A 区）面积共计 157.73 km²，占中梁山地区总面积的 19.84%；基本适宜区（B 区）面积共计 210.97 km²，占中梁山地区总面积的 26.54%；适宜区（C 区）面积共计 426.30 km²，占中梁山地区总面积的 53.62%。其分布情况见图 5.2。

中梁山地区因大量隧道修建和矿山开采等人类工程活动，导致地区环境地质条件恶化，耐受能力降低，环境地质条件脆弱，难以承受拟建隧道建设所带来的改变（改造）。该地区进行规划隧道选址时，应充分减少对地区地质环境的影响。

4）铜锣山适宜性分区及生态环境地质特征

铜锣山隧道建设适宜性差区（A 区）面积共计 71.43 km²，占铜锣山地区总面积的 15.43%；基本适宜区（B 区）面积共计 69.82 km²，占铜锣山地区总面积的 15.08%；适宜区（C 区）面积共计 321.75 km²，占铜锣山地区总面积的 69.49%。其分布情况见图 5.2。

铜锣山地区因大量隧道修建和矿山开采等人类工程，导致地区环境地质条件恶化，耐受能力降低，地质环境影响程度脆弱，难以承受拟建隧道建设所带来的改变（改造）。因此，该地区进行规划隧道选址时，应充分减少对地区地质环境的影响。

5）明月山适宜性分区及生态环境地质特征

明月山隧道建设适宜性差区（A区）面积共计266.70 km²，占明月山地区总面积的33.42%；基本适宜区（B区）面积共计61.47 km²，占明月山地区总面积的7.70%；适宜区（C区）面积共计469.83 km²，占明月山地区总面积的58.88%。其分布情况见图5.2。

明月山地区受现状人类地下空间工程活动影响相对较小，而其适宜性差区（A区）主要是受其自身环境地质条件脆弱性以及重要保护对象影响。该地区进行规划隧道选址时，应尽量选择环境地质条件较好且保护对象一般地段进行建设。

5.2 拟建隧址区水文地质问题的科学预判

环境地质问题起因于隧道建设，因而隧道建设前的选址研究十分必要，是防止环境地质问题发生的最关键一步，特别是对隧址区的水文地质条件获取充分认识，作出预判，以备早期作出科学决策，防范后期环境地质条件恶化或破坏。

5.2.1 隧址区的前期水文地质研究成果

隧道选址论证时先期重要工作是对已有水文地质成果进行系统收集、分析研究，得出隧道建设可能引发环境问题的前期认识。本书将以北温泉地下水系统为例，来讨论隧道开挖前期开展水文地质研究的过程及对隧道选址的影响。

实际上，位于青木关与北温泉之间的缙云山隧道选址问题早在1998年就开始，第1次选址是位于北温泉之南的缙云山高点附近（见图5.3），隧道设计标高是263 m。

当年综合论证得出结论是：北温泉的少部分补给来自缙云山的降水直接渗入，大部分来自嘉陵江北岸30 km，海拔高程1 300余m的华蓥山地区降水深循环加热补给。

第2次选址的水文地质论证是2017年至2019年，隧址位于北温泉以南的甘家槽谷北端灰岩区域处，距离南侧青木关约9.5 km，距离北侧北温泉约14.8 km，隧道设计标高为320～350 m（见图5.4）。

2018年的论证给出了类似第1次选址的地质结论，认为北温泉的地下水补给主要来自嘉陵江北岸华蓥山的深循环加热补给。而缙云山地区灰岩区地下水大部分补给青木关龙洞，地下水分水岭以北有少部分补给北温泉。

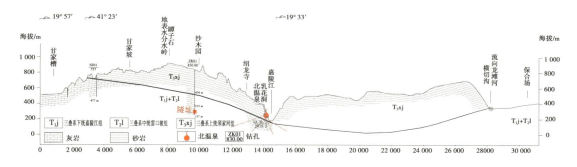

图 5.3　1998 年缙云山隧道选址位置图
（引自：成都理工大学 1999 年论证报告）

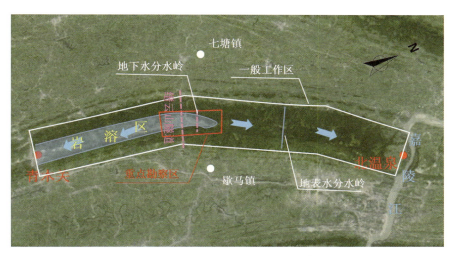

图 5.4　2017 年拟建隧道位置示意图
（引自：南江地质队 2018 年论证报告）

5.2.2　前期水文地质结论的分析

1）姜家龙洞是"暗河"还是"大泉"

姜家龙洞位于青木关北侧，温塘峡背斜东翼近轴部位置，洞口高程为 325.5 m。其整体径流长度约 7.5 km，汇水面积约 12.3 km²。上游岩口落水洞至龙洞口段地形坡度较缓，高差约 35 m，水力坡度约 13‰，在径流区沿线一带发育了一些消溢洞，如在金竹湾洼地消溢洞大雨过后会有冒水现象，说明其埋深较浅，水力坡度较缓。而在龙洞口至姜家龙洞段，地形坡度较为陡峭，高差约 155 m，水力坡度约 31‰，该段未有消溢洞出现。

姜家龙洞的主要径流带——龙洞至姜家龙洞段没有洼地，也无典型的竖井、漏斗或消水洞，地表坡度十分陡峻。这样的地貌特征不利于汇水，缺乏发育暗河的水动力条件，很难形成"暗河"。姜家龙洞水量十分可观，应归功于该水文单元植被发育良好，它不但可获得丰富的生态水层的补给，还可获得槽谷两侧可观的砂岩裂隙水的补充。

结合1.1.5节对暗河的介绍可知，因姜家洞不具备暗河定义的第1和第3项条件，故它更符合"灰岩大泉"的特征。

2）前期水文地质结论分析与新地质现象的发现

1998年与2018年两次论证及相关地质工作存在的疑问主要有以下4点。

①北温泉与姜家龙洞之间是否存在地下分水岭。如果存在，它应在什么位置？如果北温泉存在嘉陵江南岸地下水补给，为何北温泉可破坏"最低侵蚀基准面控制原理"，跨嘉陵江最低侵蚀面，距北温泉30余千米，海拔达1 300 m以上的华蓥山地下水如何绕过嘉陵江河床底部（低于河床近百米）在嘉陵江北岸排泄，或者说为何地下深部存在一个由华蓥山补给跨江深循环的地下热水层（见图5.5），它的"补、径、排"与加热方式是什么，如何独立于浅部灰岩地下水循环。

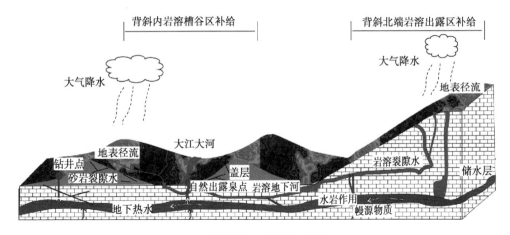

图5.5　地下热水储层示意图
（引自：2018年南江地质队报告）

②北温泉为何出露在须家河组砂泥岩之上的乳花洞与大片钙华滩上，这些钙华物质源自何方。

③缙云山灰岩槽谷区的南端龙洞口至姜家龙洞段地形坡度陡峭（高差达155m，水力坡度31‰），而北端补给区甘家槽谷—岩口天坑段地势平缓，南北两端地势为何存在较大差异。

④在缙云山或重庆"四山"地区如果存在一个地下热水储层，它的形成机理是什么，埋深如何确定。

以上问题在前期研究中有不少解释显得牵强，没有圆满答案。但从前期水文地质结论来看，有一点是肯定的：姜家龙洞与北温泉属同一水文地质单元的两个排泄点，二者之间具有水力联系。同时还可认为北温泉除了有缙云山体的地下水补给外，主要是来自嘉陵江北岸 30 km 以外华蓥山地下水系统经深循环加热后的补给。存在分歧的只是姜家龙洞与北温泉这两个排泄点的分水岭位置观点不同及深循环的途径不同。

实际上前期两次研究结论都解释不了所发现的地质现象。首先是早期称作岩口"落水洞"的，并非常规落水洞，而是一个直径达 100 ~ 150 m，垂直深度在 30 m 以上，底部平坦且有巨厚泥沙沉积物，并发育了一条深约 1.5 m，长约 200 m 溪流的"天坑"。天坑底部近溪流终端还发现两个近水平的灰岩洞穴，一个向西延伸，一个向北指向北温泉。其次则是甘家槽谷处，早期只认为这里有洼地，其内分布着较大的人工水塘（堰坎水塘和甘家槽人工湖）。其中甘家槽人工湖相对较大，该水塘在枯季时，蓄水量明显减少，水深 1 ~ 3 m，雨季时可蓄水，多余水顺水塘南侧岩口落水洞流入地下暗河系统内。但没有研究为何这里可建人工湖，其湖水为何不漏失，雨季水量丰富时有水排入岩口天坑，而不进入其他落水洞。最后北温泉处的大片钙华滩与乳花洞为何铺盖在嘉陵江边的须家河砂泥岩之上，这些钙华来自何方。这就必然要联想到甘家槽谷、岩口天坑、钙华滩、乳花洞及北温泉等，这些似乎没有联系的地质表象是否存在内在的联系。

3）缙云山地下水系统的新判断

综合多方面研究成果及相关地质现象，下文对北温泉与青木关的姜家龙洞进行了综合研究，作出了水文地质新判断。

（1）甘家槽谷的地质发育史

甘家槽谷并非简单的几个人工湖，从地貌特征判断它们应是退化的古喀斯特湖的延续（见图 5.6）。

图 5.6　甘家槽谷古喀斯特湖

　　首先在甘家槽谷中发现大规模湖泊沉积物，根据钻探资料，湖相底积物厚达 10 余米，岩口天坑附近的人工湖边可以找到古河流阶地与河流相沉积物。可以推断：现在的人工湖应是早期古河道的残留，它就是古喀斯特湖的泄水通道。古喀斯特湖的最深处位于图 5.6 中的蓝色部分，估计古湖水深可达 50 余米，水面淹至槽谷北端的人工湖。古湖面积可达近 3 km²。

　　古湖水下泄有两个通道。在湖水面很高时，如超过现今海拔 518 m 以上，550 m 以下，则从坪上坡至龙洞口的古河道由两侧横切沟位置（见图 5.7，现今横切沟最低点海拔 475 m，古甘家槽湖刚形成时横切沟的最低位置其海拔应高出现在 40 m 以上）向两翼横向溢出。当水面低于海拔 518 m，不能从地面下泄时，丰季岩口天坑没于湖水下，水从岩口天坑直接下泄消水，枯季湖水面下降，则可形成一条断头河从岩口天坑以跌水形式下泄注入地下。甘家槽古湖基本特征如同今天仍然可以看到的四川广元与邻水交界的华蓥山天池，夏季天池水满外溢，枯季池水从一灰岩洞中下泄漏失。与甘家槽古湖类似的则是四川通江的"空山天盆"（早期地质图标为"空山坝"）。

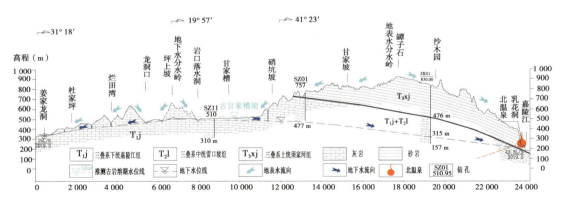

图 5.7　缙云山水文地质剖面

（2）地下分水岭的确定

　　根据目前灰岩槽谷中的残留山头海拔高程与洼地底面海拔高程，制成灰岩纵向剖面（见图 5.8），可以清楚看出，早期缙云山的地下水分水岭应划在坪上坡（海拔 517.7～663.8 m）一线，坪上坡至硝坑坡之间是一个开阔且平坦、封闭的椭圆状大洼地，底面由于黏土层很厚，地表积水不易渗漏，因而当降雨量不足够多时，则古湖水从岩口天坑汇集下泄排往北温泉（见图 5.8）。

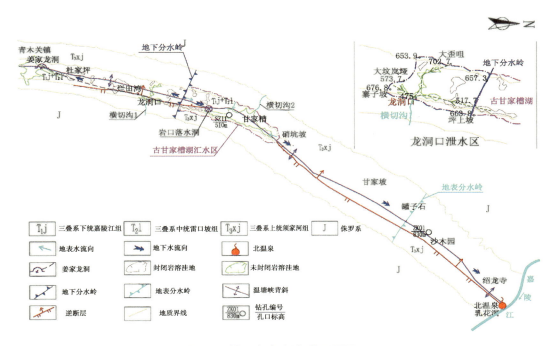

图 5.8　缙云山水文地质平面图

　　根据地史发育的继承性，现今姜家龙洞大泉与北温泉之间的地下分水岭仍在坪上坡一带。从灰岩地貌形态判断，现今也明显存在两个不同的地貌单元与相对独立的地下水单元：一个是从坪上坡往南到姜家龙洞的以陡坡峰丛形态的喀斯特地貌单元，地势陡峻，地面坡角达 15°～ 20°，降雨后大部分水流以坡流形式从地面向南直接泄入青木关洼地进入地表水溪。另一个是从坪上坡往北至甘家槽—硝坑坡之间的较平坦洼地喀斯特地貌单元。降雨后绝大部分水保留在洼地范围内，或者以地表明流汇集进入人工湖即古河道排向岩口天坑，或从土层下渗汇集再进岩口天坑。最终进入地下缝洞系统向北补给北温泉。

　　从图 5.7 可以得到更详尽的水文地质信息。坪上坡—龙洞口至姜家龙洞灰岩段的地形地貌，与古甘家槽湖呈鲜明对照，降雨时节不可能像甘家槽谷那样充分积水，因为坪上坡至龙洞口段，即姜家龙洞大泉水文地质系统的上游，大部分降雨将以地表流从龙洞口位置的横切沟排出。龙洞口处的横切沟海拔高程为 475 m，也是水文地质演化过程中的重要节点，从地质历史早期阶段到现今它都汇集三个方向的地表水：首先是古甘家槽湖的泄水，然后是海拔 676.8 m 的寨子坡及海拔 573.7 m 大坟岚垭的汇水，最后是海拔 702.2 m 大歪嘴方向的横向槽谷的汇水（图 5.8 的右上角小图中以三条绿色虚线汇入绿色实线表达）。因而海拔高于龙洞口（甚至是龙洞口至硝坑坡段）灰岩区的大量地表水都不能入渗地下，而是向须家河砂岩区直接排向地表河流，只有很少部分降水渗入地下补给青木关姜家龙洞大泉，即龙洞口至青木关姜家龙洞不存在形成地下暗河的环境地质条件。沿袭地貌演化，此槽谷中坪上坡残留的灰岩高点连线（槽谷两侧海拔 657.3 ～ 663.8 m 及槽谷鞍部 517.7 m），还属现今北温泉群与青木关泉群的地下地表分水岭。

（3）北温泉乳花洞与岩口天坑的共生关系

图 5.9　北温泉乳花洞

乳花洞（见图 5.9）高出现今北温泉 10 余米，出现在须家河砂泥岩之上，这里沉积了近 30 m 厚的热水泉华层，乳花洞则藏于泉华之中，洞长可达 150 m 左右，丰水季节洞内有水流出，水温比常温水略高。可以判断：乳花洞是在 30 余米厚的钙华层形成后二次形成。它表明在乳花洞形成前，北温泉区域曾是热水漫流，并带来可观的钙、硫、铁物质在嘉陵江岸坡形成宽阔的钙华沉积层，现今钙华层已接近"成岩"，后因气候变化、水量减少，地下水流比较集中于某一钙华垂向裂隙发生潜流，进而形成乳花洞。从钙华分布的范围、规模、厚度、颜色等判断，钙华层与乳花洞的形成需要一个大而固定的补给源。

从图 5.10 可见，嘉陵江南岸乳花洞所处的钙华滩相对平缓，面积较大与须家河砂岩的一个喇叭口形的大凹槽相接，这区域无疑属早期地下水涌出的地段。它是与缙云山古甘家槽湖（见图 5.8）密切相关的地段，形成了温泉钙华喀斯特地貌。而嘉陵江北岸地势较陡，仅形成水流冲刷河岸边坡地貌。正因为有北温泉巨大的钙华滩，使甘家槽古湖、岩口天坑巨大的负地形形成时期的"巨量钙"的去向有了合理解释。

图 5.10　嘉陵江南岸北温泉出露处的钙华滩

根据以上地质演化推演与水文地质系统调查研究及综合判断，北温泉的形成至少经历十余万年，与古甘家槽湖、岩口天坑（落水洞）有着不可分割的共生关系。竖井状岩口天坑（落水洞）直径达百余米，深达近 30 m。洞底现已被厚层淤泥填平，淤泥厚度估计达 5 ~ 10 m。地质历史上应属坍塌形成，故称天坑，而不是简单的落水洞，其汇水量十分巨大，能接纳一条很大的地表河流注入，成为古甘家槽湖泄水的跌水处，即形成了一条断头河。姜家龙洞大泉无法与其对应，而北温泉须家河砂泥层上的厚层钙华及乳花洞却正好与其匹配。

目前岩口天坑只有暴雨丰水季节才有少量水流从人工水塘溢入，所谓人工水塘其实属早期古甘家槽湖泄水的古河道残留遗迹。岩口天坑早期是一个没有淤泥填堵的通畅消水天坑。

（4）钻孔及化学测试成果解析

四川煤田地质局于 1999 年 4 月在缙云山地区施工的钻孔 ZK01，孔深 700 m，在海拔 476 ~ 156 m 揭穿灰岩厚度达 320 m，其灰岩岩芯采取率为 15% ~ 30%，岩芯破碎，缝洞孔网发育。钻孔经过膏溶角砾灰岩层，最终揭穿近 54 m 厚膏盐层。水温可达 38.5 ℃。钻进时上部砂岩裂隙水明显向灰岩渗漏，测得最终稳定水位为海拔 315 m，高于北温泉近百米。该钻孔表明，该处灰岩孔缝洞十分发育，属北温泉地下水补给重要通道，地下水有较大的压力水头。

湖水之所以汇入岩口天坑进入北温泉，是因为岩口至北温泉一线处于背斜核部，张性裂隙及平行于张性裂隙的小断层发育，这些背斜核部的张性裂隙与断层不但沿轴向穿切灰岩，也穿切了须家河组砂泥岩（见图 5.8）。它们为"温泉—古湖—天坑"提供了天然纽带，致使天然降水能大量汇集在古甘家槽湖处，向南注入岩口天坑，然后从地下转向北沿背斜轴部张裂隙排向北温泉。地下水在向北温泉方向运移过程中，由于须家河砂泥岩的保温隔热甚至相对隔水作用，使地壳深部上升含 H_2S 气体的高温气流，能与补给北温泉的地下常温水相遇而加热，获得地热增温。

在以上水流循环过程中，地面植被的腐殖酸对古甘家槽谷及岩口天坑的灰岩进行溶蚀，增加水中的钙含量，并且在地下吸取 H_2S 气体，被热气加热后形成高温高钙酸性水，到达嘉陵江边遇冷降温，析出大量热水钙华，最终形成大片钙华滩。这就合理解释了北温泉为何与厚层钙华层及乳花洞伴生。

但随着气候变化，降水减少，导致北温泉酸性热水减少，水质由酸性逐渐过渡到中性状态，即 pH 值在 7.0 左右，缺失了对"钙"的搬运能力。温度也降低至 35.5 ~ 37 ℃，H_2S 气味不浓，形成 HCO_3–SO_4–Ca–Mg 型水（硫酸根源自石膏层）。这些指标都说明，北温泉是受地表水及浅层地下水补给，经与深部热气流相遇加热而成，而不是深循环地热水。

2018 年南江队布钻 11 个（见图 5.11），破碎岩层采取率大于 65%，完整岩芯采取率大于 80%，钻孔 SZ06 钻进至 193.95 m 时，出现了掉钻现象，将 4 m 长的岩芯管遗留在了孔内，但水位仅下降了 3 m 后，又迅速恢复。通过偏芯钻探手段进行处理钻进后，钻取出厚约 20 m 的石膏层，且水位并未变化。

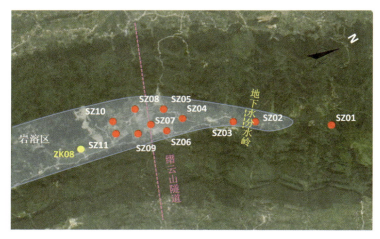

图 5.11　2018 年水文地质钻探分布图

对 SZ04、SZ07、SZ11 三个钻孔终孔后进行最大降深抽水试验，SZ07、SZ11 钻孔抽出的地下水有臭鸡蛋气味，而 SZ04 号钻孔无此气味。SZ07、SZ11 两钻孔中地下水矿化度、水温均较低，属常温常态地下水。

SZ07、SZ11 钻孔地下水具有臭鸡蛋气味可以说明此处有地下深部含 H_2S 气体降温上溢，混入灰岩地下潜水中致使可闻到臭鸡蛋气味。而相隔不远的 SZ04 号钻孔没有闻到，说明深部气流通道的不均，但不能说明深层地下水与浅层地下水的存在及它们的连通关系。

（5）青木关姜家龙洞泉与北温泉水量均衡分析

根据以上水文地质条件分析及划分的青木关姜家龙洞大泉系统与北温泉系统分水岭位置，圈定汇水面积则可进行水量均衡测算。

姜家龙洞泉至分水岭全长约 6.3 km，总汇水面积 7.21 km²，按年降雨量 1 163.3 mm 计算（重庆多年平均降雨量为 1 163.3 mm），降雨在灰岩槽谷几乎可全部汇入地下。因而总补给量为 721 万 m³/年，而龙洞泉平均流量按 200 L/s 计，则泉水总排泄量为 630.7 万 m³/年。扣除部分降雨形成的地表径流与地表蒸发，总补给量与排泄量达到平衡。实际上龙洞大泉流量无法达到 200 L/s，据相关报告称其平均流量 163 L/s，在暴雨期出口流量可达 1.6 m³/s。经实地考察，在枯季无水外溢。因而年平均流量最多也超不过 100 L/s。

北温泉至分水岭距离 17.1 km，古甘家槽湖灰岩区域汇水面积 4.46 km²。按年降雨量 1 163.3 mm 计，仅古甘家槽湖灰岩区降雨补给量就达 446 万 m³/年。更何况分水岭以北至北温泉间的须家河地层汇水面积达 40.53 km²，按入渗系数为 0.1 测算砂岩裂隙水对灰岩的层间补给 405.3 万 m³/年（11 100 m³/d）。

如果较精细考虑不同的入渗系数，两地下水单元的水量计算结果见表 5.5。

表 5.5　降雨渗入对地下水补给量概算表

地下水系统	灰岩区汇水面积 / km²	降雨量 / mm	入渗系数	年补给量 / (m³·年⁻¹)	日补给量 / (m³·d⁻¹)
姜家龙洞	7.21	1 163.3	0.3	2 516 217.9	6 893.747 67
北温泉	4.46	1 163.3	0.5	2 594 159	7 107.284 93

实际上这里北温泉区域的渗入系数应该大于 0.5，因为它是一个封闭型灰岩槽谷；而姜家龙洞区域入渗系数应该小于 0.3，因为它属地形的陡坡地带。另外，北温泉属于双重性质的泉群：它是灰岩与砂岩共同供水的热水泉，须家河砂泥岩裂隙水可对灰岩承压水进行补给，取渗透系数为 0.1，须家河砂岩裂隙水对灰岩含水层的越流补给量可达 11 100 m³/d。其实早期水量均衡计算也认为青木关灰岩平均总泄水量 1 000 m³/d，而北温泉则达 6 000 m³/d。这与本文所划水文地质单元的水量均衡计算有一致性。也就是说北温泉泉群涌水量比青木关总泄水量要大得多。

以上所有信息分析都指向一个事实：巨大的岩口天坑的形成是向北温泉泄水的结果，而北温泉砂泥岩区大面积厚层钙华及乳花洞的存在则是岩口落水洞汇水对灰岩热溶滤做出的贡献。

4）深循环热储与远源华蓥山补给的讨论

（1）深循环热储的新见

华蓥山地区海拔在 1 300 m 以上，是该地区的最高点，位于嘉陵江北岸，也是北岸所有地下水补给的源头。而地下水单元均受最低侵蚀基准面控制，该处最低侵蚀基准面则是嘉陵江（海拔 180 m）。有不少学者认为，由华蓥山补给穿嘉陵江底部还存在一个深循环热水层。

目前几乎所有文献都接受"深部循环"与"地热增温"的概念。但几乎所有文献都没有回答或解决以下问题：地热增温机理与热储层是何关系，地热增温与温泉流量是何关系，能否用"深部循环"就万能地解决了温泉起源，不进行深部循环能否有温泉形成。以上问题应该是水文地质学面对并研究的问题。实际上单一灰岩含水层不可能存在不勾通的常温水层与热水层。也就是说所谓的热储层或热水层能否独立存在，这种独立热储层可否在一个灰岩层中存在冷热分离形态。

首先地下水深循环必须具备以下条件：a. 深循环的通道；b. 深循环所需的压力水头；c. 深循环的水量。也就是说要同时具备"路径、动力与物质"，三者缺一不可。

一旦深循环的条件具备，深循环便成为地下水加热的"热源"，热源有两种。一种是地壳深部上升的各种温度的"热气"，它能对浅部常温常态水迅速加热，让水获得硫化氢气体或其他地球深部化学物质。这种热气来自地壳不同深度，其温度、化学成分不同，因而混合后的地下水温度不同，化学成分不同甚至同位素、微量元素也不同。例如四川巴塘有温度达 95 ℃的沸泉及间歇热喷泉，还有美国黄石公园的"忠实泉"。另一种是经过固定的地温异常区进行地温增热，如同冷水经过电热水器定温加热，获得高温热水。例如四川南充人工向地下 2 000 m 左右注水，获得可观的高压高温盐卤水。

重庆合川、垫江以及四川南充卤水开采是近年开采工程的代表，采用了注水井与抽水井结合的开采方式，获取了大量的高温富钠卤水，用于制盐。

图 5.12　南充高坪人工注水井与产卤井联合作业现场

南充市高坪区凤凰乡高桥村（见图 5.12）共有卤井 5 口，分别为南三井、南四井、南五井、南六井、南七井。其中南七井与南五井、南六井为水平对接井组，从南七井用高压泵注清水，南五井、南六井出卤水。由于井深 2 700 m，受地热温度作用，卤水返出地面温度高达 65 ℃，地热资源丰富，产卤能力达 2 400 m³/d（即每小时 100 m³），公司正着手打南八井，施工成功后，产卤能力达 200 m³/h。

水采的卤水中 Na⁺ 含量达 164 856.4 mg/L，Cl⁻ 达 105 000.0 mg/L，K⁺ 甚微，为 280.0 mg/L。

原卤伴生天然气 H_2S 气体及少量原油，凤凰矿区 1971 年从南三井开始建矿，至今已有 50 多年的历史，1989 年建南四井，1990 年建南五、六井，2005 年建南七井，地下岩盐资源丰富，蕴藏量大，南三井已累计产盐 40 余万吨。

从以上南充卤水开采历史演变，结合深部岩芯中发现的石盐层来看，深层卤水完全属于溶淋作用，特别是南充高坪区凤凰乡高桥村从 A 井中注入地表常温淡水，可在 B 井中获取高温富钠卤水，更直接证明了淡水对固体钠盐的溶解与淋滤作用，从而获取了人工地下水补给。此"水采法"也直接解答了卤水井千年不枯之谜。如果是封存古海水，其总量是不变的，开采到一定时间它将完全枯竭。井中卤水不会枯竭则证明它如一般地下水一样具有特定的补给源。自贡卤水自 1900 多年前的东汉时期开采以来总不枯竭，无疑证实了地下水对地下岩盐具有溶滤作用，也就是说在深达千米的范围内可获得周边地下水包括局部地段的地表水渗入补给（见图 5.13）。

（a）　　　　　　　　　　　　　　　（b）

图 5.13　自贡现今仍在开采卤水并用传统工艺生产的盐厂景观
（引自：成都理工大学《四川盆地三叠系碳酸盐岩水文地质条件综合分析及富钾卤水
找矿方向》2015 年报告）

重庆大部分温泉应属热气上升混合增温型，这种增温形成的温泉除可达 20 ~ 95 ℃，甚至超过 100 ℃ 高温外，矿化度不高，pH 值近似呈中性，喜热鱼类可在其中成活生存。之所以判定为热气混合型热水，这是由北温泉温度仅 37 ℃ 左右，硫化氢气体不浓，流量稳定且较大，并且其温度流量 pH 值还会受大气降水轻微影响（见图 5.14—图 5.16）的特征所推断得到的。这种特征就是一般地下水供给量较足的大泉动态特征。如果是深部循环热水，则矿化度特别高，甚至是强酸性、富钙、黏滞度很高的地下水，流量也会不恒定，且有衰减现象。

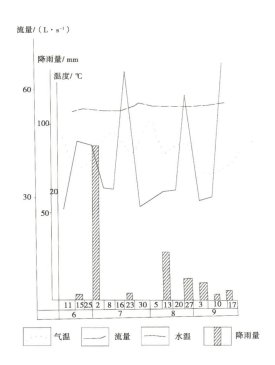

图 5.14　北温泉 2009 年动态图

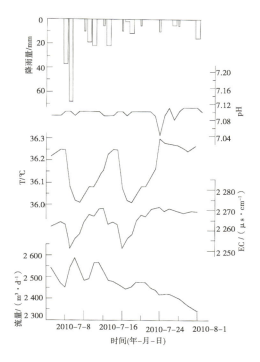

图 5.15　北温泉 2010 年动态图

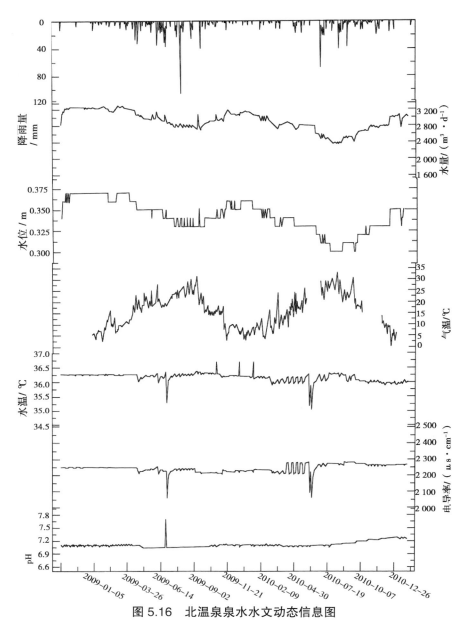

图 5.16　北温泉泉水水文动态信息图

在北温泉（BWQ）附近人工开发了 4 处热水，分别是青木关游泳池（QMG）、澄江 1 号地热井（CJ1）、澄江 2 号地热井（CJ2）及海宇地热井（HY），其分布见图 5.17。

青木关游泳池（QMG）温泉位于温塘峡背斜轴部青木关镇上，为钻井泉点，钻井深度仅 60 m，井口高程约 325 m，水温 36 ℃，水量 1 790 m³/d，水头压力 1.50 MPa，水化学类型为 SO_4–Ca·Mg 型，出露在雷口坡组地层内，地热水埋深较浅，主要用于温泉游泳。

澄江 1 号地热井（CJ1）位于温塘峡背斜的西翼红层地区，为钻井泉点，孔口标高 205 m，钻井深度 1 570 m，水温 35 ℃，水量 5 538 m³/d，水头压力 1.3 MPa，水化学类型为 SO_4–

Ca·Mg 型。澄江 2 号地热井（CJ2）位于温塘峡背斜的西翼红层地区，为钻井泉点，孔口标高 215 m，钻井深度 2 005.3 m，水温 44℃，水量 5 883.67 m³/d，水头压力 0.85 MPa，水化学类型为 SO₄–Ca·Mg 型。海宇地热井（HY）位于温塘峡背斜的东翼红层地区，为钻井泉点，孔口标高 332 m，钻井深度 1 508 m，水温 33.5℃，水量 1200 m³/d，因地层渗漏，水无法自溢出井口，水化学类型为 SO₄–Ca·Mg 型。

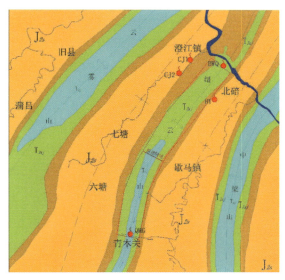

图 5.17　人工地热井分布示意图

从以上不同钻井深度的热水井基本特征综合判断，之所以各井热水温度不同，在于常温潜水与不同深度、不同温度热气混合，因而地温梯度也不能如愿遵循。"深循环"观点可以解释一些特殊水文地质现象，但绝不是水文地质特别是热水成因的"万能钥匙"，因为地下水深循环要受很多地质因素限制，如地下缝洞管网发育深度及其连通性，另外还有水头压力、水动力条件与水的补给源等。地下水不可能任意深循环，它受到地层压力的绝对控制。在一定地层压力下地下水处于封闭状态，不能自由循环，更不可能进行深循环。大量石油深钻资料揭示，地下深部不存在深循环的地下水，只有人类钻孔勾通的浅层地下水"溃入"深部加热而被迫进行深循环，而不是地下存在深循环的热水储层。这种人为迫使深继循环的最典型案例则是上文介绍的四川南充人工盐井。

早期部分研究结论认为，缙云山地区溶蚀地貌在高位接受大气降水补给，形成浅层地下水，其中部分地下水在构造区域水动力作用下向地层深部下渗、径流，与深部的地下热水进行热能交换作用，在可溶性碳酸盐岩类构成的热储层中赋存，参与远程运移和深部循环运动，获取地热能使水温增高形成封闭完好的"地热田"。

区内深层地下水埋藏深度一般为 500 ~ 2 500 m，局部开敞地段（天然温泉出露区附近）

埋深小于 500 m，由远处的碳酸盐岩裸露区接受大气降水的补给，经过深循环从北向南沿纵向径流，于河流深切割处排泄，出现热异常，形成温泉。水化学类型为硫酸盐型，局部地段为重碳酸盐型，水温通常在 30 ~ 40 ℃；热水浅井揭露水化学类型为硫酸盐型，水温通常在 35 ~ 53 ℃；热水深井水化学类型为硫酸盐型，水温 40 ~ 60 ℃。

以上论述只是根据早期文献的观点提出的一种理想性水文地质推断，却解释不了深部地下热水与封闭完好的"地热田"是如何形成的，特别是如何能远程运移、深部循环运动、获取地热使水温增高，并且成为封闭完好的"地热田"。实际上这是一系列矛盾的说辞。因为水的远程运动、深部循环需要巨大动力，其动力何来？地下水更不能不受最低侵蚀面的控制随意远程运移，轻松完成深部循环，轻易完好封闭。"远程运移深循环加热"学说存在一定的问题。

（2）华蓥山远源补给问题

早期学术界普遍认为，高位华蓥山灰岩区的地下水可能通过深循环从地下深处跨江由北向南补给北温泉地区。但实际上这种可能性很小，理由如下：

①"最低侵蚀基准面"是控制整个地下水分布运移的基本自然法则，因而在没有充分地质证据的情况下不能滥用深循环、跨流域的概念解释所有不能解释的水文地质现象。

②华蓥山灰岩区由于嘉陵江的阻隔在江北已经形成了自身的"补、径、排"系统，三汇坝、保和场只属于华蓥山灰岩大水文地质单元中的最低控制面。该处的补给、排泄、深循环的地下水都在本身的水文地质单元中完成，而不会有多余的地下水通过假想的承受巨大压力的地下管道，从嘉陵江河床底下百余米深处流向北温泉或青木关。因为保和场、青木关两个灰岩洼地海拔高程均为 320 m 左右，这是地质历史时期各自地表与地下水系统作用的结果，也是嘉陵江最低侵蚀基准面控制的结果。

5.2.3　调整选址方案

1）布置新的勘探试验工作

以上结论只是建立在北温泉的形成演化研究分析基础上的合理推断，要证实这一推断还必须进一步开展北温泉热储形成机理研究，包括岩口天坑沉积物与乳花洞沉积物的物质成分与年代对比研究，以及物探化探钻探等，以验证新的温泉成因观点的正确性。一旦该结论得到证实，为了保护环境地质，特别是保护北温泉，就必须调整早期隧址。根据以上分析与得到的水文地质结论，隧址应向南移。

2）调整隧道位置

建议现隧道位置南移至地下分水岭北侧，岩口天坑南侧 50 m 左右位置，即图中红色粗线条位置（见图 5.18），它将大大减轻对北温泉地下水系统的影响。

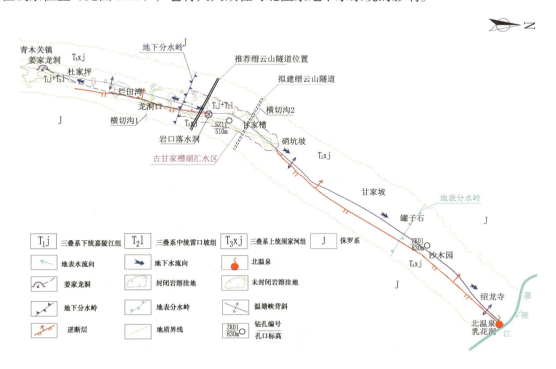

图 5.18　建议隧道新址位置

如果拟建隧道按现在位置开挖，将可能对北温泉造成较大的影响，甚至引起北温泉季节性消失。原因很简单，隧道开挖后，将在 315 m 标高下形成新的排泄基准面，将在丰水期对北温泉补给区大部分地下水源进行截夺。

如果隧道南移，则开挖的隧道基本处于灰岩地下水分水岭位置，此处灰岩槽谷位置海拔最高，位于南侧陡坡的最高点，平缓坡的转折端，此处是灰岩地下水最不活跃位置，因为降雨在此处停留时间最短，要么顺南侧陡坡地表迅速流失，要么向北迅速排向岩口洞。在此地，无论是水的冲刷作用或是水的溶蚀侵蚀作用都最弱。此观点从 2018 年南江队在该区域布置的钻孔（见图 5.11）也可得到证实，钻孔岩芯完整，几乎没有地下水溶蚀的痕迹。钻孔位于南移后的北温泉灰岩补给区，其钻探深度还未达到热水溶蚀区。因而在南移后的新址，其溶蚀更为薄弱。即使在标高 325 m 处，也难以形成新的排泄基准面。因而南移的拟建隧道开挖过程中或开挖后，比现今位置对地质环境影响要小得多。如果开挖后采用完整的封堵措施，那么很可能不会产生任何影响。

5.2.4　备址方案

1）隧道选址存在的系统问题

从轨道 5 号线中梁山隧道的涌突水事件可以看出，特长碳酸盐岩段隧道前期的水文地质选线工作非常重要。如果隧道线位向南调整至已建华福隧道的南侧，一方面避开了张家湾洼地、地表灰岩矿坑等积水廊道区，另一方面华福隧道将处于水文单元的上游地段，都将极大地降低隧道遭遇大规模涌水突泥的风险。前述缙云山公路隧道也是如此，由于两侧路基和桥梁的线位已经选定并投入建设（见图 5.19），给隧道的重新选线工作带来了极大的限制。

图 5.19　建设中的轨道 5 号线中梁山隧道东接桥梁及路基

特长碳酸盐岩段隧道是控制整个线路的枢纽工程，其前期的水文地质选线工作以及施工建设，都应放在整个线路建设的前期进行，以便针对不同的实际情况及时对全线进行调整，从而有效降低施工风险与治理难度，并在最大程度上减小对生态环境地质的破坏。

2）选线的备选隧址与隧道建设先行原则

我国道路建设的基本原则是一旦基线确定，隧址选定，则全线分成若干小段分包同时动工，其最大好处是可争取最快速度全线通车。但如果隧道出现地质问题，原方案就无法更改。实际上这种思路可能会造成无法弥补的损失。典型案例是云南大理至瑞丽铁路线的大柱山隧道建设。

大柱山隧道位于图 5.20 所示的右侧，由于在隧道施工期间，其前后相连的桥梁、路基均已投入建设，若要改变大柱山隧道位置，那么整个线路就前功尽弃，因而必须克服一切困难打穿大柱山隧道。

图 5.20　已完成的跨江支架

大柱山隧道是横切青藏高原东南部横断山脉的长大隧道，这里是印度洋板块和亚欧板块相互挤压形成的世界年轻山群之一。由于板块的挤压，断裂带密布，山岭褶皱紧密，断层成束，怒江、澜沧江、大渡河等许多大河都沿着深大断裂发育。地质条件复杂且十分脆弱。而大柱山隧道都选址在石炭系灰岩中。

正因为隧道全部处于石炭系灰岩中，地下地表孔缝洞系统特别发育，加上处于当地侵蚀基准面——澜沧江边，为地下水集中之地。同时又处于喜马拉雅火山地震带、构造断褶强烈发育带，隧道横穿 6 条大断裂，施工中必须面对高放射性、大体量的涌水突泥、高地热（40 ℃）、高地应力的岩爆、崩塌，软泥等直接威胁生命与设备安全的地质灾害。当隧道经过 1.27 km 的煤系地层时还要面对剧毒瓦斯气体。最大危害就是暗河导通产生的突水及相应的突泥，最大涌水量可达 120 000 m^3/d，即 1.4 m^3/s，相当于一条可观的地下暗河流量。

大柱山隧道正洞和平导施工沿线一共要穿越平导燕子窝断层、平导水寨断层等 12 条断层，其中难度最大的要数燕子窝断层。从 2009 年 8 月到 2011 年 10 月，期间仅掘进了 156 m，相当于每天仅能以 20 cm 的速度向前掘进。关键在于地下水与其引起的泥石流。在燕子窝断层附近进行挖掘与隧道钻孔爆破时，大量的泥石流伴随的溃口连绵不绝地喷涌而出，刚向前掘进的数百米通道顿时被泥石流填充。最终待泥石流势头减缓时，向隧道内注入可凝固的浆液使泥石流凝固、封堵，然后再挖掘、推进。如此反复，耗时两年多，终于解决了这 156 m 的难题。最终以耗资 2 800 亿，历时 12 年，排放地下水 1.5 亿万 m^3（以西湖库容量 1 429 万 m^3 计，相当于浪费了 15 多个西湖的水量）的前期直接代价完成开挖工程。后期对周边地质环境影响及将要付出的代价还不可估量。

因而本书强烈建议选线过程中，应有备选方案包括备选隧道，在正式施工中隧道建设先行，核实地质条件应允无误后再全线分段包工进行。这样就可避免大柱山隧道案例再现。

5.3 已建隧道环境地质问题系统研究

与环境地质密切相关的隧道开挖建设工程是人类改变自然环境便利交通与生活的新型工程。虽然工程人员在隧道工程开挖建设前期做了大量工作，采取了认为很科学的前期措施，但因为地质条件复杂，很多因素联动又制约，致使隧道开挖后产生一系列意想不到的环境地质问题。这些问题也许在前期研究没有预想到，致使在隧道工程施工中甚至施工后可能仍然存在认识不足的环境地质问题，比如间断性塌陷、滞后性漏失、施工中的大型突水突泥等，造成了长期环境地质问题频繁发生。因而应该针对已有并且仍在进行的环境地质问题进行回顾式系统研究，充分认识隧道工程对环境地质问题产生的长期影响。

根据第 3 章隧道工程对地质环境影响分析，存在的主要问题是区域地下水位下降与疏干、地表水漏失干枯、地面塌陷与建筑物倾倒等。这类问题在隧道开挖过程中就开始发生，并在隧道建设完成后仍会继续发生。最终有两个结果：要么达到新的平衡，要么引起更严重的环境地质问题，甚至影响几代人并留下隐患。因而必须研究隧道工程对周边地区的中长期影响，建立地质长期自动观测系统，针对不同地点不同时段进行地质环境影响评价。

5.3.1 隧道工程对地质环境影响评价

对隧道工程引起的环境地质问题，除了要研究其长期影响外，还应根据出现的环境地质问题进行科学的、量化的评估或评价，确定问题的严重程度，最后拿出处理问题的科学方案。评价方法有很多，如条件分析综合评判法，即根据宏观地质地貌对地层岩性、水力性质进行综合评判；如对特定地区环境地质承受隧道工程建设的能力，以脆弱性作为量度，根据承受能力的强弱分为脆弱、较脆弱和不脆弱。

1）地质环境影响程度基本定义

地质环境影响评价是指地区环境地质受到以隧道、矿山为主的地下工程活动诱发的地表水、地下水疏干，地面塌陷及地裂缝等灾害所造成的影响的综合。根据影响的强弱划分为严重影响、中等影响和一般影响 3 个级别。而环境地质可恢复性评价是指天然环境地质由于人类施工等外部作用已造成了环境地质破坏性改变，对于这种破坏性改变，人类如果采取科学施工与工程措施对其进行还原性或改观性抑制，能达到何种程度的评价，它也分为可恢复、部分可恢复、不可恢复、灾变 4 个级别。

2）地质环境影响程度分区原则

工作区内主要环境地质问题有地下水疏干、地表水漏失、地面塌陷、地面裂缝。影响程度分区的原则如下：

①以地下空间诱发的地质灾害（地面塌陷、地面裂缝）为主要因素，着重考虑这些灾害的发育特征包括各类地质灾害的发育数量、发育规模、分布密度、危害程度等。

②以地下水、地表水疏干情况为条件，根据不同的疏干影响程度和分布位置，划定影响范围和影响分区。

③综合考虑主要地下空间工程（隧道、大中型地下矿山）的分布区域、穿越地层、标高等因素。

④综合考虑工作区的工程地质条件，包括地形地貌、地层岩性、水文地质条件等因素。

3）地质环境影响程度分区方法

①灰岩区地面塌陷和地面裂缝等灾害，多发生在地下水严重疏干和受地下空间影响严重的区域。根据调查结果，将地面塌陷和地面裂缝发生及其影响区域划为环境地质严重影响区。

②井、泉为地下水在地面的排泄出口，同时也是雨后地表水体的重要补给源，其流量的变化情况反映了该区域地下水位及其动态变化情况。地下水和地表水疏干为工作区的主要环境地质问题之一。为此，将井、泉和地表水体的影响情况作为判定地质环境影响程度的重要指标。主要为以下 3 个标准：

a. 严重影响区：原来的地表水体已经全部干枯或者地下水露头大部分干枯，泉点虽有水流出，但已经不能正常供应当地村民饮用，已严重影响当地人民生活生产问题的区域。

b. 中等影响区：地表水体和井泉等地下水露头减少过半，或者当地农民饮用水点的水源减少过半，连续干旱一段时间以后就会造成饮用水困难，对当地人民生活生产用水问题有影响的区域。

c. 一般影响区：主要是地表水和井泉等地下水露头基本无变化或部分减少或者当地农民饮用水点的水源有一定量的减少，对当地人民生活生产用水问题有少量影响的区域。

③综合分析工作区地下空间工程的分布情况以及工程地质条件（包括地形地貌、地层岩性、构造、水文地质），进一步细化和确定影响程度分区边界。

4）"四山"地区地质环境影响总体评价

根据以上分区原则及方法，规划区地质环境影响程度共分为严重区、中等区和一般区 3 个区。"四山"地区隧道开挖工程对地质环境影响程度综合分区见图 5.21 和表 5.6。

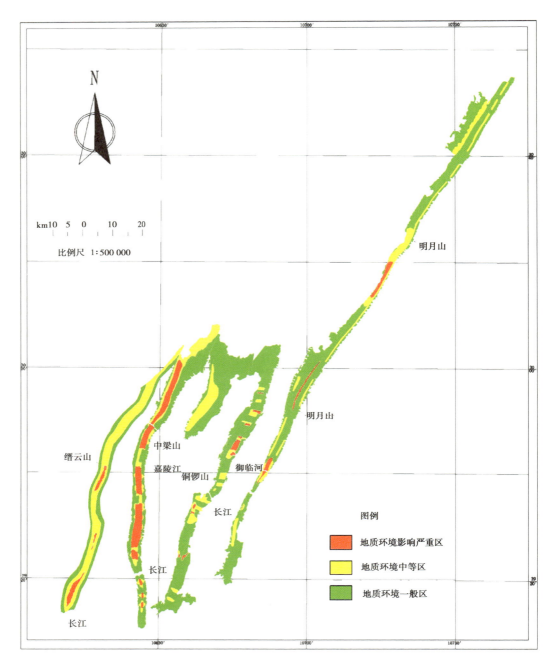

图 5.21 "四山"地区地质环境影响程度总体分区平面示意图

表 5.6 工作区地质环境影响分区一览表

影响分区 工作区	严重区（Ⅰ区）		中等区（Ⅱ区）		一般区（Ⅲ区）	
	面积/km²	小区总数/个	面积/km²	小区总数/个	面积/km²	小区总数/个
中梁山	141.92	8	188.90	30	464.18	10
缙云山	26.10	3	210.70	4	83.20	1

影响分区　　工作区	严重区（Ⅰ区）		中等区（Ⅱ区）		一般区（Ⅲ区）	
	面积 / km²	小区总数 / 个	面积 / km²	小区总数 / 个	面积 / km²	小区总数 / 个
铜锣山	11.50	2	26.83	17	424.67	2
明月山	36.84	5	152.30	17	608.86	6
总　计	216.36	18	578.73	68	1 580.91	19
百分比	9.10%		24.36%		66.54%	

从表 5.6 可以对不同程度的分区作出综合统计，如下：

（1）地质环境影响程度严重区（Ⅰ区）

该区总面积 216.36 km²，占工作区总面积的 9.10%。区内主要地层为嘉陵江组、飞仙关组，为受隧道和地下矿山影响强烈的区域。该区内井、泉点流量大多完全干涸，仅在雨季有水流出，雨后 3 ~ 15 天迅速干涸。部分泉点有水流出，但流量衰减严重，地表的水库、池塘和溪沟水量严重衰减，大部分干涸。其中，中梁山区所占面积较大，占严重区（Ⅰ区）总面积的 65.6% 左右，为地区之最，这也充分反映了中梁山地区受隧道等地下工程影响严重，因为中梁山已开挖隧道最多，隧道现排水量超过 10 m³/d，环境地质遭受破坏强烈。严重区（Ⅰ区）多受隧道工程及矿山开采影响，地表水体和井泉疏干严重，已经不能正常供应当地村民饮用，严重影响当地人民生活生产。

（2）地质环境影响程度中等区（Ⅱ区）

该区总面积 578.73 km²，占工作区总面积的 24.36%。区内主要地层为须家河组，为受隧道和地下矿山影响中等的区域。区域内泉点和地表水体水量减少过半，连续干旱一段时间以后会造成当地居民饮水困难。

（3）地质环境影响程度一般区（Ⅲ区）

该区总面积 1 580.91 km²，占工作区总面积的 66.54%。区内主要地层为侏罗系，为受地下空间影响较小的区域。区内井、泉等地下水体以及水库、池塘、溪沟等地面水体水量较以往基本无变化或变化很小，对当地人生活生产用水问题影响较小。

5.3.2　地质环境影响区的可恢复性评价

1）可恢复性分类

从地质环境影响的长期效应来看，这种影响大致可分为 3 类：可恢复性影响、不可恢复性影响与灾变性影响，分述如下。

（1）可恢复性影响

可恢复性影响是指隧道施工完成后，经过工程措施，使发生干枯的地表水体或地下水位恢复到原始天然状态。这种影响需要经过一些工程措施，如全断面注浆堵水、径向注浆和防水抗压衬砌等，保证隧道在施工后不再继续排水。对于浅埋隧道来说，经过详细的水文地质与工程地质调查研究，准确找出地下水漏失点、漏失原因，制定严密的工程治理措施，科学封堵漏失点让破坏了的地下水"补、径、排"关系得到重建，而使破坏的水文地质条件得以恢复。对于深埋隧道工程，工作难度很大，如果工作做得详细到位，恢复其原始天然水文地质条件应该也有可能。

（2）不可恢复性影响

不可恢复性影响是指隧道施工完成后，经过工程措施，发生干枯的地表水体或地下水位不可恢复到原始天然状态。也就是说即使进行了系统调查研究仍无法查清地下隧道工程建成的地表地下水漏失原因、途径与位置，或者是已经查清了原因、途径与位置，但无法实际施工。

（3）灾变性影响

灾变性影响是指隧道施工完成后，经过工程措施，干枯的地表水体或地下水位不可恢复到原始状态，并且引起一系列环境问题，甚至引起难以抗拒的灾变。

2）"四山"地区可恢复性类型

从"四山"地区环境地质现状和隧道疏排水现状分析，"四山"地区隧道引起的影响基本为不可恢复性影响和灾变性影响。以中梁山为例，受隧道影响，昔日槽谷内溪水常流、水田富饶的美好景象已不复存在，只剩下干涸的溪沟和旱地，而且受这种长期影响，地下水的疏干和地表水的渗漏导致的水土流失、植被覆盖率下降、荒漠化等生态环境问题会继续加剧。显然要准确评价隧道开发建设对地质环境影响程度，还必须做出系统调查研究，得出结论后采取有效措施分别对待，为新的隧道开挖建设提供更有利的科学依据。

对于受隧道建设影响的地区，其环境地质是否可恢复以及可恢复的程度，从根本上讲主要取决于已建隧道能否实现停止排水。就目前的堵水技术而言，要实现排水隧道完全不排水，而又不影响隧道的运营安全，还很难实现。故"四山"地区的地质环境影响区基本为不可恢复区及灾变区，尤其是中梁山两江之间地段以及铜锣山的玉峰山地段，隧道排水量大，地表塌陷发育，泉点几乎全部断流，地表水体漏失严重。目前，对于"四山"地区的恢复性治理主要还是集中在塌陷治理、地表水恢复等表面修复上，对于地下水流场的修复基本没有什么措施，或者说可行的实施方案。

当然，随着地下堵水技术以及既有隧道地下水流场修复技术的发展，"四山"地区已破坏的环境地质在未来也可能实现良好的修复，这需要水文地质、材料科学、土木工程、地球物理等学科科研人员的共同努力和合作。

5.4　截流、堵水与疏导技术的应用

5.4.1　截流、堵水与疏导技术

1）截流、堵水与疏导的定义与应用地质条件

截流、堵水与疏导都是对地下水运动的一种人工干预，是为隧道工程避险服务与保护环境地质的一种重要技术手段。如果能如人愿，则保护了生态环境地质，否则可能引起环境地质问题。

截流、堵水与疏导是在对特定地段地下水运动规律有系统认识，采取人工方法，对地下水天然水流进行拦截，避免隧道开挖引起地下水不正常中途外泄而造成地下水系统破坏。使地下水能尽可能小地改变流向，近似自然地与原地下水系统保持基本一致，按人们保护环境地质的意向继续进行地下运动。

因而截流、堵水与疏导工作必须全面掌握原始地下水运动规律及运动范围，在隧道开挖前、开挖中甚至开挖后采取针对性措施进行有效截流、堵水或预疏导施工，以防范地下水系统结构性破坏。

2）隧道注浆材料

截流、堵水与疏导施工中其截堵与疏的材料选用是成功与否的重要一环。

（1）注浆材料的发展概述

国外注浆技术发展较早，自 1802 年法国人查理士·贝利尼在注浆中采用黏土浆开始，注浆材料的发展大致经历了原始黏土浆液、初级水泥浆液、中级化学浆液、现代注浆 4 个阶段。

我国于 20 世纪 50 年代开始应用注浆技术。1953 年开始研究并应用水玻璃作为注浆材料。50 年代末已出现环氧树脂、甲基丙烯酸甲酯等注浆材料。60 年代，丙烯酰胺、水泥、水玻璃双液灌浆材料得到大规模应用。20 世纪 80 年代以后，注浆材料进入了大发展时期。目前，我国广泛使用的注浆材料为水泥基复合材料和改性化学注浆材料（非水泥基浆液）。

（2）注浆材料的基本性质

隧道内灰岩地下缝洞突涌水往往具有高水压、大流量的特点，尤其是在动水注浆中，对浆液的可灌性和抗冲击性要求较高。

注浆材料基本性能包括密度、粒度、黏度、凝胶时间、稳定性、固结性质、环保性和抗分散性、腐蚀性等。

（3）注浆材料的分类

注浆材料种类、数量众多，但总体上仍是以水泥为代表的粒状非化学浆材，以及各类化学浆材。非化学浆液主要包括普通水泥浆、水泥黏土浆、水泥膨润土浆、超细水泥；化学浆液主要包括水玻璃类浆材、环氧类浆材、丙烯酸盐类浆材、聚氨酯类浆材等。化学类浆材一般初始黏度低、可灌性、浆液固结体的耐久性以及抗渗性能较好，特别是对细微裂隙有较好的适应性。但是化学类浆液一般价格昂贵，且化学类浆液一般具有毒性，化学浆液结石体强度一般要比水泥浆液结石体强度低，使其应用范围受到了限制。而水泥浆液材料来源丰富、浆液配置方便、操作简单、成本较低且固结体具有结石体强度高、耐久性好等特点，因此在各类工程中得到了广泛应用。普通水泥浆液凝固时间长、早期强度低、可灌性差，使其在复杂岩体注浆中效果较差，灌注质量难以保证，因此为了更好地应用水泥浆液，需要对普通水泥浆液进行改良，使其适宜复杂岩体注浆。如成都理工大学研发的SJP黏度时变性水泥灌浆材料具有稳定性好、流动性可控、结石体后期强度高、抗冻融、抗硫酸盐侵蚀性能好等特点，该材料在动水封堵方面具有较好的表现。

3）截、堵、导的前期工作

截流、堵水与疏导技术是一个系统工程，对于隧道开挖前进行预截、堵、导，首先要对地下水流场有充分认识，其次要准确判断隧道开挖过程中对地下水的影响，最后确定截、堵、导的空间位置与范围。对于开挖过程中已出现的地下突水突泥进行截、堵、导，也应该对地下水流场有充分认识，而选择截、堵、导的方式方法，也能尽量少的改变原始地下水流场态势。

对于开挖前的截、堵、导，在水文地质工作完成后，则是以此为依据，确定具体的设计方案、施工流程，预测截堵后效果。特别是对地下灰岩缝洞管道系统，要研究截、堵效果及可能引起的地下水抬升负面影响，包括预应对措施。可见截流、堵水与疏导是个复杂的系统工程。下文简要介绍歇马隧道的截、堵、导过程。

5.4.2　隧道涌水治理实践

本节以歇马隧道为例,介绍隧道涌水治理实践内容。

1)歇马隧道空间位置与水文地质概况

歇马隧道为重庆市"五横、六纵、一环、七联络"快速路系统中"一横线"的控制性工程,位于北碚区与沙坪坝区交界地段。隧道洞口属于重庆市北碚区行政辖区内,西起北碚区歇马镇,穿越中梁山脉(沙坪坝区行政辖区内),东至北碚区蔡家岗镇,设计为分离式双洞双向六车道,最大埋深为 392 m,左洞长 4 187 m,右洞长 4 150 m,共计 8 337 m,设计时速为 80 km/h。

歇马隧道北侧是已建轨道 6 号线中梁山隧道,南侧是已建新兰渝线铁路隧道、渝怀铁路隧道和在建土主隧道。隧道平面分布见图 5.22。

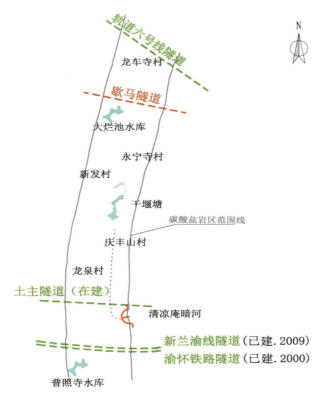

图 5.22　研究区隧道分布平面示意图

歇马隧址区位于川东南弧形地带,华蓥山帚状褶皱束东南部,属于典型的川东隔挡式褶皱构造。槽谷区为三叠系嘉陵江组灰岩、膏溶角砾岩、中厚层状白云岩及白云质灰岩,沟槽、洼地、落水洞、漏斗、洞室、暗河发育,形成了碳酸盐岩含水层。最大暗河流量在雨季可达 100 L/s 以上,如清凉庵暗河达到过 120 L/s。灰岩两侧为须家河组碎屑岩类裂隙水,富水性较差。

2）歇马隧道施工期间突水涌泥概况

歇马隧道施工中（2015 年 12 月）出现过最大涌水量，其进洞口为 6 482 m^3/d，出洞口为 3 159 m^3/d，总量为 7 100 m^3/d。与北侧距歇马隧道较近（2.7 km）的轨道 6 号线隧道共同作用，致使中梁镇新发村和永宁寺村一带出现了大面积的地下水疏干。而歇马隧道南侧 10 km 以外的渝怀铁路隧道和新兰渝线隧道（总涌水量为 6 000 m^3/d），曾在开挖后，造成过中梁山镇集镇周边区域多处泉点干涸，同时在大龙井一带引起多处地面土体塌陷。

歇马及周边隧道涌突水都出现在灰岩段，其涌突水方式有两种：集中股状涌水与全断面出水，分别介绍如下。

（1）集中股状涌水

该类涌水点发育部位岩体较完整，缝洞发育程度较弱，由单一管道系统和裂隙涌出。经统计，股状涌水点有 23 处（见图 5.23、图 5.24），其流量与压力特征见表 5.7、表 5.8。

图 5.23　YK7+360 股状水　　　　图 5.24　YK7+414 涌水点压力测试

表 5.7　股状涌水点水量统计表与饼图

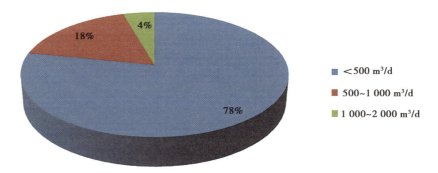

流量 /（$m^3 \cdot d^{-1}$）	< 500	500 ~ 1 000	1 000 ~ 2 000	> 2 000
统计数	18	4	1	0

表 5.8　股状涌水点水压统计表与饼图

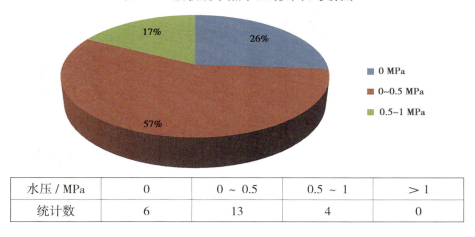

水压 / MPa	0	0 ~ 0.5	0.5 ~ 1	> 1
统计数	6	13	4	0

从流量特征看，歇马隧道揭露股状涌水单点水量较小，其中小于 500 m³/d 的点数占总体的 78%，单点最大流量为 1 450 m³/d。从水压来看，歇马隧道揭露股状涌水单点水压较小，其中小于 0.5 MPa 的涌水点占总体的 83%，单点最大水压为 0.6 MPa。而根据钻孔水位资料，歇马隧道水头高度为 150 ~ 200 m，其水压折减系数在 0.4 以下，说明水压衰减较强。

（2）全断面出水

该类涌水段集中分布在岩体较破碎、缝洞发育处，隧道开挖之后，整个断面多处出现溢水点，该类涌水段 3 处，总长 160 m，处于 T_1j^4、T_1j^2 灰岩段中部以及与上下地层的接触部位，其岩性主要为角砾岩、白云岩，岩体中裂隙、缝洞发育，尤其是 YK7+390—YK7+429 段（见图 5.25），穿越 F1 断层接触带，岩体局部可见梳状擦痕，溶蚀现象较强烈，并揭露多条小规模的缝洞管道。

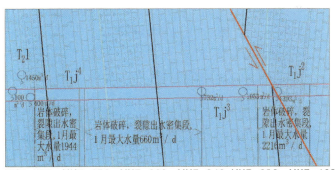

YK7+223—YK7+256　YK7+260—YK7+348　YK7+390—YK7+429

图 5.25　全断面出水段示意图

以上区段在开挖后对主要的股状出水点进行了注浆封堵，但堵水效果不明显（见图 5.26、图 5.27），2016 年 1 月初步堵水后测得最大涌水总量仍达到 4 820 m³/d，占进洞口总涌水量的 74.4%。

图 5.26　YK7+265 掌子面多处涌水　　　图 5.27　YK7+395 掌子面多处涌水

除以上两种主要突水类型之外，隧道在开挖过程中还揭露到一处涌泥缝洞管道，突泥位置位于嘉陵江组 2 段与 3 段的交界地段，岩性为灰岩、白云质灰岩，位于东槽谷外缘下方。2015 年 11 月 6 日右洞掘进至 YK9+011 段时，掌子面底部出现涌泥和涌水现象（见图 5.28），突泥点距隧道中线右侧约 2 m，黄褐色红黏土随地下水呈股状涌出。在 11 月 6 日至 11 月 14 日期间，最大涌泥量达 300 m³/h，共计涌泥约 1.5 万 m³。施工单位及时采取封堵措施，14 日以后未见涌泥的情况发生。

图 5.28　突泥点情况

3）突水涌泥后产生的环境地质问题

（1）地表水源枯竭及地下水位下降

歇马隧道开挖进入灰岩段出现涌水之后，对地面灰岩槽谷内的地表地下水体产生了较为明显的影响。主要表现为水库漏水，井、泉流量减小乃至干涸。西槽谷的影响半径扩大至 4 km 左右，东槽谷的影响半径在 3 km 左右。在西槽谷隧道轴线 1 km 范围内，出现了地面塌陷和大烂池水库严重漏水，说明西槽谷的影响较东槽谷强烈。东槽谷的影响程度，随距轴线的远近而明显变化，1 km 以内为严重影响区，1 ~ 3 km 为中等影响区，3 ~ 4 km 为一般影响区。

隧道南侧的庆丰山村、永宁寺村一带居民饮用水主要依靠地下水，庆丰山村主要从暗河天窗抽取干堰塘至清凉庵一线暗河水作为生活和灌溉用水。干堰塘水库汇集清凉庵暗河水，无论地表水如何干旱，库水从未干枯。西槽谷新发村等地的地下水和地表水受到一定程度的破坏，水量有所减少，该村灌溉和生活用水仍主要依靠马家湾暗河和大烂池水库，旱季用水较为紧张。隧道的修建造成了地下水位下降、地表水漏失，影响了区内 3 个村约 7 000 人的生活饮用水以及 700 公顷农田的灌溉用水。

（2）地面塌陷

2015 年 11 月至 2016 年 8 月歇马隧道在建期间，周边共发现塌陷 28 处，其中有 6 处为歇马隧道施工之前发生，有 22 处为歇马隧道施工期间发生。具体可见表 5.9、图 5.29、图 5.30，塌陷坑位置分布见图 5.31。

表 5.9　地面塌陷与隧道施工时间关系分布汇总表

塌陷编号、个数、发生时间	主要分布位置	说　明
T12、T13、T14、T15 共计 4 处（1991—1996）	北碚区龙车村	塌陷发生期间区内无隧道施工
T10、T11 共计 2 处（2001—2009）	北碚区龙车村	发生时间为北碚隧道修建完成后，轨道 6 号线施工前
T9、T16、T21、T22 等，共计 21 处（2015—2016）	大烂池水库周边	发生时间为歇马隧道施工期间

图 5.29　T3 大烂池水库（2015 年 11 月）

图 5.30　T17 水库南侧（2015 年 11 月）

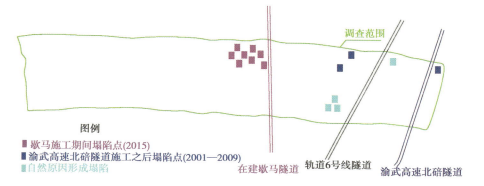

图 5.31　塌陷坑位置分布示意图

4）歇马隧道突水涌泥截堵及效果

隧道施工前期，针对股状出水点进行注浆封堵，但堵水效果不明显。在施工期间由于遭遇大烂池水库疏干、地面塌陷，故及时变更堵水设计，采取了普通注浆、全断面径向注浆封堵、岩腔的衬砌加固等措施。具体操作分以下步骤进行：

（1）系统查清地下水运动规律

在隧道选址的水文地质勘察成果的基础上，根据突水涌泥特征进一步查清水文地质条件，确定地下水运动规律，根据突水位置综合确定可能来水方向与位置。

（2）物探与钻探结合

根据地面水文地质系统分析，布置物探工作，精确掌控含水构造的空间位置与展布规律。根据物探方法确定的含水构造空间规模与近似空间位置，通过钻探验证，进行岩组岩性的判别，进行水量与水压观测。结合物探与钻探方法进行地面水文地质系统详细调查分析，能够大幅度改善钻探注浆的施工盲目性，提高施工效率。

（3）帷幕止水，分区治理

根据不同水文地质条件、不同水源来向、各地层段不同涌水类型进行分区，最终确定对区内 T_1j^4、T_1j^2 内部以及与上下地层的接触部位进行帷幕止水，如 YK7+223—YK7+256，YK7+260—YK7+348，YK7+390—YK7+429，ZK9+012—ZK9+116，ZK9+012—ZK9+116，ZK7+200—ZK7+348 等段落（见图 5.32）。

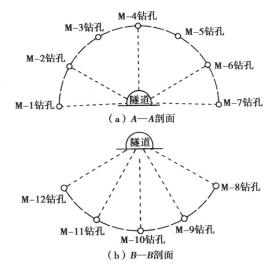

图 5.32　YK7+390—YK7+429 段帷幕注浆孔剖面示意图

（4）上下分区治理

隧道顶部封堵尤为重要，浅部周边围岩注浆过程中，应先注顶部，让顶部固结增加顶部稳定性，防止塌顶。有效避免高水压对隧道拱顶和边墙围岩破坏，保证围岩整体稳定。然后则是隧道底板注浆（见图 5.33）。随着注浆、加固范围不断增加，水量和水压会逐渐回升与恢复，证明堵水有效。

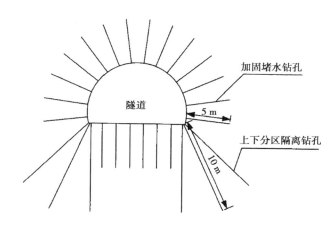

图 5.33　上下分区浅部注浆钻孔布置图

（5）深部帷幕（针对 YK7+390—YK7+429 段断层破碎带）

对于歇马隧道 YK7+390—YK7+429 段穿越 F1 断层，岩体破碎，普通的全断面注浆深度有限，因而还需采取深部注浆形成深部帷幕，因为围岩较为破碎或水压较大时一般注浆治理效果难以保障。为此利用该段深部引流钻孔，在浅部注浆加固后，充当深部帷幕注浆钻孔，进行深部注浆，对岩层深部构造破碎带构建封闭式帷幕。

（6）截堵效果评价

破碎段全断面堵水效果总体上良好，图 5.34 与图 5.35 是 YK7+390—YK7+429、YK7+223—YK7+256 两段全断面注浆堵水之后的监测曲线。堵水施工后，涌水量迅速衰减。它有如下特点。

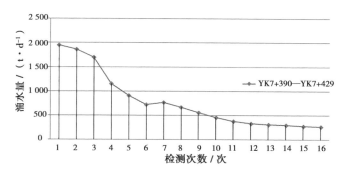

图 5.34　YK7+390—YK7+429 段注浆后涌水监测曲线图

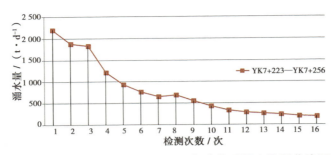

图 5.35　YK7+223—YK7+256 段注浆后涌水监测曲线图

①以上两段整体涌水量随着注浆治理逐渐减少，但在局部存在涌水量增大的情况，这是新开钻孔涌水导致。

②涌水量在前期（前 3 次监测时间段）略有起伏，变化不大，通过对注浆方案进行调整之后，涌水量在第 3 次之后减少尤为明显。这说明通过前期注浆方案的调整，该治理方案堵水效果大幅度上升。

③注浆治理过程中，涌水量在前期减少速率快，后期减少速率慢。这说明随着注浆堵水过程的进行，地下水压逐渐上升，堵水治理难度逐渐加大。

④通过 40 余天的连续施工治理之后，以上两段的涌水量均降低至 250 m³/d 以下，堵水率达到 90%，效果较为明显。

歇马隧道堵水是一次有效且较为成功的尝试，为新开挖堵水截流施工积累了经验。其堵水整体效果也较良好。从歇马隧道水文环境地质监测资料制作的进出洞口涌水监测曲线图（见图 5.36），可以看出总体效果有如下 3 个特点。

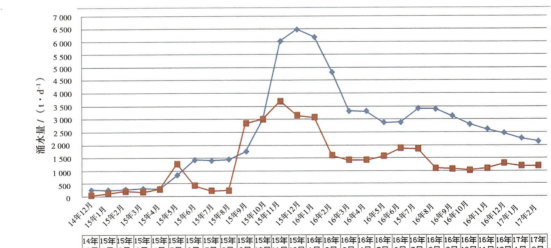

	14年12月	15年1月	15年2月	15年3月	15年4月	15年5月	15年6月	15年7月	15年8月	15年9月	15年10月	15年11月	15年12月	16年1月	16年2月	16年3月	16年4月	16年5月	16年6月	16年7月	16年8月	16年9月	16年10月	16年11月	16年12月	17年1月	17年2月
进洞口（西侧）	265	246	269	308	303	828	1438	1414	1440	1758	3021	6024	6483	6181	4819	3321	3310	2873	2883	3404	3401	3124	2806	2614	2470	2268	2152
出洞口（东侧）	50	120	210	170	280	1281	426	216	237	2852	3018	3704	3159	3072	1600	1426	1425	1568	1875	1853	1100	1082	1024	1100	1299	1192	1194

图 5.36　歇马隧道进（出）洞口涌水监测曲线图

① 2015 年 9 月隧道开挖掘进至雷口坡和嘉陵江灰岩地层之后，隧道涌水量突增，在此期间，主要的堵水方式是对股状涌水点进行注浆封堵，未进行全断面治理，堵水效果不明显。11 月掘进至嘉陵江 2 段时，涌水量达到峰值。

②2016 年 2 月起，设计和施工单位对堵水方案进行了调整，分区分段，采取了普通注浆、全断面径向注浆封堵、岩腔的衬砌加固等措施。之后进（出）洞口涌水量都出现了较为明显的下降，至 2017 年 2 月，双洞总涌水量由峰值的 9 800 m³/d 下降为 3 300 m³/d，堵水效果较为明显。

③根据监测情况显示，歇马隧道总体堵水率为 67%，低于全断面注浆堵水段落堵水率（90%）。这主要是由于变更堵水设计之前，部分段落已进行了二次衬砌，导致施工条件困难，若从施工开始即采用分区分段堵水措施，实际涌水量将进一步降低。

5.5　地质环境自动监测系统及塌陷预测预报

隧道工程引起的环境地质问题已十分严重，除了应急处理外，显然还应该进行系统监控，对可能发生或将要发生塌陷的地区进行有效预测预报，确保一方平安。为此建立环境地质自动监测网络十分必要与紧迫。塌陷与地下水活动密切相关，因而地面塌陷自动监测必须与地下水动态监测联合进行。

5.5.1　地下水环境自动监测系统

重庆"四山"地区的地下水是降雨—植被—土体—岩石共同作用形成的一个动态系统，它控制着"四山"地区的生态系统正常运转，也是塌陷形成的重要纽带。因而必须对地下水进行系统动态监测。地下水动态监测包括水位、水量与水质随时间变化的实时监测。它的异常也可能就是塌陷或环境突变的开始。

地下水环境自动监测系统的建立并非易事，它要求必须对地下水动态变化与地下水的水文地质单元有一个比较清晰的认识，在此基础上设立监测点，并且需要在不断的观测、分析、总结的条件下，增设或取消监测点，最终保留一个完整的水文地质观测点网系统，进行固定监测。

根据以上地下水监测系统建立原则，通过对中梁山为试点的碳酸盐岩山区的长期研究与试验，认为碳酸盐岩槽谷区内地下水位和地下气压的变化是区内地下水环境变化最为重要的指标，受大气降雨和隧道疏排的影响，动态变化较大。因此最为有效的监测方式是在地下水连通性较好的区域施工水文地质钻孔，然后在孔口设置自动监测仪器。图 5.37、图 5.38 所示为重庆市地下水资源利用与环境保护实验室经过长期实践研制出的一套适合区内长期使用的应急自动监测设备。

避雷针

太阳能电池板

信号发射器和机箱

采集、数据处理装置

水位和气压监测仪器
（埋于地底）

图 5.37　地下水位、气压水压监测装置示意图

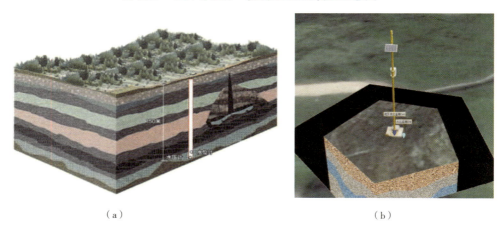

（a）　　　　　　　　　　　　　（b）

图 5.38　地下水位、气压水压监测效果示意图

应急简易监测系统分地面与地下两大部分。地面部分为信息收集处理与传送部分，地下部分为监测数据采集部分。地面部分包括安全避雷、电力供应、数据采集处理、数据无线传送等构件，地下部分包括水位测量计与气压测量计。

水位测量计是根据压力与水深成正比关系的静水压力原理，运用水压敏感集成元件设计而成。

气压测量补偿计主要测量地下孔隙空气压力的变化情况，对测量值进行修正，提供直接的物理参数。

所获取的数据通过信号发射装置自动传输进入云端服务器，通过移动端和 PC 端均可实时查看，进行数据处理与分析。监测系统运行流程如图 5.39 所示。

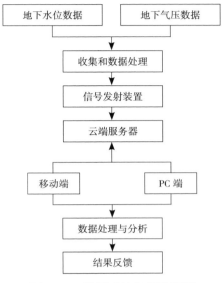

图 5.39　监测系统运行流程图

5.5.2　塌陷自动监测系统

针对"四山"地区的地面塌陷成因机理以及特征，区内塌陷自动监测系统为实时的地质灾害综合立体监测预警体系，监测内容包括星载 INSAR 技术空间纬度监测、降雨量监测、沉降位移监测、建筑物倾斜位移监测、深部位移监测、地下水位、气压水压监测及声光预警等。除此之外，还要进行定期的物探监测与人工宏观地质巡查以确保其监测的准确性与可信性。不同监测内容采用的方法见表 5.10。

5.10　监测内容与监测方法对应表

序　号	监测内容	监测方法
1	空间纬度监测	星载 INSAR 技术
2	雨量监测	一体化雨量站实时自动监测降雨量
3	地表沉降监测	静力水准仪实时自动化监测系统
4	倾斜监测	倾斜仪实时自动化监测系统

续表

序 号	监测内容	监测方法
5	深部位移监测	分布式光纤传感器实时监测系统
6	地下水位、气压水压监测	水位计集成气压、水压计实时自动监测系统
7	预警系统	声光预警
8	宏观地质巡查	人工巡视巡查
9	物探监测	地质雷达、高密度电法

对于以上收集的监测要素还必须进行以下系统处理：

（1）监测数据整理建库

根据监测资料类别分别建立相应的监测数据库，实时监测系统利用相应监测项目内容的处理软件包进行后台处理。

（2）监测数据质量检验

对监测数据库进行处理，采用计算机软件处理系统结合人工判别分析的形式对监测数据进行统计分析，按照粗差剔除原则，排除粗差和错误，界定误差范畴，确定监测点误差是否在规范允许的误差范围内，通过中误差评定监测数据成果质量。

（3）监测点位变形位移分析

①先进行数据处理，取得原始监测数据（监测值）。

②若监测值减去2倍的中误差小于或等于零，则其位移值等于零。

③若监测值减去2倍的中误差大于零，则监测值即为其位移值。

通过某期监测结果与前期监测结果对比，计算出累计变形量、平均变形速率和月变形速率等，利用以上分析结果，确定变形动态。

（4）多元监测数据综合分析

在塌陷变形分析的基础上，通过相关性分析等方法，分析塌陷变形（地表位移、深部位移、内部应力）与降雨量、地下水位变化的相关性和滞后特征。以此为基础，通过综合分析，确定塌陷变形趋势、所处变形阶段和稳定状态，提出预警建议。

5.5.3　塌陷预测预报及案例

歌乐山地区是目前整个"四山"地区塌陷最严重区域，重庆市南江水文地质工程地质队在区内实施了"歌乐山地区地面塌陷一级专业监测预警"项目。采用了"空－天－地"

综合立体监测预警体系，其监测网点布设如下：

①区域布设。采用星载 INSAR 技术对整个监测区进行空间纬度的监测，结合地质宏观巡视巡查监测（巡查路线按易发程度分区分段）、地区雨量监测（以地下水分水岭为界，布设两个雨量监测点）。

②重点分级布设。对塌陷高风险区内的重要建构筑物进行静力水准监测（6 组）和倾斜监测（12 个）；对监测区内 25 个主要塌陷群进行深部位移监测（27 个）与气压监测（27 个）、声光预警点（25 个）；对隧道工程（含规划和在建）布设地下水位和水压监测（12 个）。

其具体布置情况如图 5.40 所示。

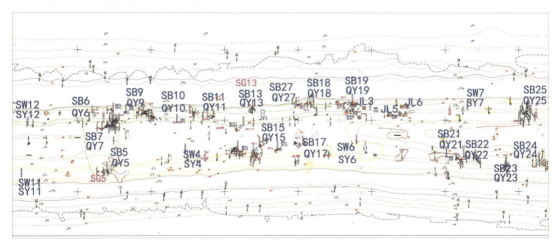

图 5.40　歌乐山地区地面塌陷监测预警网点布置示意图

对 2019 年 12 月至 2020 年 7 月各个塌陷区域的塌陷情况进行统计得到如表 5.11 所示的统计结果。发布预警信息 27 条，成功预警 11 处塌陷，预警成功率达到了 61%（见图 5.41），预警成果得到了社会各界的认可。

表 5.11　地面塌陷预警一览表

塌陷群	发送时间	数据变化	塌陷情况	备　注
永宁寺陈家坪塌陷群	7 月 13 日 13：55	12：45—13：45，气压上升 71.5 kPa	7 月 13 日晚监测点附近原塌陷处发生塌陷，水泥路面开裂	距监测点约 5 m
	7 月 17 日 14：53	8：45—9：45，气压上升 93.0 kPa	7 月 18 日下午 4 点发生塌陷，距民房 5 m	距监测点约 40 m
新发村大烂池塌陷群	7 月 17 日 10：00	7 月 17 日 8：45—9：45，气压上升 93.0 kPa	水泥路面开裂，变形明显	距监测点约 5 m

续表

塌陷群	发送时间	数据变化	塌陷情况	备 注
二横线土主隧道	6月4日 21：31	SW12监测数据于6月4日18:45分发生突变，水位上升约8 m。QY26气压17:45下降65 kPa	6月4日21：50发生塌陷	距监测点约100 m
			6月6日19：54发生塌陷	距监测点约200 m
	6月20日 8：15	QY26的气压从6月20日5：45—7：45，增加79.9 kPa，附近QY6从3:45—7:45气压增大11.5 kPa	6月20日8：45，发生直径1.5 m，深1 m塌陷	距监测点约100 m
	6月27日 10：17	QY26的气压监测计从6月27日6：45—9：45，气压上升82.2 kPa，附近QY7同时上升32.0 kPa	6月28日9：15，位于QY7附近5 m鱼塘发生塌陷	距监测点约5 m
	7月1日 8：56	QY7气压上升32 kPa	7月1日10：30附近10 m农田发生塌陷，上口径约0.6 m，深约2 m	距监测点约10 m
	7月10日 21：57	QY26从20：45—21:45上升68.7 kPa，QY7从16:45—21:45上升21.5 kPa	7月11日14：37，发生直径5 m，深约3 m的塌陷，造成入户支路中断	距监测点约200 m
	7月13日 8：31	QY26从13日5：45—7：45，气压上升71.5 kPa	7月14日18：55，发生塌陷，上口约1 m，深约1.5 m	距设备约200 m
	7月17日 6：00	QY26从7月17日4：45—5：45，气压上升65.7 kPa，附近QY7从1：45—5：45上升68.7 kPa	7月18日8：12发现塌陷，直径约2 m，深约1 m	距设备约90 m

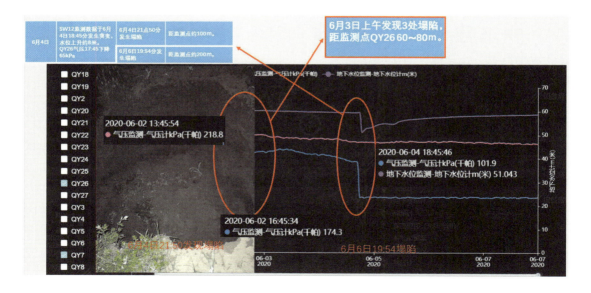

图 5.41 土主二横线塌陷区 6 月 4 日监测数据曲线图

5.6　地面塌陷的识别与治理

地面塌陷为重庆"四山"地区最为典型的环境地质问题，以下对区内地面塌陷隐患识别技术研究进行介绍。根据南江地质队编写的《重庆岩溶山区地面塌陷隐患识别技术研究与应用》，为了更准确、更经济、更有效地实现重庆碳酸盐岩山区地面塌陷的精细化预测，通过对"四山"地区的长期研究与试验，总结了一套适用于重庆碳酸盐岩山区的地面塌陷的识别体系（流程见图 5.42），目的是把大的碳酸盐岩山区的塌陷隐患进一步精细化，做到目标区预测精细化和目标段预测精细化。

图 5.42　碳酸盐岩区地面塌陷易发性评价流程

5.6.1　塌陷隐患区识别体系

1）通过地质基础进行塌陷区域的初步圈定

①构造判别。地面塌陷主要受地质构造控制，表现为沿构造线方向发育，首先通过构造线方向对地面塌陷进行初步圈定。

②空间判别。在已圈定的构造线基础上寻找背斜核部、断层地段、质纯层厚的碳酸盐岩出露地段以及与非碳酸盐岩接触带，将所圈定地面塌陷区域进行定向式收缩。

③岩性判别。在上述步骤②基础上对缩小的区域进行岩性上的判别，重点关注孔缝洞系统发育强烈的区域，通过岩性对步骤②中的区域进行进一步细化，最终完成基于地质基础的地面塌陷的初步确定。

2）基于地面塌陷的影响因素进一步确定地面塌陷区段，初步判断塌陷的易发程度

①地貌判别。通过"塌陷最多分布在灰岩洼地地段，次之为灰岩残丘，而在峰丛地段，

基本无塌陷分布"的结论对步骤①的区域进行缩小细化，确定碳酸盐岩区内塌陷的重点研究区域和次重点研究区域。

②覆盖层判别。针对地面塌陷的重点研究区域和次重点研究区域对其中的覆盖层进行对比分析，重点关注其中粉质黏土地段，初步确定地面塌陷目标段。

③塌陷启动力判别。从灰岩缝洞水主径流带、地表水体强烈入渗地段、灰岩缝洞水集中排泄地段、地下水位变幅剧烈地段、隧道工程所在地区碳酸盐岩区段（隧道南北两侧一般 3 km 范围）这五点对地面塌陷的启动力进行研究。

3）基于机器学习模型的塌陷易发程度评价

机器学习作为一种人工智能算法具有很高的预测准确率，将其引入地面塌陷易发性评价中，以达到更加高效、准确地识别出地面塌陷隐患区的目的。

（1）评价方法

①支持向量机算法。支持向量机（Support Vector Machine，SVM）是一种基于统计学习理论的机器学习算法，其基本思想是将输入数据非线性映射到更高维空间，在此空间构造线性决策面，进而将训练数据正确地分类。SVM 使用核函数将数据映射到高维空间，对具体问题而言，合适的核函数是很重要的。而目前常用的核函数有 3 类：Polynomial 核函数、RBF 核函数（径向基函数）、Sigmoid 核函数，本项目中 SVM 使用的核函数为 RBF 核函数。作为一种二分类模型，SVM 基于结构风险最小化原理，使得其对低维和高维数据适应性较好，因此可以将其应用于岩溶地面塌陷易发性评价中。

②随机森林算法。随机森林（Random Forest）是由众多树结构分类器组合而成的集成模型，其本质是由许多棵决策树组成，但每棵树之间又有所差别。随机森林克服了决策树容易过拟合和泛化能力差的缺点，且拥有决策树的所有优点，大量的理论研究表明随机森林具有很高的预测准确率，对异常值和噪声的容忍度较好，不容易出现过拟合。它通过自助法重采样技术，从原始训练样本集 N 中有放回地重复随机抽取 n 个样本生成新的训练样本集合训练决策树，然后按以上步骤生成 m 棵决策树组成随机森林，新数据的分类结果由分类树的投票结果决定，其步骤如下：

a. 从样本集中有放回地随机采样选出 n 个样本；

b. 从所有特征中随机选择 k 个特征，对选出的样本利用这些特征建立决策树；

c. 重复以上两步骤 m 次，即生成 m 棵决策树，形成随机森林；

d. 对于新数据，经过每棵树决策，最后投票确认分到哪一类。

（2）主要评价步骤

①收集数字高程模型 DEM、水文地质等资料，使用 GIS 工具进行数据处理进而构建出研究区地理空间数据库；

②结合已有塌陷点数据和地理空间数据库生成用于训练机器学习模型的样本数据库；

③进行机器学习模型超参数优化，使用最优超参数和测试集数据训练得到地面塌陷易发性评价模型，并对模型的泛化性能进行评价；

④使用训练得到的机器学习模型对整个研究区塌陷易发性进行评价分类，从而得到塌陷易发性区划图。

（3）评价实例

以下实例来源于南江地质队编著的《重庆岩溶山区地面塌陷隐患识别技术研究与应用》，按照上述体系基于随机森林法对歌乐山地区进行的塌陷易发性分区图表如图 5.43、表 5.12 所示。

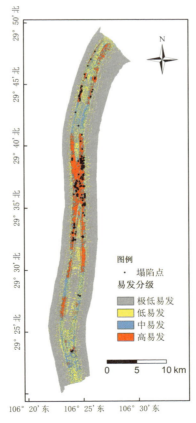

图 5.43　基于随机森林法的碳酸盐
岩山区地面塌陷易发性区划图

表 5.12　基于随机森林模型的易发性评价结果统计

易发等级	分区面积 / m²	面积比例 / %	区内塌陷点数量 / 个	塌陷点比例 / %
低	184 889 700	62.08	0	0
低	46 036 800	15.46	4	1.23
中	35 414 100	11.89	21	6.44
高	31 495 500	10.57	301	92.33

5.6.2　塌陷隐患点识别——物探方法的应用

通过上述识别体系对整个区域的塌陷易发程度进行评价分区之后，得出塌陷易发性区划图，可以进一步采用物探手段对塌陷高易发区进行工作，从而进一步提高塌陷识别的精度。

1）主要物探方法

对于碳酸盐岩山区地面塌陷应结合探测场地的地质、地形条件、场地干扰情况及经济适用性等方面针对不同的地面塌陷场地类型综合考虑的最佳的物探勘测组合，从而经济高效地对目标区域的碳酸盐岩区土体塌陷问题进行精细化预测，对塌陷隐患点进行合理的识别分析。目前主要采取的物探方法有高密度电法、地震法、地质雷达法。

（1）高密度电法

根据实测电阻率断面图和地质资料得到场地的背景电阻率值，一般地下介质若存在灰岩洞穴、破碎带、富水等情况，电阻率值小于背景值，这样来推测地下碳酸盐岩缝洞发育、岩体破碎带情况。高密度电法的工作原理如图 5.44 所示。常用设备如图 5.45 所示。

其主要适用的区域有地形较平缓的土层覆盖的槽谷区以及地形具有一定起伏的灰岩浅丘区，可辅助钻孔电视和电磁波 CT 进行勘测，既可提高勘探效率，又可实现资源配置的最优化。需特别注意的是高密度电法中反映出的低阻异常区和基岩部分形态相似的区域，以及孔内电视的裂缝区和电磁波 CT 的低阻异常区。

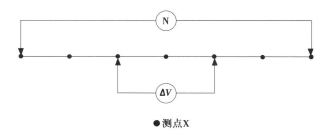

●测点X

图 5.44　高密度电法工作原理

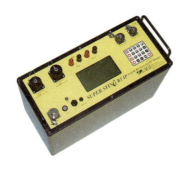

测量范围	+/−10 Vp-p
测量分辨率	30 nV
发射机	200 W 内置发射机
输出电流	1 ~ 2 000 mA
输出电压	800 Vp-p
输入通道	8 通道
IP 测量模式	时间域充电率 (M)
IP 时间周期	0.5/1/2/4/8 s
电阻率测量时间周期	0.2/0.4/0.8/1.2/3.6/7.2/14.4 s
工作温度	−5 ~ +50 °C

图 5.45　AGI 高密度电法仪设备

（2）地震法

对于地震波形变化一般的填充洞穴、塌陷、破碎带等，在地震映像时间剖面上一般表现为：同相轴弯曲，波形相位增加或者减小，能量减小；同相轴错断，在频域上，主频降低，出现低频异常。地震法的工作原理及常用设备分别如图 5.46、图 5.47 所示。

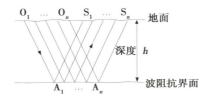

图 5.46　地震法工作原理

主要技术参数：

● 频响范围：0.1~4 000 Hz

● 采样延时：0~9 999 ms

● 幅度一致性：优于 ± 0.02 %

● 相位一致性：优于 ± 0.01 ms

● 动态范围优于 144 dB

● 信号迭加增强：32 位

● 采样率：10 μs，31.25 μs，62.5 μs，125 μs，125 μs，500 μs，1 ms，2 ms，4 ms，8 ms，16 ms，32ms 到 400 ms 干档

● 采样点数：512，1 024，2 048，4 096 等，最大记录长达 32 768

图 5.47　DZQ48 高分辨率地震仪设备

该种方法仅适用于地形较平缓的土层覆盖的槽谷区，主要的手段为高密度电法和地震法，需特别注意的是地震法中的低频、宽频带波形向下衰减缓慢区域和高密度电法与低振幅综合解译的土层较深区域。

（3）地质雷达法

在较完整基岩区域电磁波反射信号幅值较弱，波形均匀，甚至没有界面反射信号；在灰岩孔缝洞系统发育或基岩不密实较破碎区域电磁波反射信号幅值强，同相轴不连续，通常为规整或非规整的双曲线波形特征，在其下部仍有强反射界面信号。地质雷达法的工作原理和常用设备如图 5.48、图 5.49 所示。

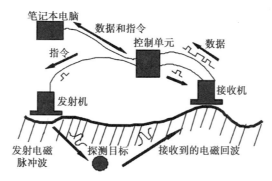

图 5.48　地质雷达法工作原理

Proex 主机主要技术参数

脉冲重复频率	最高 1 000 kHz
A/D 转换	16 位
采样点数	128~8 192 任选
采样频率	0.2~100 GHz
采样模式	距离 / 时间 / 手动
叠加次数	1~32 768 任选及自动叠加
分辨率	5 ps
通信方式	以太网通信 100 Mbit/s
扫描速度	1 000 扫 / 秒
工作温度	−20 ~+50 ℃
天线兼容性	兼容所有 RAMAC/GPR 天线

图 5.49　MALA 地质雷达设备

其主要适用于地形较为平坦的灰岩槽谷区以及公路、广场等经过人工改造的地形平坦区域。在实际勘测中不宜采用 50 MHz 非屏蔽天线进行勘测，应当使用 80 MHz 屏蔽天线或者更好的设备进行测量，需特别注意表层的低频多次反射和其下方的强反射信号。同时，考虑到气候的因素的影响，在利用地质雷达进行观察时还应考虑枯水期和丰水期的因素。在可能发生碳酸盐岩区土体塌陷目标区中，枯水期做到 7 天一个观测，丰水期做到 3 天一个观测；在塌陷易发区中，枯水期做到 3 天一个观测，丰水期做到 1 天或者 0.5 天一个观测。

2）验证手段

对于物探结果，目前较常采用的验证手段主要有孔内电视和钻探。孔内电视主要是通过所测的图片、影像资料与实际资料进行对比分析，互相验证。通过钻探，可以较为直观地判断岩土类别和松散情况。对用物探方法已经预测的区域进行实际钻探操作，再将预测结果与实际结果进行对比分析预测的准确性和适用性。

3）物探对于地面塌陷识别的实例

（1）柿子湾社塌陷区——高密度电法

①场区基本情况。场地为重庆市沙坪坝区歌乐山镇茅三峡村柿子湾社塌陷区。地势起伏较大，地面高程差 3 ~ 7 m，覆盖层厚 0 ~ 10 m，为粉质黏土，基岩为三叠系灰岩，地面有落水洞，竖向发育。

②方法选择。因场区内房屋较密集，道路部分硬化，受一定电性干扰，加之区内测线布置受限，地面地下受一定干扰，同时植被较茂密，覆盖层厚度不均。

经综合考虑采用高密度电阻率法，仪器为美国 AGI 公司的 SuperStingR8 高密度电法仪，采用了温纳施贝装置和偶极梯度装置，点距 2 m。详细平面布置如图 5.50 所示。

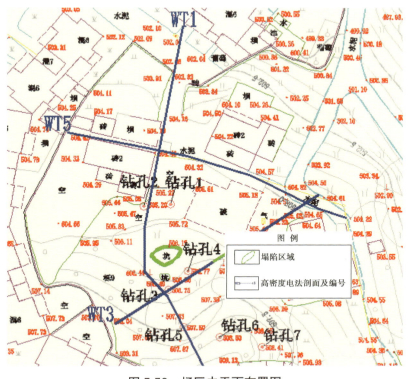

图 5.50　场区内平面布置图

③结果分析。从图 5.51 可见，两种方法的一致性较好，温纳施贝装置数据较收敛。

推测里程 30～55 m 处，有灰岩洞缝发育，其中有黏土充填。

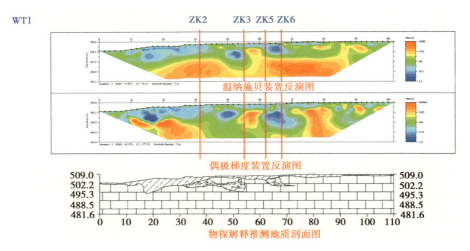

图 5.51　WT1 测线高密度反演成果及解释

从图 5.52 可见，两种方法的一致性较好，温纳施贝装置数据较收敛。两种方法在 22~30 m 有低阻异常，但偶极梯度装置在 15～18 m 处下方有高阻区域存在，可能有灰岩洞缝发育。

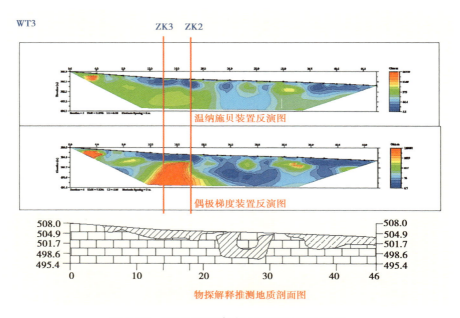

图 5.52　WT3 测线高密度反演成果及解释

（2）中梁镇蓝莓谷塌陷区——地质雷达法

①工作场区情况。该场区主要为耕植土或填土，表层为混凝土路面。

②方法选择。据现场调查情况分析，下伏土体存在空洞和基岩岩溶发育的可能性大，电磁信号将存在明显差异，故利于地质雷达法的勘测。

③结果分析。试验的测线布置了 2 条，分别采用 50 MHz 非屏蔽天线和 80 MHz 屏蔽天线进行勘测。测线的布置如图 5.53 所示。

图 5.53　蓝莓谷地质雷达试验工作布置图

测线 1 平行于公路布置，两旁没有房屋干扰，两种天线记录的勘测深度均设定为 20 m。从 50 MHz 非屏蔽天线的结果（见图 5.54）可见，低频干扰信号较少，并且出现了一道明显的呈弧形强反射信号，从测线开始一直到测线结束，结合现场情况，在上坡有一个手机信号发射站，测线的强反射信号轨迹与之间的距离基本一致，推测该处应为手机信号发射站引起的电磁干扰。从图 5.55 来看，80 MHz 屏蔽天线未受到发射站的影响，并未发现任何异常，在里程 193 m 处存在强反射信号，推测有灰岩孔缝洞发育。

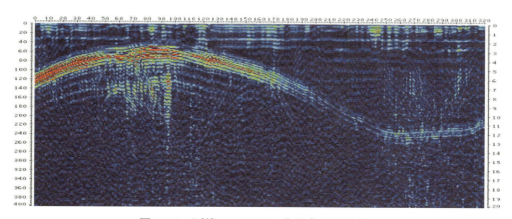

图 5.54　测线 1~50 MHz 非屏蔽天线结果

图 5.55　测线 1~80 MHz 屏蔽天线结果

5.6.3　地面塌陷与水土流失的综合治理

对环境地质问题的保护和修复总体原则应坚持标本兼治，既要修复已引发的突出环境地质问题，又要从根源上逐步修复受损的地下水环境。重庆"四山"地区环境地质问题区整治的重点应集中在塌陷防治和既有隧道影响区地下水流场的调整与修复。塌陷的有效防治一方面可恢复因塌陷导致渗漏的地表水体，另一方面可防止地表水土经塌陷坑流失。隧道影响区地下水流场的有效调整与恢复可保障地下水位逐步得到恢复，甚至使得受损的地下水环境与地表生态环境从根本上得到修复。

1）地面土体塌陷防治

碳酸盐岩区的地面塌陷是原始灰岩孔缝洞系统与其土体填充在长期干旱或强降雨条件下地下水环境发生剧变时产生位移的结果。因而地面土体塌陷的治理关键是采用工程措施阻止这种位移的后续发生，从而消除塌陷灾害。在目前的工程实践中，最常用的工程措施是恢复灰岩洞穴的塌空区的充填土石，封堵灰岩区的缝洞管网通道，切断塌陷后期物质的来源。另外则是控制外加荷载和水的不良作用等诱发因素。

改良土体性能的措施在工程实践中比较少见。最常用"改土"的治理方法是注（灌）浆和（或）填充粗料（块石、瓜米石或砂等）。其他方法还有设置排气孔、做隔水帷幕、挖填、挤密或夯实土洞等。

"四山"地区的地面塌陷基本都属于碳酸盐岩地区缝洞系统被后期水流搬运带来的泥砂物质填充堵塞的填充土体塌陷。塌陷土体以粉土、粉质黏土为主。塌陷机理主要为地下水位突发降落，形成真空吸蚀物理作用，诱发灰岩洞穴（竖井、落水洞、漏斗、溶隙）中土质填充盖层塌陷。灰岩地区基岩表面存在落水洞、洼地、漏斗等负地形，与深部岩体尤其是灰岩缝洞管网发育的含水系统存在明显的水力联系，洼地漏斗等负地形内充填第四纪松散土体，同时负地形充填物顶部甚至还覆盖有相当厚且致密、富含水分的第四纪松散土体，形成局部松散砂土层地下孔隙含水体，致使孔隙含水体地下水位以下的土体处于饱和状态。在这种环境地质背景下，塌陷演化大致可划为 4 个阶段：地下水位快速降落、初始负压空腔形成、负压空腔扩大、地面坍塌。

根据"四山"地区已实施的塌陷治理工程，目前区内塌陷的治理措施主要采用：预制水泥梁（板）封盖灰岩洞隙；布设通气管网避免封堵后新生负气压；用开山料、黏性土分层回填夯实，恢复原始地形地貌；继续监测直到完全稳定。某典型塌陷点的治理工程设计如下。

（1）放坡

对于重点治理对象，为了保证在施工过程中塌陷坑周壁的稳定性，保证施工安全，按照勘察给出的临时坡率的原则，在治理施工之前须完成对土层段的放坡处理，坡率土层厚度低于 5 m 时采取 1∶0.75；土层厚 5～8 m 时采取 1∶1；土层厚 8～11 m 时应采取 1∶1.25，且放坡范围须保证在放坡后，竖洞周围 2 m 范围内作为工作面。

对于一般应急治理对象，由于对该类塌陷坑的治理方式较单一，基本上采取在现有塌陷坑的规模基础上用黏性土进行人工分层夯实回填的方法。但是经现场调查和剖面图反映，大部分塌陷坑坑壁的现有坡度仍然较大，为了保证施工过程中坑壁的稳定性，应按上述临时坡率增大回填体的整体坡度。

对于现状坡度已经趋于稳定坡率的塌陷坑，则进行直接回填施工。

（2）预制混凝土梁、板

对于规模较大的灰岩竖洞应进行封盖处理。对于竖洞直径大于 2 m 的，采用先架设横梁再进行上部盖板，横梁采用 C30 混凝土预制，截面尺寸为 400 mm×600 mm，横梁在竖洞的两侧采用刻槽进行支座搭接，搭接长度不小于 1 m，横梁需在开挖出竖洞后按照实际尺寸进行现场预制，安装好横梁后用 M10 砂浆对两端的支座段进行固定，横梁的纵向受力钢筋采用 10 Φ 25，箍筋采用四肢箍Φ12@200。

（3）开山石料、黏性土人工夯实回填

回填需采用黏性土进行分层夯实回填，分层夯实厚度为 1.0 m，其中放坡的部分土体可作为回填填料利用，应配合人工推土，用蛙式或柴油打夯机分层打夯密实。其中填料部分建议采用具有足够水稳性的红黏土及次生红黏土。严禁使用淤泥、沼泽土、冻土、有机土、含草皮土、生活垃圾、树根和含有腐朽物质土作回填料。

在开山石料的上部地面 1.0 m 采用"下部 50 cm 厚黏性土 + 上部 50 cm 根植土"回填的方式进行耕地的恢复。

填料下部采用开山石料进行回填，上部 2.0 m 采用黏性土回填，恢复耕地。其中开山石的成分中碎石的含量应控制比例在 30 %～50 %，设计压实系数 0.95，开山石料的施工控制含水量应为最优含水量 ±2%，并严格控制填料成分。

（4）宾格石笼

宾格网规格：网孔名义尺寸为 80 mm×100 mm，使用线径 4.5 mm 的 PVC 包覆的金属线，线径 4.0 mm。该类宾格网的最大设计宽度为 4.3 m，石笼内的充填石料为灰岩的碎、块石，碎、块石直径不小于 12 cm，完成充填后须完成封口后再进行抛入施工。

（5）碎石垫层

采用 20 cm 碎石垫层是因为在完成石笼抛填灰岩竖洞后，有可能仍有小的不能完全封闭的部分小空隙，为了让下一步的黏性土充填及夯实施工，设计采用直径 5～10 cm 的碎石进行垫层设置是有必要的。如果石笼抛掷后仍有较大的缝隙时可考虑采用较大块径的块石进行封堵。

该塌陷坑治理剖面如图 5.56 所示。

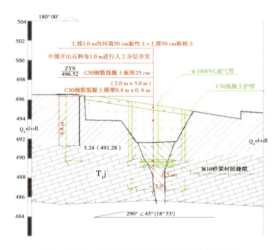

图 5.56　某典型塌陷坑治理剖面图

从"四山"地区已治理塌陷的治理效果来看，部分塌陷坑出现了沉降变形及复塌（见图 5.57、图 5.58）。

图 5.57　某塌陷坑治理后发生了变形

（a）塌陷治理前（2014 年）　　（b）塌陷治理完工（2015 年）　　（c）塌陷复塌（2017 年）

图 5.58　塌陷治理后复塌

而对于发生于水库内的塌陷坑的治理，塌陷坑治理后，水库并未能实现原来的蓄水功能。在丰水期时，如降雨量充足，水库尚能保证一定的需水量；如降雨量不足或处于枯水期时，水库则会渗漏枯竭。

余家湾水库位于观音峡背斜中段西翼，背斜为紧密褶皱，岩层产状两翼陡，中部较平缓，西翼地层产状 260° ~ 285°∠ 30° ~ 84°，近轴部岩层倾角 10° ~ 25°。库区主要出露嘉陵江组灰岩地层。

水库始建于 1956 年，平面形态近似呈矩形，长约 450 m，宽 120 ~ 190 m，总面积约 69 000 m²，水库正常蓄水位 482 m，总库容量 17.7 万 m³，正常库容 15.7 万 m³，属小 2 型水库。水库主要供给歌乐山镇金刚村、歌乐村约 9 000 口人的人、畜用水及农业灌溉。余家湾水库水体补给主要来自北岸暗河排泄口，余家湾暗河流量曾经分别达到 120 L/s、200 L/s。2010 年之前该水库水量充沛［见图 5.59（a）］，蓄水量达到 30 万 m³，为歌乐山镇槽谷区内一重要水源地，供当地居民灌溉、生活用水。自 2010 年周边陆续修建多条隧道之后，北侧暗河流量衰减严重，库水漏失严重［见图 5.59（b）］。2011 年 12 月水库发生 3 处塌陷，水库漏水且水位下降明显，水库底部陆续出现多处塌陷坑，主要分布在库盆东侧三叠系嘉陵江组一段灰岩中，发生高峰期为 2013 年 2—7 月，累计发生 28 处塌陷（见图 5.60），塌陷坑平面形态多呈圆形，直径 2 ~ 15 m，深 1 ~ 15 m。

（a）2010 年蓄水充足　　　　（b）2013 年 7 月余家湾水库发生塌陷 18 处，水库几乎干涸

图 5.59　余家湾水库因塌陷而渗漏干涸

（a）　　　　　　　　　　（b）

图 5.60　余家湾水库库盆典型塌陷形态

余家湾水库塌陷于 2014 年完成了治理，主要采用"块碎石架桥回填 + 围堰封堵 + 通气管通气"的治理措施。但治理后，塌陷坑仍会发生渗漏，水库依然未能恢复正常的蓄水功能（见图 5.61）。

（a）2013 年 6 月影像　　　　（b）2013 年 7 月塌陷影像　　　　（c）治理后枯水期影像

图 5.61　余家湾水库不同时期影像对比

综上所述，对于"四山"地区的地面塌陷，传统的"封堵 + 通气 + 回填"的治理措施未能取得很好的治理效果，治理后再次变形、复塌的现象依然存在，尤其是对于地表水的保持效果很差，并未能实现通过治理塌陷防止水土流失的目标。

因此，一方面需要系统地开展"四山"地区地面塌陷防治技术研究，要从"四山"地区，尤其是中梁山地区地面塌陷的形成条件、发育机理出发，以灰岩埋藏缝洞充填地面塌陷新理论为依据，建立和完善"四山"地区地面塌陷防治的理论体系。并以理论为指导，依据塌陷预测和监测成果，优化现有塌陷防治方法和手段，拓展思路，研发防治新方法、新工艺、新材料，提出必要的、有针对性的、切实可行的、绿色生态的防治方案，提高塌陷防治效果，降低防治成本，达到消除安全隐患、防止水土流失、修复生态环境地质的预期目标。

另一方面，需要建立起完善的地面塌陷监测预警体系，应以塌陷发育密度大、频率高、分布广的中梁山地区为重点区和典型区，根据灰岩地面土体塌陷的特点，在新的塌陷理论的指导下，建立塌陷监测的理论体系，完善诱发因素监测方法，研发塌陷土体变形直接监测预报的新技术和新手段，争取在塌陷的长效性监测方面取得突破，在塌陷时间、地点方面得出较为准确的、能作为塌陷防治依据的预报成果。

2）土体塌陷区的地下水流场的调整与修复

"四山"地区的穿层越岭隧道对地下水系统造成了严重破坏，隧道中地下水的泄水基本采用全排或部分限排，无休止地排放地下水是导致地区生态环境问题的根本原因，停止隧道排水或者大量减少其排水量，恢复隧址区的地下水原始流场与水位，逐步调整和修复地下水动态变化特征是破坏了的地质生态环境区进行生态环境地质重建与保护的根本途径。

显然，生态环境地质的重建、保护与修复问题还面临很多技术问题。例如隧洞埋深大、内部已经全封闭，重新查明隧洞围岩的出水点及围绕出水点的地下水"补、径、排"关系十分困难。即使能够准确查明以上问题，其处理工艺也存在相当大的难度。比如采用传统的注浆工艺进行堵水，如全断面注浆，对于二衬来说无疑是有损式的施工，而且施工极其困难；注浆堵水后如何加强隧道衬砌，防止衬砌被不排水产生的高水压所破坏等。这些问题如果没有切实可行的应对措施，要停止既有隧道排水或大量减少其排水量几乎是不可能实现的。这就迫切需要工程人员开展既有隧道影响区地下水流场的调整与修复关键技术研究，以生态修复、绿色修复、可持续修复为指导思想，攻克上述修复技术难题，早日实现既有隧道排水影响区地下水环境的根本性修复与保护，有效缓解生态环境进一步恶化的趋势，恢复山体涵养水源、维持生态平衡的生态功能。

追本溯源，对于产生严重地质生态环境问题区必须重新进行对比性水文地质系统调查，查明隧道运营条件下的水文地质条件的改变，确定新旧地下水流场地的变化，特别是新的地下水流场特征，提出环境地质修复的可行性对策。

后 记

前后历时三年，完成了《山地城市碳酸盐岩隧道工程环境问题及对策》的撰写。撰写过程中除对有关多年生产报告进行整理消化提炼外，还收集了大量相关资料，进行了多次现场实地考察研究。根据大量现场实际地质现象，提出了一套新的研究思路，对早期灰岩"岩溶理论""岩溶地貌"等概念与相关术语进行了系统调整，以适应研究需要。这种更新也许还不够严谨，欢迎读者讨论指正。

"岩溶"按国际通用英语译文"Karst"，其译音为"喀斯特"。这还原了中国学术界把中文学术文章中的"岩溶"都译成"Karst"，而不是"Rock solution"，因而本书将"四山"地区的"岩溶地貌"表述为"喀斯特地貌"。为避免"学术洋化"，也更直接地表达为"灰岩地貌"或"碳酸盐岩地貌"，如同"火成岩地貌""砂岩地貌"，不带任何成因暗示或引导。"四山"地区实际上不是单纯的喀斯特地貌，而是一种重庆地区特有的灰岩与砂泥岩复合地貌，它经侵蚀—溶蚀—冲刷—搬运复合作用形成。

对大量使用的"可溶岩"术语均用"碳酸盐岩"或"灰岩"代替。因为"可溶"的学术定义不够严谨，地球上大部分岩石都具有一定的溶解性，只是溶解度有差异，相对于岩盐、膏岩，碳酸盐岩是"不可溶的"。实际上所有外文文献中（包括中国学者的英文文章）"可溶岩"都是用"Limestone"（灰岩）或"Carbonate"（碳酸盐岩），而不是"Soluble Rock"（可溶的岩）表示，"岩溶水"用"Groundwater in limestone / carbonate"表示，即灰岩水或碳酸盐岩中的地下水，而见不到"Groundwater in soluble Rock"或者"Soluble Rock water"（可溶岩中的地下水或可溶岩水）的表述。

"溶洞"也没有用"Dissolved cave"表示，而均称为"碳酸盐岩洞"或"灰岩洞"（"Cave in carbonate / limestone"），因为岩洞并不全是溶蚀成因，而垮塌是大洞穴的主要成因。众所周知，大的暗河洞穴、天坑地缝的形成原因除了部分溶蚀作用外，基本应归结于坍塌、冲击、破碎、水流搬运等共同作用。因而把灰岩洞称为"溶洞"全部归因为"溶蚀"，显然会产生误解。

地下岩溶实际上是泛指石油地质中称作的"地下缝洞""地下管网""地下缝洞管网系统"。其中不少缝隙属构造成因，还有些孔洞是成岩过程中留下的孔隙空间，统称为"岩溶"不够严谨。故本书将地下岩溶都采用石油地质领域的表述——"地下缝洞""地下管网"或"地下缝洞管网系统"。

本书将 "岩溶塌陷"改称"灰岩地区基岩塌陷或土体塌陷"。岩溶塌陷很容易被误解为"岩石溶蚀塌陷"，引起成因误解。如果对"岩溶"的概念不进行科学更正，学术界对灰岩地下水的研究或喀斯特地貌研究将圈定在化学演化式的研究范畴，认为灰岩缝洞管网、暗河都是"溶蚀"而成。

以上专业术语的更改是对水文地质工程科学术语标准化的尝试，这是一种学术探讨，也是长期生产实践中的一种认识。本书中有部分观点与提法也是对碳酸盐岩（灰岩）地区地质与水文地质问题长期研究思考的整理，仅供读者参考。不严谨、不完善之处敬请读者、专家批评指正。

编　者

2022 年 1 月

参考文献

［1］国家地质总局岩溶地质考察组.赴南斯拉夫岩溶地质考察技术报告［R］.国家地质总局,1978.

［2］任美锷,刘振中.岩溶学概论［M］.北京：商务印书馆,1983.

［3］袁道先.中国岩溶学［M］.北京：地质出版社,1994.

［4］黄润秋,万新南,等.缙云山隧道对周边地区地下水系统的影响及环境效应评价［R］.内部科研报告,1999.

［5］C.W.Fetter. Applied Hydrogeology（4th Edition）［M］. Prentice Hall.Inc, 2001.

［6］Charles R, Fitts. Groundwater Science ［M］. Elsevier Science Ltd, 2002.

［7］袁道先,刘再华.碳循环与岩溶地质环境［M］.北京：科学出版社,2003.

［8］万新南,杨武年,吴炳方,等."生态水层与生态水"概念及研究意义［J］.地球科学进展,2004（S1）:117-121.

［9］Ford Derek, Williams Paul. Karst Hydrogeology and Geomorphology［M］. John Wiley & Sons Ltd, 2007.

［10］Onac B P. Geochemical Sediments & Landscape; Cave Geology; Karst Hydrogeology and Geomorphology［J］. Studia Universitatis Babes-Bolyai: Geologia,2008,53（1）.

［11］Smart C, Pronk M, Meiman J, et al. Tracer tests in karst hydrogeology and speleology［J］. International Journal of Speleology,2008,37（1）.

［12］万新南.地下水系统分析与工程［M］.成都：四川大学出版社,2010.

［13］万新南,杨菊,袁小铭,等.四川资中圣灵洞成因演化及保护［J］.国土资源科技管理,2012,29（01）:119-125.

［14］张海坦,李庆华,邓书金.歌乐山岩溶地面塌陷发育特征［J］.中国岩溶,2015,34（01）:58-63.

［15］许模,赵红梅,赵勇,等.季节变动带内岩溶隧道涌突水危险性评价［J］.地下空间

与工程学报，2015，11（05）:1322-1327.

［16］万新南，李晓等．四川盆地三叠系碳酸盐岩水文地质条件综合分析及富钾卤水找矿方向［R］.内部研究报告，2015.

［17］王欢，邓书金，刘江，等．基于 MapGIS 的重庆市环境地质三级分区及编图［J］.资源环境与工程，2017，31（05）:624-627.

［18］池彦宾，李庆华，卢丙清．南川至道真高速三泉隧道下穿岩溶暗河涌水点特征［J］.工程地质学报，2017，25（S1）:68-71.

［19］刘智，卢丙清，曹聪，等．重庆中梁山北段隧道堵水后地下水环境可恢复性初步探讨——以歇马隧道为例［J］.科技风，2018（12）:108-109.

［20］盛婷，杨平恒，谢国文，等．基于 SISN 和 SISO 的农业区地下河硝酸盐污染来源［J］.环境科学，2018，39（10）:4547-4555.

［21］曹聪，刘智，孙一博，等．川东平行岭褶皱区岩溶发育规律特征研究［J］.地下水，2018，40（03）:34-35+38.

［22］谢国文，杨平恒，卢丙清，等．基于高分辨率示踪技术的岩溶隧道涌水来源识别及含水介质研究［J］.中国岩溶，2018，37（06）:892-899.

［23］徐钟，邓辉，邓书金，等．岩溶隧道涌突水形成机理及岩壁安全厚度研究［J］.人民长江，2018，49（03）:61-66.

［24］Gh Jeelani,Rouf Ahmad Shah,Nico Goldscheider. Karst geomorphology, cave development and hydrogeology in the Kashmir valley, Western Himalaya, India［J］. Acta Carsologica,2018,47（1）.

［25］Jihong Qi,Mo Xu,Xinyu Cen,et al. Characterization of Karst Conduit Network Using Long-Distance Tracer Test in Lijiang, Southwestern China［J］. Water,2018,10（7）.

［26］谢国文，杨平恒，盛婷，等．人类活动影响下的垂直气候带岩溶泉地球化学特征对比：以重庆金佛山水房泉、碧潭泉为例［J］.环境科学，2019，40（07）:3078-3088.

［27］范明东，夏强，曹聪，等．重庆观音峡背斜岩溶隧道涌突水影响因素定量评价方法研究［J］.甘肃水利水电技术，2020，56（09）:32-35+40.

［28］《中国公路学报》编辑部．中国隧道工程学术研究综述·2015［J］.中国公路学报，2015，28（5）:1-65.

［29］刘宣宇．盾构技术的发展与展望［J］.施工技术，2013（01）:20-23.

［30］王梦恕，谭忠盛．中国隧道及地下工程修建技术［J］.中国工程科学，2010，12（12）:4-10.

［31］荆留杰，张娜，杨晨.TBM及其施工技术在中国的发展与趋势［J］.隧道建设,2016
　　　（03）:331-337.

［32］余璐璐，李绍才，孙海龙.隧道工程行为的生态环境影响及其生态化策略［J］.水土
　　　保持通报,2010（06）:238-242.

［33］殷鸿福，童金南.扬子区晚二叠世—中三叠世海平面变化［J］.地球科学,1994,019
　　　（05）:627-632.

［34］施开兰，陈芳文，段卓，等.重庆北碚和平水库剖面下侏罗统大安寨段湖相碳酸盐岩
　　　岩石类型及沉积环境［J］.古地理学报,2015,17（02）:198-212.

［35］韩宗珊.试论湘西黔东地区岩溶富水构造［J］.水文地质工程地质,1980（02）:36-41.

［36］陈国亮.岩溶地面塌陷的成因与防治［M］.北京：中国铁道出版社,1994.

［37］戴弹申，欧振洲.四川盆地构造类型与油气赋存的关系［J］.四川地质学报,1988
　　　（01）:18-20.

［38］钟玲敏.川东高陡背斜区岩溶空间分异特征及评价系统构建研究［D］.成都：成都
　　　理工大学,2018.

［39］姜巽.四川盆地主要不整合特征及其构造意义［D］.成都：成都理工大学,2019.